LUN GONGTONG FUYU

论共同富裕

郭跃文　丁晋清　张造群　等著

SPM
南方传媒　广东人民出版社
·广州·

图书在版编目（CIP）数据

论共同富裕 / 郭跃文，丁晋清，张造群等著 . —广州：广东人民出版社，2023.7

ISBN 978-7-218-16544-8

Ⅰ . ①论⋯ Ⅱ . ①郭⋯ ②丁⋯ ③张⋯ Ⅲ . ①共同富裕—研究—广东 Ⅳ . ①F127.65

中国国家版本馆CIP数据核字（2023）第073088号

LUN GONGTONG FUYU

论 共 同 富 裕

郭跃文　丁晋清　张造群　等著

出 版 人：肖风华

出版统筹：卢雪华
责任编辑：伍名欣　李宜励
装帧设计：奔流文化
责任技编：吴彦斌　周星奎

出版发行：广东人民出版社
地　　址：广州市越秀区大沙头四马路 10 号（邮政编码：510199）
电　　话：（020）85716809（总编室）
传　　真：（020）83289585
网　　址：http://www.gdpph.com
印　　刷：广州市豪威彩色印务有限公司
开　　本：787mm×1092mm　1/16
印　　张：21.5　　字　　数：400 千
版　　次：2023 年 7 月第 1 版
印　　次：2023 年 7 月第 1 次印刷
定　　价：75.00 元

如发现印装质量问题，影响阅读，请与出版社（020-85716849）联系调换。
售书热线：020-87716172

前　言

　　共同富裕是社会主义的本质要求，是中国式现代化的重要特征。它一头连着中华民族实现伟大复兴的"大梦想"，一头连着每个家庭、每个中国人的"小日子"。实现共同富裕不仅是经济问题，而且是关系党的执政基础和执政使命的重大政治问题。

　　对于共同富裕的不懈追求，是贯穿中国共产党史、社会主义建设史、中华人民共和国史、改革开放史的一条鲜明主线。中国共产党自诞生起，就把为中国人民谋幸福、为中华民族谋复兴作为自己的初心使命，提出并不断实现对人民的承诺，竭尽全力地推动共同富裕。特别是党的十八大以来，以习近平同志为核心的党中央站在历史和时代发展的战略高度，准确把握党和国家事业发展的历史方位，把逐步实现全体人民共同富裕摆在更加重要的位置上，推动城乡区域协调发展，采取有力措施保障和改善民生，打赢脱贫攻坚战，全面建成小康社会，为促进共同富裕创造了良好条件。《中华人民共和国国民经济和社会发展第十四个五年规划和2035年远景目标纲要》提出了"全体人民共同富裕取得更为明显的实质性进展"的远景目标，并围绕如何"扎实推动共同富裕"提出一系列相应要求和重大举措。2021年12月8日，习近平总书记在中央经济工作会议上进一步强调，要正确认识和把握我国发展的五个重大理论和实践问题，其中排在首位的，就是正确认识和把握实现共同富裕的战略目标和实践途径。党的二十大报告擘画了全面建成社会主义现代化强国宏伟蓝图，提出的至

2035年国家发展总体目标中，"人的全面发展、全体人民共同富裕取得更为明显的实质性进展"被列为一项重要内容。可以说，在社会主义中国的语境中，共同富裕既是老话题，又是常谈常新的新话题。要深刻理解中国共产党为什么能，理解中国式现代化从哪里来、向何处去，理解如何以中国式现代化全面推进中华民族伟大复兴，就必须回到我们党关于共同富裕理论和实践中寻找答案。

近年来，与共同富裕议题相关的论著相继问世，研究不断深入。但这些成果主要以评论、论文集及经验案例介绍为主，系统性的学术著作尚不多见。为此，本书从历史、现实与未来相贯通、理论与实践相结合、国内与国际相比较的视角，重点围绕中国共产党推进共同富裕的哲学渊源、历史脉络、理论依据、制度设计及实践特色等基本问题，进行综合性、理论性的阐释。另外，为了凸显社科理论研究的特色，本书在撰写过程特别注重秉守如下几个原则。

一是政治为先，坚持以学术讲政治。本书坚持以马克思主义为指导，坚持运用马克思主义的立场、观点和方法进行问题剖析和逻辑论证，以体现鲜明的政治站位和理论取向。比如在章节结构安排上，以马克思主义经典作家关于共同富裕的基本观点作为端启，以中国共产党何以以及如何推进共同富裕的历史思考与实践作为过渡，以新时代我们党在共同富裕问题上的重大理论和实践创新作为重点，把共同富裕思想相对于西方福利国家制度的核心区别和内在优越性作为结尾等。这些安排，都旨在从共同富裕这一问题切入，讲透"中国共产党为什么能，中国特色社会主义为什么好"，以及理清"马克思主义为什么行，中国化时代化的马克思主义为什么行"这一根本问题。

二是以论带史，注重说"理"。不同于大多数解读共同富裕的实践类书籍，本书重在理论阐释，强调以"论"带史、以"论"带叙，突出学理性。同时，为了增强说服力，本书在写作思路上也努力跳出学术圈子，从社会和大众的角度反思和审视共同富裕问题，在文字表达上力求通俗易懂，做到学理性与通俗性相结合。

三是问题导向，强调思辨对话。共同富裕作为一个公共话题，在社会上已有长期、广泛的讨论。本书在结构安排中，除了从哲学渊源、历史脉络、时代特征、制度保障、实践路径等方面设置专题之外，也重点针对社会关注的热点议题作了研究安排。比如，专章分析了如何正确认识和处理做大"蛋糕"与分好"蛋糕"、效率与公平、物质富裕与精神富裕、城市与乡村、用好外力与激发内力、尽力而为与量力而行等若干关系问题；专章讨论了西方福利国家制度的起源、变迁、本质特征及内在局限，以此澄清社会上关于共同富裕问题的诸多模糊认识，特别是批驳将共同富裕与西方福利国家制度相混淆、以后者贬低前者的错误观念，为深入理解共同富裕以及以此为本质特征的中国特色社会主义、中国式现代化道路提供了学理支持。

本书希望通过对共同富裕问题进行综合性的理论梳理，进而揭示我们党关于共同富裕理论和实践的丰富内涵和创新特征。另外，本书在撰写过程中，也希望通过研究共同富裕这一综合性议题，锻炼课题组成员通过跨学科交流、跨领域碰撞提升团队合作、集体攻关的能力。毕竟，在迈向全面建设现代化国家道路的新征程中，类似共同富裕这种跨领域跨学科交叉研究的议题还有很多，比如中国式现代化、人类文明新形态、高质量发展、人类文明共同体等等。对于本课题组来说，通过不同学科领域的交叉碰撞以实现理论上的突破创新，本书是一个尝试，也是一个开始。

本书课题组谨记

2022年12月

◎ 第七章　广东推进共同富裕的发展历程、重大成就与基本经验

◎ 第八章　西方福利国家建设的反思与启示

◎ 后　记

第一章

马克思主义经典作家的共同富裕思想

共同富裕是千百年来人类孜孜以求的社会理想，也是社会主义的题中应有之义和本质目标。马克思曾指出："在人人都必须劳动的条件下，人人也都将同等地、愈益丰富地得到生活资料、享受资料、发展和表现一切体力和智力所需的资料。"[①]列宁在谈到建设社会主义社会时，明确强调："我们要争取新的、更好的社会制度：在这个新的、更好的社会里不应该有穷有富……这个新的、更好的社会就叫社会主义社会。"[②]尽管马克思主义经典作家没有明确使用"共同富裕"这一概念，但他们在创立和发展唯物史观、批判资本主义社会、领导社会主义革命和建设过程中发表了一系列相关论述，深刻揭示了共同富裕的历史前提、发展规律和前进目标，为我们在新时代推进共同富裕提供了理论支撑和思想指引。

---

① 《马克思恩格斯文集》第1卷，人民出版社2009年版，第710页。
② 《列宁专题文集·论社会主义》，人民出版社2009年版，第417页。

第一节 以共同富裕作为未来社会的重要内容和特征

马克思主义不是无本之木、无源之水，而是人类文明的智慧结晶。同样，马克思主义共同富裕思想也不是凭空产生的，而是科学总结千百年来人们对未来社会美好愿景而形成的，具有鲜明的实践性、革命性和人民性，是指引我们逐步实现全体人民共同富裕的理论指南。

一、等贵贱、均贫富是古今中外仁人志士的不懈追求

实现均贫富的大同世界自古以来就是中华民族孜孜不倦的理想追求。春秋战国时期，面对两极分化的社会现状，诸子百家纷纷提出了各种各样实现贫富均等的方法和诉求，如管仲的"以天下物利天下人""与天下人同利"，晏婴的"权有无，均贫富"，孔子的"不患寡而患不均""均无贫，和无寡，安无倾"，老子的"损有余而补不足"，墨子的"有财者勉以分人"，韩非子的"均贫富"，荀子的"各得其分"等等。后来还有李觏的"平土均田"、张载的"井地治天下"、王安石的"抑豪强伸贫弱"、王夫之的"均天下"。这些主张和观点反映了劳动人民消灭贫富差别、追求平等的理想，无不闪烁着共同富裕的思想光芒。

封建社会土地兼并导致贫富尖锐对立，地主与农民势同水火，由此催生了一系列高举朴素平等旗帜的农民运动。陈胜、吴广率先掀起中国历史上第一次大规模农民起义，以"苟富贵，无相忘"的口号争取到大批拥护者。西汉

末年，绿林军举起"除霸安民，劫富济贫"的旗帜；东汉末年，黄巾军提出"致太平"的理想。唐朝的王仙芝、黄巢主张"均平"，自封"天补均平大将军"。北宋有王小波、方腊高呼"吾疾贫富不均，今为汝均之""是法平等，无有高下"为口号。南宋有钟相、杨幺提出的"均贫富""等贵贱"。明朝不仅有邓茂七自封"铲平王"，还有把均平思想与土地制度结合在一起，提出"均田免赋"的李自成。到了清末，太平天国在《天朝田亩制度》中确立"有田同耕，有饭同食，有衣同穿，有钱同使，无处不均匀，无人不饱暖"的天国大纲。农民运动的这一系列口号，反映了均平思想的深入人心，得到群众的大力支持和衷心拥护。

到了近代，在旧中国逐步陷入半殖民地半封建社会之时，共同富裕的美好愿景依然能够给予深陷苦难的中国人民以批判的眼光审视现实，以充满希望的理想信念照亮未来。20世纪初，孙中山等革命先行者批判欧洲资本主义的阶级剥削和不平等现象，称"各国政权表面是由政府作主，实际是由资本家把持"[1]，结果是"善果被富人享尽，贫民反食恶果"[2]。朱执信也指出，资本家依靠剥削工人的劳动发财致富，这是无人性的掠夺行为。为了从根本上消除社会不平等，孙中山提出要"以养民为目的好制度"取代"不好的资本制度"，提出"三民主义"思想，主张节制资本、平均地权，甚至将民生主义直接称为社会主义。

共同富裕观念同样也是人类其他文明的理想追求。古希腊哲学家柏拉图在《理想国》中曾提出一种具有原始共产主义色彩的理想制度，反对压迫剥削，主张废除私有财产、所有资源由国家统一分配、所有公民一律平等。古代犹太教极为重视公平公正，相信人与人之间存在博爱、怜悯和仁慈的兄弟情谊，谴责非人的剥削行为是对上帝的不敬。脱胎于犹太教的原始基督教在对待财富和私有财产的问题上同样立场鲜明，谴责对财富的过度奢求，认为富人只有通过变卖财产分给穷人，才能获得精神上的救赎，并且在具体的基督教社团组织中实行财产公有和平均主义的分配原则。伊斯兰教在发展之初就主张平等的思

---

① 《孙中山全集》第9卷，中华书局1981年版，第120页。
② 《孙中山全集》第1卷，中华书局1981年版，第327–328页。

想，认为人们之间尽管存在门第、性别、民族、职业、语言、财产、生活等方面的差别，但应具有相同的价值和尊严，处于相同的社会地位。佛教也主张宇宙万物本质上的平等，提出"众生平等"。可见，共富均平的思想很早就扎根于世界各种文明之中，是全人类共同的价值追求和美好理想。

16世纪中期，随着资本主义社会的产生，空想社会主义作为西方社会一种基于痛恨两极分化、同情劳苦大众苦难生活而产生的社会思潮，在批判资本主义私有制的基础上，提出了初始含义的共同富裕思想，为人们详尽描绘了未来社会的美好蓝图。托马斯·莫尔是空想社会主义的奠基人，他于1516年出版《乌托邦》一书，深刻指出私有制是造成种种社会罪恶的根源，在对私有制尖锐批判的基础上，提出建立最完美最和谐社会制度的"乌托邦"理想。16世纪末17世纪初，意大利人托马斯·康帕内拉猛烈抨击私有制衍生的种种罪恶，主张废除私有制、建立财产公有制，以"太阳城"命名未来的理想国。

随着19世纪初资本主义社会制度在西欧的最终确立，空想社会主义也发展成为一种完备的、富有影响力的思想体系，出现了以圣西门、傅立叶和欧文为代表的杰出理论家。圣西门深刻地认识到，资产阶级革命并没有改变底层劳动者的悲惨命运，没有改变资产阶级政权的剥削本性，只是为大资产阶级建造了天堂，而劳动者则依旧过着苦难的日子，大胆预言资本主义的社会制度必将为共享劳动成果的"实业制度"所代替。傅立叶深入揭露和批判资本主义制度的邪恶性质，尖锐地指出，劳动者的贫困完全产生于富人的富裕。他在1803年便富有远见地提出，应当建立一个劳动者能够自由共享和谐生活的"和谐制度"。欧文在痛斥资本主义私有制是无数罪行和灾祸之根源的同时，还分析了傅立叶"和谐制度"和圣西门"实业制度"的不足，自行设计了一个让劳动成果由劳动阶级分享的劳动公社制度并进行了局部试验。

综上所述，共富均平的思想源远流长，已经内化为一种渗透进全世界人民心中的价值取向。古今中外仁人志士，包括空想社会主义者，他们对贫富分化、私有制的谴责和关于未来社会的朴素追求，为马克思主义共同富裕思想的产生提供了宝贵的思想理论资源，使科学社会主义在传入中国时便得到中国人民的认同和接受，为马克思主义能够在中国牢牢扎根创造了深厚的政治文化基础。

二、马克思主义经典作家对空想社会主义共富思想的批判继承

正如列宁所指出的那样，空想社会主义是马克思主义重要的理论来源之一。马克思主义经典作家从前人那里，特别是从空想社会主义的理论家那里继承过来共富思想，但又深刻地认识到，这些思想缺乏科学的基础，难以成为现实。他们认为，空想社会主义思想的产生、发展及其走向没落，都是与一定的历史阶段相联系，受一定社会的政治条件、经济条件所制约，受到这些理论家本人唯心史观的限制，因此，其共同富裕思想还有许多不彻底和落后的地方。"不成熟的理论，是同不成熟的资本主义生产状况、不成熟的阶级状况相适应的。解决社会问题的办法还隐藏在不发达的经济关系中……于是，就需要发明一套新的更完善的社会制度，并且通过宣传，可能时通过典型示范，从外面强加于社会。这种新的社会制度是一开始就注定要成为空想的，它越是制定得详尽周密，就越是要陷入纯粹的幻想。"[1]正是通过对空想社会主义进行科学的分析和深刻的批判，马克思主义经典作家为创立科学的共同富裕思想扫清了道路障碍。

首先，马克思主义经典作家批评空想社会主义者没有认识到生产方式与分配方式的内在联系，没有看到生产方式对分配方式的决定作用，幻想仅仅改变分配方式便能实现共同富裕的理想。马克思指出，空想社会主义者以为可以通过改变分配关系就能保证劳动者获得其全部劳动所得的观点，"不了解生产关系、分配关系和流通关系之间的内部联系"[2]。恩格斯也多次批评认为无须运用暴力手段改变分配制度就可以消除剥削、实现公平的理想社会的观点，强调把所谓分配看作事物的本质和重点是根本错误的。

其次，马克思主义经典作家指出，空想社会主义者的观点是建立在落后的、欠发达的生产方式之上，因而是缺乏现实基础的。不少空想社会主义者主张按需分配个人的消费品，反映了他们渴望人人平等、全民幸福的良好愿望。

---

① 《马克思恩格斯文集》第3卷，人民出版社2009年版，第528–529页。

② 《马克思恩格斯全集》第30卷，人民出版社1995年版，第69页。

但他们的这些主张，在欠发达的生产力、人们不得不为必要的生活资料展开斗争的社会现实面前，完全是苍白无力的。事实上，正是由于无法摆脱理想与现实之间的矛盾，他们所提出的共富思想结果反倒会深陷平均主义和禁欲主义的泥淖消灭个人的独立个性，要求所有人做同样的劳动、穿同样的衣服、吃同样的饭，过着同样的单调生活。马克思、恩格斯强调："平均主义派和大革命时代的巴贝夫派一样，都是一批相当'粗暴的人'。他们想把世界变成工人的公社，把文明中一切精致的东西，即科学、美术等等，都当作无益地、危险的东西，当作贵族式的奢侈品加以消灭；这是由于他们完全不懂历史和政治经济学而必然产生的一种偏见。"①

再次，马克思主义经典作家批评空想社会主义充满了资产阶级倾向和阶级调和论。许多空想社会主义者的观点仍然带有明显的小资产阶段倾向，主张保留小生产的私有制，甚至主张对剥削者采取宽容的态度，宣传阶级调和等论调。在实现所有制的变革问题上，他们又看不到无产阶级和广大劳动群众革命的主体性力量，反对用暴力剥夺统治阶级，天真地诉诸统治阶级的良心发现和道德觉悟。因此，他们不可能找到社会变革的依靠力量和正确道路。比如，马克思和恩格斯指出，圣西门的主张——按社会成员的贡献大小分配财富，就是以保留资本主义制度为基础的，因为这样的主张实际上是在为超出工资、归资本家所有的"报酬"（利润）做辩护，把资本家对工人的剥削合理化。他把这个论点和基督教的宗教思想联系起来，必然会产生教阶制–等级制的思想。他们还批评傅立叶主义，认为："傅立叶主义还有一个不彻底的地方，而且也是非常重要的一点，那就是它不主张废除私有制。……因而，在关于协作和自由劳动的一切漂亮理论后面，在慷慨激昂地反对经商、反对自私和反对竞争的言论后面，实际上还是经过改良的旧竞争制度，以比较自由的原则为依据的济贫法——巴士底狱！"②

总之，马克思主义经典作家指出，空想社会主义的共富思想都是立足于唯心史观的基础上，他们尽管痛心于资本主义制度所造成的贫困和弊端，但却诉

---

① 《马克思恩格斯全集》第3卷，人民出版社2002年版，第480页。
② 《马克思恩格斯全集》第3卷，人民出版社2002年版，第478–479页。

诸所谓的理性、正义和公平原则及人的本性等抽象观念，而不是在当前的社会制度中寻找社会变革的可能。马克思主义经典作家则把辩证唯物主义理论贯彻到底，用于扩大到对人类社会的认识中，消除了过去充斥着混乱和随意性的、毫无根据的历史观、政治观，代之以严密的科学理论。根据这种关于人类社会历史发展的科学理论，贫富差距不过是生产力与生产关系矛盾冲突的表现；随着生产力的发展，私有制将会被废除，共同富裕将会在新的社会形态中得以实现。

三、马克思主义经典作家关于未来社会实现共同富裕的设想

尽管历史之路充满艰难坎坷，但社会在不断地进步，世界终将会变得越来越美好。马克思主义经典作家对未来社会作出科学的设想和天才的预见，特别是深刻地揭示了资本主义社会的发展规律，论证了社会主义和共产主义必将取代资本主义和私有制社会的发展规律和历史趋势，从而指明了实现共同富裕的正确道路，第一次将人类对未来美好社会的期待和憧憬建立在科学的基石之上。

第一，未来社会将"最终废除私有制"，实行全部生产资料的公有制，为实现共同富裕提供根本的制度保障。马克思、恩格斯特别重视废除私有制这一点，他们在《共产党宣言》中强调：在一定意义上，"共产党人可以把自己的理论概括为一句话：消灭私有制"，同时认为，未来社会与资本主义社会"具有决定意义的差别当然在于，在实行全部生产资料公有制（先是国家的）基础上组织生产"[1]。生产资料资本主义私有制产生的是两极分化，生产资料社会所有制产生的是共同富裕。废除私有制，实现社会的全部生产资料归全体社会成员共同所有，这就排除了一部分社会成员剥削和奴役其他社会成员的可能性。只有这样，人民大众的利益才能得到保证，共同富裕才能最终实现。

第二，未来社会的共同富裕"是以生产力的巨大增长和高度发展为前提的"。在生产力高度发达的前提下，社会财富将极大丰富，人人都可以享受到多种多样的消费产品。共同富裕作为一种社会财富的占有状态，要以高度发达

---

① 《马克思恩格斯文集》第10卷，人民出版社2009年版，第588页。

的社会生产力为物质基础。没有生产力的发展，即使消灭了私有制，那也不是共同富裕只能是共同贫穷。所以，无产阶级革命胜利后的首要任务是发展社会生产力，创造比资本主义社会更高的劳动生产率，让社会生产力以资本主义社会所没有的速度发展，建立共同富裕的物质基础。只有在社会所有制基础上推动社会生产力的快速发展，才能实现人民群众对生活资料的平等占有。

第三，未来社会是消灭了剥削、真正实现社会平等的社会。未来社会消灭了私有制，也就消灭了少部分人因为占有生产资料而剥削大部分人的现象，在分配制度上实现了根本性的变革。未来社会中不再区分剥削者和劳动者，每个人都是光荣的劳动者。消灭剥削，将是人类社会前无古人的巨大飞跃。随着剥削的消灭，阶级与国家也会自行消亡。由于生产力的高度发展使得所有人的物质利益都得到了保障，由于分工不再具有经济利益划分的性质，由于全体社会成员根本利益是一致的，社会已经不再会因为经济利益的不同而划分为不同的社会集团，不再因为对立、剥削而进行相互间的旷日持久的斗争。

第四，未来社会是精神富裕、每个人自由而全面发展的社会。随着共产主义代替资本主义，人不仅在物质生活上取得巨大发展，而且也必然会产生更高的精神追求，在精神生活上取得巨大发展。特别是随着脑力与体力劳动对立、城乡工农差别的消失，其他各种旧式分工也将不复存在。每个人不仅能够摆脱"奴隶般服从于分工"的状态，而且由于自由时间空前增加，可以自由转换劳动的方式，有充分的时间从事自己喜爱的活动，使劳动成为生活的第一需要。每个人不再因外在的分工安排而受束缚地、片面地发展，而是自由而全面地发展。"每个人的自由发展是一切人自由发展的条件。"[①]

在马克思主义经典作家那里，未来社会将从根本上剔除一切缺乏公平正义的要素，在本质上就是实现共同富裕、和谐公正的社会。在关于如何实现这种社会的问题上，马克思主义经典作家又着眼于共同富裕与生产力发展状况、社会制度之间的关系，将对实现共同富裕的设想建立在唯物史观的基础之上，以生产力的发展和社会制度的变革为着眼点，这构成了马克思主义经典作家与前人以及空想社会主义者各种朴素的共富思想的本质区别之一。

---

① 《马克思恩格斯文集》第2卷，人民出版社2009年版，第53页。

第二节 资本主义生产方式是贫富分化的社会根源

马克思主义作为科学的社会主义理论，它与空想社会主义思潮不同，从各个社会形态的生产方式出发，从生产活动本身的社会关系出发，深刻地揭示了关于贫富分化、共同富裕的基本问题。马克思主义认为，资本主义私有制，即生产资料与劳动者相分离并且归资产者所有、资产者无偿占有劳动者的剩余劳动，这就是造成现代社会贫富分化的根本原因。资本主义私有制作为人类文明的产物，不过是数千年各种形态的私有制发展的最终形态。因此，马克思主义这一科学结论一经问世，便彻底地解开了困扰人类数千年的贫富分化之谜，为人类走向共同富裕的未来社会指明了方向。

一、对抗性生产方式是造成不平等、不公正的分配方式的原因

马克思主义以前的共富思想，主要是在贫富分化的社会现象刺激之下产生的，因此往往流于表面，缺乏系统的深入思考，只是局限于分配方式领域，没有看到分配方式的背后、对分配方式起支配作用的社会力量。而马克思主义经典作家则始终强调，分配方式只是生产方式的产物，生产方式才是造成贫富分化的根本原因。在《哥达纲领批判》中，马克思指出："消费资料的任何一种分配，都不过是生产条件本身分配的结果；而生产条件的分配，则表现生产方

式本身的性质。"①他尖锐地批判空想社会主义者，认为他们在对待分配方式的问题上与庸俗的资产阶级经济学家没有什么两样，只能得出庸俗的社会主义："庸俗的社会主义仿效资产阶级经济学家（一部分民主派又仿效庸俗社会主义）把分配看成并解释成一种不依赖于生产方式的东西，从而把社会主义描写为主要是围绕着分配兜圈子。"②

生产资料和生产者的分配方式，即生产资料与生产者的结合方式，就是本来意义上的生产方式。生产资料与生产者之间的"这种分配包含在生产过程本身中并且决定生产的结构，产品的分配显然只是这种分配的结果。……有了这种本来构成生产的一个要素的分配，产品的分配自然也就确定了"③。把注意力全部放在分配方式的问题上，只会得出十分浅薄的思想。在社会主义发展史上，以巴枯宁为代表的无政府主义者曾提出把分配方式的一种机制——继承权作为斗争的口号。对此，马克思当即反驳道："我们应当同原因而不是同结果作斗争，同经济基础而不是同它的法律的上层建筑作斗争。假定生产资料从私有财产转变为公有财产，那时继承权（既然它具有某种社会意义）就会自行消亡，因为一个人死后留下的只能是他生前所有的东西。因此我们的伟大目标应当是消灭那些使某些人生前具有攫取许多人的劳动果实的经济权力的制度"，因此，"承认废除继承权是社会革命的起点，只能意味着引诱工人阶级离开那实行攻击现代社会真正应持的阵地"，这种做法"在理论上是错误的，在实践上是反动的"④。

生产方式不是由社会成员或者生产者任意决定的。一切社会形态的物质生产都必须具备一定的自然条件和历史前提，不可能凭空创造。马克思在《〈政治经济学批判〉序言》中强调："人们在自己生活的社会生产中发生一定的、必然的、不以他们的意志为转移的关系，即同他们的物质生产力的一定发展阶段相适合的生产关系。"⑤因此，尽管从生产方式出发更为深入，但这并不是要

---

①　《马克思恩格斯文集》第3卷，人民出版社2009年版，第436页。

②　《马克思恩格斯文集》第3卷，人民出版社2009年版，第436页。

③　《马克思恩格斯文集》第8卷，人民出版社2009年版，第20页。

④　《马克思恩格斯文集》第3卷，人民出版社2009年版，第89页。

⑤　《马克思恩格斯文集》第2卷，人民出版社2009年版，第591页。

我们简单地把对贫富分化的怒火转移到生产方式上，对生产方式作单纯道义上的批判，而是要真正地立足于现实，科学揭示贫富分化的原因，探索消除贫富分化的行之有效的道路。

贫富分化的加剧、绝大多数人处于缺乏社会财富的地位，这是对抗性生产方式发展的结果，是这种生产方式内部矛盾不断被激化的产物。资本主义生产方式消灭了生产资料的分散状态，使财产集中在少数人手里，使生产资料成为一种集中的社会力量，极大地推动了社会生产力的发展。但是，生产资料集中和发展的前提，是生产资料与生产者的分离，是形成一大批没有财产、沦为赤贫者的无产阶级。在资本主义社会中，生产受资本的支配，成为无情的、非人的社会力量，以至于生产力越是发展、生产效率越是提高、财富越是积累，就越多人沦落街头、被抛进无产者的队伍中。无产者"不是随着工业的进步而上升，而是越来越降到本阶级的生存条件以下。工人变成赤贫者，贫困比人口和财富增长得还要快"①。贫富分化的日益严重，就是资本主义生产方式不可持续、必将走向终点的证据。

资本主义生产方式虽然导致贫富分化，但同时也极大地推进社会生产力的发展，创造超越以往一切历史时期的财富，为彻底摆脱贫富分化奠定物质基础。马克思指出："资产阶级的生产关系是社会生产过程的最后一个对抗形式……但是，在资产阶级社会的胎胞里发展的生产力，同时又创造着解决这种对抗的物质条件。"②只有在生产力的巨大发展基础上，共同富裕才是可能的。"如果没有这种发展，那就只会有贫穷、极端贫困的普遍化；而在极端贫困的情况下，必须重新开始争取必需品的斗争，全部陈腐污浊的东西又要死灰复燃。"③科学社会主义的共同富裕，不是空中楼阁，不是痴人说梦，而是建立在现实的社会运动基础上。资本主义生产方式为共同富裕的实现创造了必要的生产力前提，但这种生产方式因其自身的对抗性矛盾，显然无力控制自己的这一产物并且使之转化为人民群众这一历史主体的真正财富。这一切在资本主义生

---

① 《马克思恩格斯文集》第2卷，人民出版社2009年版，第43页。

② 《马克思恩格斯文集》第2卷，人民出版社2009年版，第592页。

③ 《马克思恩格斯文集》第1卷，人民出版社2009年版，第538页。

产方式的基础上，都必然要以扭曲的、头足倒置的荒诞形式显现出来。

二、贫富分化是资本主义生产方式的必然产物

资本主义生产方式建立在这样的一种私有制基础上，它与以往一切以生产者自己的劳动为基础的私有制相对立，是一种以剥削他人的劳动为基础的私有制。马克思在《资本论》中指出："靠自己劳动挣得的私有制，即以各个独立劳动者与其劳动条件相结合为基础的私有制，被资本主义私有制，即以剥削他人的但形式上是自由的劳动为基础的私有制所排挤。"①如果说，在前资本主义的私有制那里，因为占有生产资料，劳动者还能够通过自己的劳动积累财富，在一定程度上抵消贫富分化的现象，那么，以剥夺劳动者的私有财产、剥削劳动者的剩余劳动为基础的资本主义社会，则是"劳者不获，获者不劳"②的社会。在这样的社会中，社会财富只会越来越集中在资本家手中，而被迫出卖自身劳动力的劳动者，则注定要一无所获。贫者愈贫、富者愈富，直至贫富差距的两极分化、形成鲜明尖锐的阶级对立，这是资本主义生产方式的必然产物。

"创造资本关系的过程，只能是劳动者和他的劳动条件的所有权分离的过程，这个过程一方面使社会的生活资料和生产资料转化为资本，另一方面使直接生产者转化为雇佣工人。"③资本之所以能够实现自我增殖，正因为它无偿地占有了工人的剩余劳动时间以形成剩余价值。工人之所以被迫向资本家出卖自己的劳动力，与资本家形成雇佣关系，接受资本的支配、剥削，这是因为他们是自由的。"这里所说的自由，具有双重意义：一方面，工人是自由人，能够把自己的劳动力当做自己的商品来支配，另一方面，他没有别的商品可以出卖，自由得一无所有，没有任何实现自己的劳动力所必需的东西。"④使劳动者成为自由出卖自己劳动力的雇佣工人，这一过程构成了贯穿于整个近现代文明史的一条主线，其大致内容，就是各种封建隶属关系的解体、归属各种所有制

①　《马克思恩格斯文集》第5卷，人民出版社2009年版，第873页。
②　《马克思恩格斯文集》第2卷，人民出版社2009年版，第48页。
③　《马克思恩格斯文集》第5卷，人民出版社2009年版，第822页。
④　《马克思恩格斯文集》第5卷，人民出版社2009年版，第197页。

关系的土地被资本家剥夺，以至于大批劳动者不再从属于他人、不再受缚于土地的同时，也丧失了封建时代来自宗族、乡村等自然形成的狭隘共同体的生存保障，国家机器和资本家通过各种暴力手段、血腥立法和欺诈，迫使劳动者屈从资本主义时代的生产节奏和生产纪律。毫无疑问，这一过程的最终结果，就是大批赤贫人口的诞生，他们作为劳动力大军的储水池，已经准备好投入到为资本创造大量剩余价值的生产过程中。可见，资本主义生产方式赖以形成的基础，就是人为地造成贫富分化。

资本主义生产方式一旦形成，它就会再造资产阶级和无产阶级，使资产阶级与无产阶级的阶级关系日趋稳固，把贫富差距推上极端化的道路。

一方面，资本主义生产方式不断再生产作为剥削者的资产阶级本身。通过支配工人阶级的劳动并且无偿占有他们创造的剩余价值，资产阶级在一开始投入到市场中的本金不仅得到保存，而且实现了增殖，为资产阶级带来越来越多的社会财富。对剩余价值的无偿占有不仅使资产阶级有更多的财富供自己挥霍浪费，他们也会在竞争的压力下主动或被动地把一部分剩余价值转化为资本，更新设备、扩大投资和生产规模，实现资本积累，雇佣更多的工人，从他们手中攫取更大量的剩余价值，以此不断地循环下去，使得富者愈富。

另一方面，资本主义生产方式不断再生产作为被剥削者的无产阶级。雇佣工人进行生产劳动的前提，是把自己的劳动力作为商品卖给资本家，供资本使用。在资本的生产过程中，凝结为资本的死劳动始终支配着工人这一活劳动。雇佣工人的劳动产品因此表现为资本而非工人的产品，是资本的所有物而非工人的所有物，它不会成为工人手中的财富。雇佣工人只是资本实现自我增殖的一个环节和要素，工人的工资也不过是资本家投入市场的本金的一部分，因此总是局限在它的最低标准上，即维持劳动力的持久供应和在生产劳动过程中的正常表现。一旦超出最低的标准，工人的消费就被资本家视为可耻的浪费；提高工资的诉求，在资本家看来就是对自己财富的盗窃。以此，无产阶级得以维持自身生存的同时，又被限于最低生活水平，以便保证劳动力的供应同时又足够廉价。在这样的生产方式中，劳动致富就是谎言，贫者愈贫，无产阶级不得不始终生活在赤贫状态中。

生产力的发展，不仅不能缓和由资本主义生产方式所造成的贫富分化，而且还会使之严重地恶化下去。生产力的发展意味着劳动的节约，但在资本主义社会中，则是对劳动力的排斥、对劳动成本的大幅削减。尽管资本有扩大投资以实现积累的趋势，驱使它雇佣更多的工人，但这种对更多劳动力的追加需求，最终将会为生产力发展这一无法抗拒的社会规律所抵消。其结果，就是相对于资本有限需求而言的人口过剩，以及随之而来的产业后备军的形成。马克思深刻地指出，生产力的发展为资本主义社会造成大量赤贫人口，"这就是资本主义积累的绝对的、一般的规律"①。他同时还强调："这一规律制约着同资本积累相适应的贫困积累。因此，在一极是财富的积累，同时在另一极，即在把自己的产品作为资本来生产的阶级方面，是贫困、劳动折磨、受奴役、无知、粗野和道德堕落的积累。"②

可见，资本主义生产方式不仅生产了琳琅满目的商品世界，生产了无穷无尽的社会财富，而且还生产了资本主义的剥削关系——资产阶级和无产阶级以及他们的对立，生产了贫富的两极分化。资本主义生产方式的这些必然产物，证明了它是不可持续的，必将要被新的社会形态所取代。

三、消除贫富分化的前提是废除资本主义私有制

资本主义私有制所造成的生产资料与劳动的分离，必然会造成劳动群众的绝对贫困和与之相对的财富在少数人手中积累，造成贫富分化。"工人的绝对贫困……无非是说，工人的劳动能力是他唯一能出售的商品，工人只是作为劳动能力与对象的、实际的财富相对立。"③劳动群众的绝对贫困，就是指工人除了拥有自身的劳动能力以外，一无所有。"被剥夺了劳动资料和生活资料的劳动能力是绝对贫穷本身。"④劳动群众由于被剥夺了劳动资料，被剥夺了劳动所需的物的条件，从而也就被剥夺了生活资料。同样，资产者由于占有劳动资料，因此就能够无偿占有劳动者的劳动成果，占有越来越多的生产资料和生活

---

① 《马克思恩格斯文集》第5卷，人民出版社2009年版，第742页。
② 《马克思恩格斯文集》第5卷，人民出版社2009年版，第743-744页。
③ 《马克思恩格斯全集》第32卷，人民出版社1998年版，第45页。
④ 《马克思恩格斯全集》第32卷，人民出版社1998年版，第44页。

资料。可见，贫富分化不过是资本主义社会中基本阶级对抗关系的表现。

从工人的劳动从属于资本这一前提出发，只要存在资本主义私有制，只要工人的劳动从属于资本，那么贫富分化就会一直存在。因此，要消除贫富分化，实现共同富裕，根本前提是废除资本主义私有制。除此以外，仅仅着眼于提高工人工资，或者从其他的分配方式上着手，都是缘木求鱼。马克思指出："不管工人的报酬高低如何，工人的状况必然随着资本的积累而恶化。"①随着社会生产力的发展、资本主义向福利国家的转变或者各种慈善组织的建立，以及工人队伍的壮大、阶级意识的提高，工人的工资可能会上涨，贫困大众还可能会得到更多的施舍，但劳动者对于资本的隶属关系没有改变，而且必然要进一步加深。贫者愈贫、富者愈富的社会现实在资本主义社会得不到根本的改善，劳动者与统治者之间的贫富差距只会越来越大。

总之，只是改变分配方式而不改变生产方式，改变的就只是结果，而不是原因。因此，1865年马克思在国际工人协会上发表了题为《工资、价格和利润》的演讲，深刻地向无产阶级强调，围绕工资所开展的"日常斗争中他们反对的只是结果，而不是产生这种结果的原因；他们延缓下降的趋势，而不改变它的方向；他们服用止痛剂，而不祛除病根。所以他们不应当只局限于这些不可避免的、因资本永不停止的进攻或市场的各种变动而不断引起的游击式的搏斗。他们应当懂得：现代制度给他们带来一切贫困，同时又造成对社会进行经济改造所必需的种种物质条件和社会形式。他们应当摒弃'做一天公平的工作，得一天公平的工资！'这种保守的格言，要在自己的旗帜上写上革命的口号：'消灭雇佣劳动制度！'"②只有消灭雇佣劳动制度，消灭以剥削他人劳动为基础的资本主义私有制，无产阶级才能根除两极分化，摆脱自己的悲惨命运，向着实现共同富裕的伟大目标向前迈进。

---

① 《马克思恩格斯文集》第5卷，人民出版社2009年版，第743页。
② 《马克思恩格斯文集》第3卷，人民出版社2009年版，第77-78页。

第三节	**通过社会主义革命、建设解放和发展社会生产力是实现共同富裕的根本途径**

社会主义制度是人类历史上迄今为止最进步的社会制度。在这样的社会形态中，社会主义生产关系代替了资本主义以及一切以私有制为基础的生产关系，在社会主义的全民所有制和劳动群众集体所有制的基础上建立起来，使劳动人民的社会地位发生根本变化，为社会生产力的发展开辟广阔前景。恩格斯曾经满怀激情地展望这个伟大时代的来临："只是从这时起，人们才完全自觉地自己创造自己的历史；只是从这时起，由人们使之起作用的社会原因才大部分并且越来越多地达到他们所预期的结果。这是人类从必然王国进入自由王国的飞跃。"[①]只有在社会主义社会的基础上，共同富裕才拥有肥沃的土壤，才拥有实现的可能。

一、社会主义革命是推翻资本主义制度的根本手段

社会主义革命是建立社会主义社会的前提。资本主义的生产关系和生产力的对抗性矛盾，绝不可能由它本身来解决，资本主义制度一定要灭亡，代之而起的只能是社会主义制度。马克思在分析资本主义社会基本矛盾的基础上，得出了科学的结论："生产资料的集中和劳动的社会化，达到了同它们的资本主义外壳不能相容的地步。这个外壳就要炸毁了。资本主义私有制的丧钟就要响

---

① 　《马克思恩格斯文集》第9卷，人民出版社2009年版，第300页。

了。剥夺者就要被剥夺了。"①在资本主义国家中，社会主义制度代替资本主义制度早已成为历史的要求。但是，资产阶级决不会自动退出历史舞台，它必然要动员社会的一切力量，利用它所控制的上层建筑，特别是国家机器，来阻碍这一历史必然性的实现。无产阶级为了消灭资本主义制度，建立社会主义制度，就必须进行暴力革命，摧毁资产阶级的国家机器，建立无产阶级专政。马克思主义经典作家正是在政治经济学的理论基础上，为无产阶级及其政党制定了用革命暴力夺取政权的政治路线，指引无产阶级为推翻资产阶级专政和建立无产阶级专政而斗争，为实现社会主义、共同富裕而斗争。

革命是先进阶级推翻反动阶级的统治、以先进的社会制度取代腐朽的社会制度推进社会生产力解放和发展的暴力手段。马克思在总结1848年欧洲革命经验时指出："革命是历史的火车头。"②马克思主义认为，社会革命对人类社会的发展具有重要的推动作用，根源于生产力和生产关系之间、经济基础和上层建筑之间的矛盾运动，是新、旧社会形态实现更替的决定性手段，以解放生产力作为最终目的。正如毛泽东所指出的那样："革命是暴动，是一个阶级推翻一个阶级的暴烈的行动。"③无产阶级反对资产阶级统治、推翻资本主义制度的社会主义革命，与以往的一切革命在性质上和历史作用上都有根本的不同，它是人类阶级斗争史上一场"最后的斗争"，是空前深刻彻底的阶级斗争。

社会主义革命是在人类社会经过私有制和阶级对抗的充分发展以后，走向彻底否定私有制和阶级分化这一根本性的历史转变时期的斗争。在资本主义社会中，整个生产的高度社会化与生产资料私人占有的矛盾日益尖锐，这表明资本主义已使私有制及其容纳生产力发展的可能性空间都走向它最大的限度，只有彻底抛弃私有制，代之以公有制，人类社会才能继续前进。这种历史变革的要求及其条件，恰恰是由资本主义生产方式的充分发展所造成的。资本主义本身孕育了这一历史任务，同时也造就了完成这一任务的条件和执行人。无产阶级就是从资本主义社会内部成长起来的资本主义"掘墓人"。同这一历史任

---

① 《马克思恩格斯文集》第5卷，人民出版社2009年版，第874页。
② 《马克思恩格斯文集》第2卷，人民出版社2009年版，第161页。
③ 《毛泽东选集》第1卷，人民出版社1991年版，第17页。

务和历史条件相联系，社会主义革命的目标，必然是消灭私有制，消灭阶级，消灭历史上最后一种剥削制度——资本主义，建立以公有制为基础的、逐步消除阶级分化和其他社会对抗的社会根源、逐步向共同富裕迈进的新型社会制度——社会主义和共产主义。

社会主义革命不仅兼有以往被剥削阶级革命斗争的正义性和新型阶级革命斗争的独特优势，而且具有以往任何革命斗争所不具有的彻底性和深刻性。正因如此，这场斗争的进程必然比以往更复杂、更曲折，以社会主义革命为前提的共同富裕的实现，也必然是一个长期且艰巨的伟大目标。社会主义革命只是向实现共同富裕伟大目标迈进的第一步。不过，"重要的是，坚冰已经打破，航路已经开通，道路已经指明"①。

二、社会主义公有制为实现共同富裕提供制度保证

生产资料所有制的问题，就是生产资料归谁所有、由谁支配、为谁服务的问题。在资本主义社会，生产资料归资本家所有，成为资产阶级剥削和压迫无产阶级的工具。在社会主义社会，生产资料归劳动人民所有，自然就成为了使人民群众走上共同富裕的宝贵财富。生产资料的社会主义公有制代替资本主义私有制，是生产关系的一个革命性飞跃，是对一切剥削和压迫的根本否定。人民民主专政的国家代表全体劳动人民占有生产资料，按照人民群众的利益对生产活动作统一合理的支配，这就开创了人类历史上第一个由生产劳动者支配生产资料，而非生产资料支配生产劳动者的伟大时代，为社会生产力的发展开辟了广阔的天地，使之成为不断满足人民群众日益增长的物质文化和美好生活需要的重要手段。

"个人怎样表现自己的生命，他们自己就是怎样。因此，他们是什么样的，这同他们的生产是一致的——既和他们生产什么一致，又和他们怎样生产一致。"②人们的分配关系，乃至一切的社会关系，都植根于他们在生产中形成

① 《列宁专题文集·论社会主义》，人民出版社2009年版，第246页。
② 《马克思恩格斯文集》第1卷，人民出版社2009年版，第520页。

的相互关系，因此都是由生产资料的所有制决定的。在资本主义社会，资本家占有生产资料，工人只能出卖自己的劳动力来谋求生存。"经济关系的无声的强制保证资本家对工人的统治。"①生产资料的资本主义私有制，产生了资产阶级与无产阶级的贫富分化、两极对立。

社会主义生产资料公有制，把阶级社会中统治与被统治的关系根本颠倒过来，彻底否定一切剥削制度。社会主义公有制形成一种经济上的强制力量，使得剥削阶级丧失了剥削劳动人民的手段。随着生产资料公有制的建立和发展，广大人民群众则成为社会主义生产关系的主人。在社会主义社会，劳动不再是资本剥削的对象，而是每个社会成员所应享有的权利，成为光荣而又豪迈的事业。"因为在改变了的情况下，除了自己的劳动，谁都不能提供其他任何东西。"②这种排除了剥削者而使劳动人民之间的平等关系发展起来的社会制度，将会为共同富裕的实现开辟广阔前景。

生产资料的社会主义公有制，使劳动人民成为生产的主人，社会生产必须为保证满足广大人民群众的需要服务。人民群众的需要，不论是他们的共同需要还是个人需要、长远需要或当前需要，都必须凭借各种不同的物质财富才能实现。因此，满足人民群众各种需要而进行的生产活动，是社会主义生产的主导方面，体现着社会主义生产的客观目的和本质关系。"共同劳动所创造的财富将归全体劳动者享用而不是归一小撮富人享用。"③社会主义社会依然以创造日益增多的社会财富为目的，但不再是为了少数人的利益，而是为了满足全体劳动人民的需要，不再会导致贫富两极分化，而是促进共同富裕伟大理想的实现。

三、在按劳分配基础上逐步实现共同富裕

在社会主义社会，生产资料的社会主义公有制代替了生产资料私有制，劳动人民成了生产资料的共同占有者，不再遭受剥削和压迫，与之相适应的分配关系即按劳分配就此形成：劳动人民创造的社会产品，属于劳动人民所有，

---

① 《马克思恩格斯文集》第5卷，人民出版社2009年版，第846页。
② 《马克思恩格斯文集》第3卷，人民出版社2009年版，第434页。
③ 《列宁全集》第8卷，人民出版社2017年版，第193页。

并按照有利于劳动人民的原则进行分配。正如我们所看到的那样，分配由生产决定，但又反作用于生产，反作用于生产资料所有制。在社会主义条件下，正确处理消费品的分配问题，有助于调动一切积极因素，加速社会主义建设的步伐，巩固和发展社会主义公有制，推进共同富裕的实现。

马克思在《哥达纲领批判》中精辟地阐述了社会主义社会中社会总产品分配的原理，强调在进行个人分配之前，应该首先扣除部分充当生产资料的产品，还有部分充当消费资料的产品，作为一般的管理费用、用来满足共同需求，以及为丧失劳动能力的人设立的基金。只有对社会总产品进行这些必要的扣除以后，才谈得上个人消费品的分配。但是，这些扣除，归根到底也是直接或间接地用来为人民群众谋福利的。正如马克思所说："从一个处于私人地位的生产者身上扣除的一切，又会直接或间接地用来为处于社会成员地位的这个生产者谋福利。"①因此，社会产品的分配，在社会主义社会中必然是"有折有扣"的分配，它能够兼顾国家、集体和个人的利益，在生产发展的基础上，逐步改善人民群众的生活。

马克思在总结了国际共产主义运动，特别是巴黎公社的经验，科学地预见到，在社会主义社会，消费品的分配还不能实行按需分配的共产主义原则，还要按照每个劳动者向社会提供劳动的不同情况进行分配，即"各尽所能，按劳分配"。所谓"各尽所能，按劳分配"，就是每个劳动者首先应该尽自己的能力为社会工作，而社会则按照各人所提供的劳动量来分配消费品。社会主义实行按劳分配，是由以下客观条件决定的。一方面，生产力的发展水平还不是很高，社会产品还没有极大丰富，还不具备实行按需分配的物质条件。另一方面，劳动对大多数人来说，没有成为生活的第一需要。在这种条件下，要完全以人们的需要作为尺度进行分配，是不可能的。马克思指出："权利决不能超出社会的经济结构以及由经济结构制约的社会的文化发展。"②所以，社会主义社会还要实行按劳分配的原则，用劳动作为个人消费品分配的尺度，是分配方式适当体现劳动者向社会提供的劳动差别，也适合生产力发展的需要。但是，

---

① 《马克思恩格斯文集》第3卷，人民出版社2009年版，第433页。

② 《马克思恩格斯文集》第3卷，人民出版社2009年版，第435页。

将这样的同一尺度应用在情况各不相同的人身上，必然要出现事实上的不平等，导致富裕程度的差别。马克思承认，这是按劳分配的弊病。"这些弊病，在经过长久阵痛刚刚从资本主义社会产生出来的共产主义社会第一阶段，是不可避免的。"①

随着十月革命的胜利和人类历史上第一个社会主义国家的建立，列宁作为科学社会主义第一个成功的实践者，既遵循马克思和恩格斯关于在按劳分配基础上逐步实现共同富裕的基本观点，又在实践中勇于创新发展。他提出"不劳动者不得食"作为"社会主义的第一个主要根本原则"，认为"这是一切工人，一切贫苦农民以至中农，一切过过穷日子的人，一切靠自己的工资生活的人都同意的"②。与此同时，从社会主义国家建设，特别是早期战时共产主义的实践中，列宁深刻地认识到，在苏维埃俄国内忧外患、经济困难的情况下，对于俄国这样缺乏先进生产力的国家，"吸引人们参加劳动是社会主义的一个最重要和最困难的问题"③，而平均主义的分配不利于生产的发展。因此，经过充分考虑，列宁在1921年3月决定废除战时共产主义政策，提出实行向社会主义过渡的新经济政策。新经济政策的一项重要内容，就是废除实物配给制，实行按劳分配制，取消劳动义务制和劳动动员，按照产品的质量和数量，支付劳动报酬。新经济政策的实施和按劳分配制度的实践，是列宁对俄国这样一个小农占优势的不发达国家如何建设社会主义的问题作进一步探索的积极成果，是对马克思主义理论的重大创新。

为了解决新生的社会主义政权生产力落后的问题，激发劳动者的生产积极性，列宁提出了一系列完善按劳分配制度的措施。比如，在工资形式上，列宁主张"实行计件工资，采用泰罗制的许多科学的和进步的因素"；在工资水平上，列宁要求"使工资同工厂的总工作量或铁路水路运输等的经营结果相适应"④。并且，列宁主张刻不容缓地实行奖励制，奖励的标准要以"贸易额的大小和利润的多少"为转移，并把奖励制囊括到全体苏维埃职员的整个工资制

① 《马克思恩格斯文集》第3卷，人民出版社2009年版，第435页。
② 《列宁全集》第34卷，人民出版社2017年版，第334–335页。
③ 《列宁全集》第41卷，人民出版社2017年版，第277页。
④ 《列宁全集》第34卷，人民出版社2017年版，第259页。

度。虽然"在完全的共产主义制度下奖金是不允许的，但在从资本主义到共产主义的过渡时期，如理论推断和苏维埃政权一年来的经验所证实的，没有奖金是不行的"①。在列宁看来，要刺激企业生产，推动国民经济尽快复苏，就必须用奖励去鼓舞工人，并且这个奖励要有一定的差额才能更好地发挥作用。

　　总之，列宁创造性地发展了马克思主义的按劳分配思想，推动了社会主义运动的发展，为马克思主义共同富裕思想的丰富发展作出重大理论贡献。

---

① 　《列宁全集》第36卷，人民出版社2017年版，第89页。

共同富裕是物质和精神的共同富裕

马克思与恩格斯在《共产党宣言》中指出："代替那存在着阶级和阶级对立的资产阶级旧社会的，将是这样一个联合体，在那里，每个人的自由发展是一切人的自由发展的条件。"①列宁也强调："教育、训练和培养出全面发展的和受到全面训练的人，即会做一切工作的人。共产主义正在向这个目标前进，必须向这个目标前进，并且一定能达到这个目标"②。共同富裕不仅是物质财富、物质享受的不断增加、积累，而且是"每一个个人的全面而自由的发展"③的内在要求。从人的全面自由发展出发，共同富裕则不仅意味着物质财富的繁荣发展，同时也意味着精神财富的繁荣发展，而且这两种财富不是分割开来，而是统一于社会主义社会的每个个人身上。要准确理解马克思主义经典作家的共同富裕思想内涵，必须紧紧把握物质精神两方面的共同富裕，从人的自由全面发展高度出发。

一、从实现物质、精神共同富裕到实现人的自由全面发展

马克思主义是"关于现实的人及其历史发展的科学"④，马克思主义的共

---

① 《马克思恩格斯文集》第2卷，人民出版社2009年版，第53页。

② 《列宁全集》第39卷，人民出版社2017年版，第29页。

③ 《马克思恩格斯文集》第5卷，人民出版社2009年版，第683页。

④ 《马克思恩格斯文集》第4卷，人民出版社2009年版，第295页。

同富裕思想根本不同于资产阶级的财富观，不是从单纯客体的、财富的积累出发，而是从人的发展、历史主体的维度出发。现实个人的发展是向着全面性的方向发展的，人在创造全面的社会关系和历史进程中也使自身达到全面性。人的自由全面发展，始终是马克思主义的价值取向和精神旨归，同时也为马克思主义共同富裕思想构筑起坚实的理论支撑。

从历史上看，人的能力随着需要的发展而发展，表现为从低到高、从物质到精神、从生理到心理、从片面到全面、从单一到复合的过程。人的第一需要是物质生活需要，满足人的物质生活需要是整个人类生活及其发展的前提。"为了生活，首先就需要吃喝住穿以及其他一些东西。因此第一个历史活动就是生产满足这些需要的资料，即生产物质生活本身。"①人的需要不只局限于物质基础范围之内，还包括生存需要之上的精神需要、文化需要、社会需要等。"已经得到满足的第一个需要本身、满足需要的活动和已经获得的为满足需要而用的工具又引起新的需要，而这种新的需要的产生是第一个历史活动。"②随着生产力的发展，人的物质生活水平也随之不断提高，从而为拓展精神世界提供了坚实基础。以丰裕的物质财富和充实的精神世界为基础，尊严、体面、民主、自由等更高层次的新需要也会逐步形成和确立。在不断满足新需要的实践活动中，人的本质力量得以发挥、本质特征得以展现，人不断实现自我、超越自我、提升自我，大步迈向自由全面发展。

实现物质、精神的共同富裕是迈向人的自由全面发展的第一步。只有生产力的极大发展，使社会留出足够多的自由时间用于从事科学、艺术、社会管理等精神活动，只有社会关系得到根本的改造，消灭社会上一部分人通过侵占他人剩余劳动而窃取和独霸社会自由时间的现象，使每一个劳动者都能够真正占有和自由地运用自己所创造的自由时间，物质和精神的共同富裕才有可能，人类才能实现从必然王国向自由王国的飞跃。正如马克思、恩格斯所设想的那样，到那时候，"任何人都没有特殊的活动范围，而是都可以在任何部门内发展，社会调节着整个生产，因而使我有可能随自己的兴趣今天干这事，明天干

---

① 《马克思恩格斯文集》第1卷，人民出版社2009年版，第531页。

② 《马克思恩格斯文集》第1卷，人民出版社2009年版，第531–532页。

那事，上午打猎，下午捕鱼，傍晚从事畜牧，晚饭后从事批判，这样就不会使我老是一个猎人、渔夫、牧人或批判者"①。

列宁在重视物质与精神的共同富裕方面，与马克思、恩格斯存在高度一致性。十月革命胜利以后，列宁就开展"文化革命"，目的在于实现物质和精神共同发展。列宁曾认为，建设无产阶级文化，关乎能否建成完全的社会主义社会，并且强调指出："只要实现了这个文化革命，我们的国家就能成为完全社会主义的国家了。"②造就全面发展的新人，在列宁看来，是与建设社会主义新型文明同样重要的战略任务。社会主义社会制度与社会主义新人相互创造、共同成长。正如列宁所说："自从无产阶级取得政权以来，文化革命最重要的条件已经有了，那便是群众的觉醒，群众对文化的企求。为新的社会制度所创造的，同时又创造着这个制度的新人正在成长。"③

为了建设新型文明、造就全面发展的新人，列宁提出，要通过加强学习、教育和援助等途径，对工人、农民和知识分子进行思想改造。列宁在晚年尤其关注工人阶级及其先锋队的文化问题。他在1922年写给俄共（布）中央全会的信中指出："我们所缺少的主要的东西是文化，是管理的本领。……新经济政策在经济上和政治上都充分保证我们有可能建立社会主义经济的基础。问题'只'在于无产阶级及其先锋队的文化力量。"④为此，列宁提出"第一是学习，第二是学习，第三还是学习"⑤，要求工人学习文化、管理、经商。针对农民文化知识水平低下的现状，列宁提出，"在农民中进行文化工作"⑥是摆在俄共（布）面前的一个划时代任务，认为用文化影响农民对于整个革命事业具有决定意义。对于掌握着各类技术和技能的知识分子即资产阶级旧专家，列宁认为，可以用共产主义世界观对他们进行改造，使他们全心全意为社会主义建设服务，转变为社会主义新人。

---

① 《马克思恩格斯选集》第1卷，人民出版社2012年版，第165页。
② 《列宁全集》第43卷，人民出版社2017年版，第372页。
③ 侯焕闳译：《回忆列宁》第5卷，人民出版社1982年版，第66页。
④ 《列宁全集》第43卷，人民出版社2017年版，第67页。
⑤ 《列宁全集》第43卷，人民出版社2017年版，第384页。
⑥ 《列宁全集》第43卷，人民出版社2017年版，第371页。

实现物质、精神的共同富裕，直至人的自由全面发展，是一个漫长而艰巨的历史过程。社会主义制度的建立是重大的转折点，却不是这一过程的终结。要实现这一理想，还必须依靠社会主义制度的力量，推进社会关系的全面改造，大力发展社会生产力，建设科学、文化、教育事业，创造高度的物质文明和精神文明。我国现在进行的社会主义现代化建设，就是朝着这个伟大的历史目标前进。

二、物质生产力的极大发展是共同富裕的前提

马克思主义经典作家一直强调，无产阶级的发展壮大，以及发达的物质生产力，是消除剥削、实现人的解放的两大必要条件。物质生产力的极大发展，对于社会主义政权，对于实现共同富裕，是极为重要的。"人们首先必须吃、喝、住、穿，然后才能从事政治、科学、艺术、宗教等等；所以，直接的物质的生活资料的生产，从而一个民族或一个时代的一定的经济发展阶段，便构成基础，人们的国家设施、法的观点、艺术以至宗教观念，就是从这个基础上发展起来的，因而，也必须由这个基础来解释，而不是像过去那样做得相反。"[1]缺乏足够发达的物质生产力，就不可能有真正富足的物质生活，遑论真正富足的精神生活。因此，大力发展生产力是社会主义社会的首要任务："无产阶级将利用自己的政治统治，一步一步地夺取资产阶级的全部资本，把一切生产工具集中在国家即组织成为统治阶级的无产阶级手里，并且尽可能快地增加生产力的总量。"[2]列宁也指出："无产阶级取得国家政权以后，它的最主要最根本的需要就是增加产品数量，大大提高社会生产力。"[3]

对物质生产力的重视，对物质财富的关注，构成了马克思主义与空想社会主义的一个重大差别。马克思曾指出，空想社会主义是"粗陋的共产主义"，因为这种社会主义是"对整个文化和文明的世界的抽象否定，向贫穷的、需求不高的人——他不仅没有超越私有财产的水平，甚至从来没有达到私有财产的

---

① 《马克思恩格斯文集》第3卷，人民出版社2009年版，第601页。

② 《马克思恩格斯文集》第2卷，人民出版社2009年版，第52页。

③ 《列宁全集》第42卷，人民出版社2017年版，第380页。

水平——的非自然的简单状态的倒退"①。与这种倒退到资本主义以前的"粗陋的共产主义"相反，马克思主义经典作家设想的社会主义社会，应当能够为所有人创造富足的生活条件，以便每个人都能自由地发展人的本性。他们宣称"我们决不想破坏那种能满足一切生活条件和生活需要的真正的人的生活；相反地，我们尽一切力量创造这种生活"②。只有在发达的物质生产力基础上，社会主义社会的目的才能达到。"生产力的这种发展（随着这种发展，人们的世界历史性的而不是地域性的存在同时已经是经验的存在了）之所以是绝对必需的实际前提，还因为如果没有这种发展，那就只会有贫穷、极端贫困的普遍化；而在极端贫困的情况下，必须重新开始争取必需品的斗争，全部陈腐污浊的东西又要死灰复燃。"③列宁也强调指出："如果没有电气化，回到资本主义去反正是不可避免的"④，并以此提出"共产主义就是苏维埃政权加全国电气化"⑤的著名论断。

与全盘否定资本主义的空想社会主义者不同，在马克思主义经典作家看来，社会主义社会要以在资本主义社会中得到高度发展的社会生产力为前提。恩格斯在《社会主义从空想到科学的发展》中指出，资本主义的生产力的发展第一次在人类历史上创造了这样的可能性："生产资料的扩张力撑破了资本主义生产方式所加给它的桎梏……生产资料由社会占有……通过社会化生产，不仅可能保证一切社会成员有富足的和一天比一天充裕的物质生活，而且还可能保证他们的体力和智力获得充分的自由的发展和运用……"⑥列宁在领导苏联社会主义建设时也多次强调，"要用一切办法坚决发展流转，不要害怕资本主义，因为在我国……给予资本主义活动的范围，是相当狭小而'适度'的"⑦。他反复向全党指出，要允许多种经济成分长期并存，大力发展社会生产力，利

---

① 《马克思恩格斯文集》第1卷，人民出版社2009年版，第184页。

② 《马克思恩格斯全集》第2卷，人民出版社1957年版，第626页。

③ 《马克思恩格斯文集》第1卷，人民出版社2009年版，第538页。

④ 《列宁全集》第41卷，人民出版社2017年版，第384页。

⑤ 《列宁全集》第40卷，人民出版社2017年版，前言第V页。

⑥ 《马克思恩格斯文集》第3卷，人民出版社2009年版，第563-564页。

⑦ 《列宁全集》第41卷，人民出版社2017年版，第219页。

用资本主义的文明成果来建设社会主义，以此来恢复和发展大工业生产，加快经济建设。

社会主义社会尽管要以资本主义社会发达的物质生产力为基础，但它同时也彻底改变了生产力的性质，使之从资本积累的手段转变成为扩大、丰富和提高人们生活的一种手段。在社会主义社会里，正如马克思所指出的那样，"社会生产力的发展将如此迅速，以致尽管生产将以所有的人富裕为目的，所有的人的可以自由支配的时间还是会增加。"①恩格斯也强调："由社会全体成员组成的共同联合体来共同地和有计划地利用生产力；把生产发展到能够满足所有人的需要的规模……所有人共同享受大家创造出来的福利……"②共同富裕，无论是所有社会成员的共同富裕，还是物质生活和精神生活的共同富裕，都需要以大量的物质财富为基础。因此，大力发展生产力是社会主义的题中应有之义。只有在社会主义社会中，物质生产力的极大发展，才会转变成为推动实现共同富裕的重要基础。正因如此，只有在社会主义社会中，物质生产力才能得到真正的解放，因为它是符合最广大人民群众利益的，它的发展只会使得每个社会成员能够享受更多的物质财富，同时能够有更加充裕的时间享受精神生活，从事精神生产。

三、社会主义制度消灭物质生活与精神生活的对立关系

物质生活和精神生活的分工以及对立，是生产力发展到一定程度的结果。每个人的生活，大致可以划分为物质生活与精神生活两个方面，但这两个方面本来就应当处于相互促进、相互依存的和谐关系中。为了满足自己的生活需要，人们不仅需要物质劳动生产可供消费的物质财富，而且还需要精神劳动生产可供消费的精神财富，如诗歌、音乐、绘画等艺术作品。然而，随着社会生产力的发展，体脑分工也发展起来了。"分工只是从物质劳动和精神劳动分离的时候起才真正成为分工。"③体脑分工在人类的发展史上具有重大意义，它

---

① 《马克思恩格斯文集》第8卷，人民出版社2009年版，第200页。

② 《马克思恩格斯文集》第1卷，人民出版社2009年版，第689页。

③ 《马克思恩格斯文集》第1卷，人民出版社2009年版，第534页。

不仅反过来促进了社会生产力的发展，催生了城市和乡村的分离，而且把物质劳动和精神劳动固定在不同的阶级身上，乃至于这两种劳动不仅相互分离，而且处于对立关系。恩格斯指出："为阶级差别辩护的最终理由总是说：一定要有一个阶级无须为生产每天的生活必需品操劳，以便有时间为社会从事脑力劳动。"①物质生产与精神生产的分离、对立，在马克思主义经典作家看来，不仅是造成阶级差别和对立的内在原因，当然也是造成贫富差距不断产生的决定性因素。统治阶级不仅垄断了物质财富和精神财富，而且他们通过这种垄断，把自己享受繁荣物质生活和精神生活建立在被统治阶级的艰苦劳动之上。实现共同富裕，必须从根本上消除物质生活与精神生活的分离、对立，实现物质生活与精神生活的共同富裕。

资本主义生产方式不仅没有消除物质生活和精神生活的对立，而且在它登上历史舞台之际便运用一切手段，使这种对立极端化。在资本主义社会中，一方面，资产阶级的生存和享受以剥削无产阶级、占有工人的剩余劳动为前提；另一方面，生产技术的发展，成为资产阶级更高效率实现这种剥削、无产阶级更加深陷被剥削这一困境的物质手段。于是，首先，为了占有尽可能多的剩余劳动以实现资本的快速增殖，资本家总是倾向于驱使工人过度劳动，以至于工人根本没有足够的空余时间得到充分的休息和恢复，更遑论有足够的业余时间在单调枯燥的工作时间之外发展自己的智力、学习、思考了。其次，工人受旧式分工支配和操控，被限制了自身的智力发展，致使人的发展是一种片面、畸形的发展。马克思指出："工场手工业分工的一个产物，就是物质生产过程的智力作为别人的财产和统治工人的力量同工人相对立。"②最后，占据了成熟技术基础的资本主义生产方式，即大工业的机器生产，用于生产的机器、技术等等，本来就是人的智力成果，但却表现为资本的力量；相反，工人在生产过程中却下降成为机器运作的零件，并且随着机器和革新技术的运用而不断被排挤，面临越来越严峻的竞争压力和就业形势。

要消除物质生活与精神生活的二元对立，根本在于彻底消除阶级社会在生

---

① 《马克思恩格斯文集》第3卷，人民出版社2009年版，第258页。
② 《马克思恩格斯文集》第5卷，人民出版社2009年版，第418页。

产方式上的对抗性矛盾。这一点又只有通过无产阶级革命所建立的社会主义制度才能办到。列宁在《国家与革命》中曾设想，随着社会主义制度的建立，领导、管理生产企业和社会的权利将不再被少数人所垄断，而是成为劳动者和人民群众的基本权利："日益简化的监督职能和填制表报的职能将由所有的人轮流行使，然后将成为一种习惯，最后就不再成其为特殊阶层的特殊职能了。"①这样，脑力劳动和体力劳动的旧社会分工将被消除，物质生活和精神生活的共同富裕将在新的社会基础上繁荣发展起来。

　　一方面，社会主义社会实现了所有制的变革，使得人民群众成为社会、国家、生产企业的主人，从而消除了以私有制为基础的阶级对立，消除了一部分社会成员无偿占有其他社会成员剩余劳动的可能性。这样，劳动就会成为绝大多数社会成员的共同义务，大致平均地分配到每一位社会成员的头上。劳动的平均分配，将使得每位社会成员所必须从事劳动的时间大大降低，从而获得更多的空余时间，不仅可以用于休息放松，而且还能够用于思考、学习，用于从事精神生产，享受精神生活，在物质层面富裕的基础上实现在精神层面的富裕。正如马克思所指出的："在劳动强度和劳动生产力已定的情况下，劳动在一切有劳动能力的社会成员之间分配得越平均，一个社会阶层把劳动的自然必然性从自身上解脱下来并转嫁给另一个社会阶层的可能性越小，社会工作日中必须用于物质生产的部分就越小，从而用于个人的自由活动、脑力活动和社会活动的时间部分就越大。"②

　　另一方面，社会主义社会彻底终结了生产资料对生产者的支配，使"人们第一次成为自然界的自觉的和真正的主人，因为他们已经成为自身的社会结合的主人了"③。在社会主义社会，人们第一次有可能联合成为一个社会整体，支配自己的生产活动。自此，生产活动不再是为了满足资本的增殖，也不再是为了满足统治阶级的穷奢极侈，而是成为满足人民群众自身的自由发展的重要手段。在此基础上，生产力的发展，将不会再像在资本主义社会那样，成为更大

---

① 《列宁全集》第31卷，人民出版社2017年版，第47页。
② 《马克思恩格斯文集》第5卷，人民出版社2009年版，第605页。
③ 《马克思恩格斯文集》第9卷，人民出版社2009年版，第300页。

程度剥削工人的手段，而是成为尽可能缩短每个社会成员，从而是整个社会必要的物质劳动时间的有效途径。正如马克思所指出的那样："社会化的人，联合起来的生产者，将合理地调节他们和自然之间的物质变换，把它置于他们的共同控制之下，而不让它作为盲目的力量来统治自己；靠消耗最小的力量，在最无愧于和最适合于他们的人类本性的条件下来进行这种物质变换。但是，这个领域始终是一个必然王国。在这个必然王国的彼岸，作为目的本身的人类能力的发挥，真正的自由王国，就开始了。但是，这个自由王国只有建立在必然王国的基础上，才能繁荣起来。工作日的缩短是根本条件。"①

---

① 《马克思恩格斯文集》第7卷，人民出版社2009年版，第928–928页。

中国共产党推进共同富裕的历史探索

共同富裕是人类社会的梦想追求，也是每一位中华儿女千百年来的共同期盼。根据马克思主义基本原理，共同富裕体现的是生产力与生产关系相互促进、相互统一的关系："富裕"反映的是人们可供支配的物质生活资料多寡，属于社会生产力的范畴，遵循发展、效率的价值导向；"共同"反映的是人们占有、支配物质生活资料的经济关系，属于生产关系的范畴，遵循平等、公正的价值导向。统筹实现生产力和生产关系两方面的协调发展，保持效率与公平、发展与平等的内在平衡，使人们在获得物质文化满足感的同时，享有公平正义的知足感和平衡感，一直是人类社会苦心孤诣追求的目标。中国共产党成立之初，就将让人民过上好日子、实现共同富裕作为矢志不渝的奋斗目标，并积累了宝贵的精神财富和理论资源。本章重点基于生产力与生产关系的辩证关系，梳理党的十八大之前中国共产党领导全国人民探索共同富裕的思想脉络，为新时代探索共同富裕道路提供历史经验的支撑。

第一节

新民主主义革命时期对共同富裕的探索

近代以来，无数仁人志士在探索国家富强、人民富裕的道路上前赴后继，但始终没有找到正确的实现道路。只有中国共产党，从马克思主义关于人类社会特别是资本主义社会发展规律的科学理论中汲取智慧和力量，探索形成了符合中国实际的革命道路，摧毁了延续几千年的阶级不平等的社会结构根基，推动生产力发展，促使国人精神由被动向主动的根本转变，揭开了探索共同富裕的历史新篇章。

一、近代中国关于共同富裕问题的思想论争

追求共同富裕是社会主义的本质要求。16世纪初至19世纪40年代的300余年间，空想社会主义天才地勾画了未来社会的图景，点燃了人类追求社会平等的思想火种。1848年，马克思和恩格斯在《共产党宣言》中阐述了科学社会主义的一般原理，划清了科学社会主义与其他社会主义的界限，揭示了社会不平等、贫富分化存在的制度根源。不过，马克思主义进入中国后，并不是被时人一下子理解并接受的，而是经历了与其他思想流派论辩斗争的过程。

第一次世界大战的爆发，特别是巴黎和会上西方资本主义国家赤裸裸进行利益抢夺的丑态，彻底打破了国人对西方"文明"制度的幻想，并掀起了以追求社会平等、人人共富为目的的社会主义改革浪潮。瞿秋白称，"帝国主义压迫的切骨的痛苦，触醒了空泛的民主主义的噩梦"，"所以，学生运动倏然一

变而倾向于社会主义"。^①不过，当时的社会主义除了马克思、恩格斯创立的科学社会主义之外，还有无政府主义、新村主义等其他社会主义流派。这些社会主义流派反对人剥削人的阶级制度，但希望在不触动既有利益格局的前提下，先通过阶级调和方式进行小规模、区域性改良试验，再逐渐将影响扩大至整个国家。比如，基尔特社会主义主张的劳资和谐[2]，新村主义幻想构建的无脑力与劳工分工、无阶级对立的互助乡村组织[3]；工读主义提倡的终身工作、终身读书、各尽所能、各取所需的互助社区建设[4]；等等。用新村主义者的说法，就是"一个新村成了，自然有人跟着办第二个；第二个的新村成了，自然有人跟着办第三第四……第几千第几万的新村"；当"新村普遍了全世界，那旧社会的组织，就是不用激烈的手段去革命，也天然成了时代落伍的东西，没有存在的价值了"[5]。

如同空想社会主义为科学社会主义提供了宝贵的思想来源，早期社会主义流派的思想与实践，也为后来中国共产党理解并运用科学社会主义开展社会革命，包括推进共同富裕的实践，提供了重要的思想资源。中国共产党的早期理论家正是在各种社会主义思想的反复比较、甄别中，才坚定选择了马克思主义，找到了运用科学社会主义探索共同富裕的正确道路。

作为中国早期马克思主义理论家和中国共产党主要创始人，李大钊和陈独秀在建党前后对实现共同富裕的路径作过系统的思考。

---

① 《瞿秋白诗文选》，人民文学出版社1982年版，第34、35页。

② 基尔特社会主义（Guild Socialism）脱胎于20世纪初的英国，理论创始人为阿瑟·约瑟夫·潘蒂，后经乔治·霍布逊及柯文的改造渐趋系统化。其崇信者还包括后来的哲学家罗素。基尔特社会主义本质上是一种提倡劳资合作的资产阶级改良主义思潮。

③ 新村主义实践最早可推溯至19世纪中叶欧文和傅立叶的"公社"实验。日本的武者小路实笃于1918年创办《新村杂志》，发起了所谓的新村运动，使"公社"思想实验进一步系统化。新村主义理论包含了当时多种社会思想，如无政府主义、空想社会主义、克鲁泡特金的互助论和托尔斯泰的泛劳动主义等。其主旨是通过建立新村，使全人类过上"人的生活"，实现人人平等、劳动互助、友爱幸福的理想社会。

④ 工读主义又称工学主义，是五四期间在中国风行一时的"新思潮"，一定程度上可以说是中国的独创。其主张融合了诸如克鲁泡特金的"互助论"、托尔斯泰的泛劳动主义等思想观点，与新村主义在取向上大致趋同。

⑤ 积石：《新人最应做的事》，载《新人》第1号，1920年4月3日。

其一，分配问题事关经济发展和社会正义。五四运动后，陈独秀开始运用马克思主义的唯物主义理论分析中国问题，认为当时的社会混乱、道德堕落，皆归根于社会经济的原因。李大钊用"吃饭"来概括经济问题的重要性："什么爱国咧，什么共和咧，什么政治改良咧，什么社会改造咧，口头上的话你们只管去说，吾侪小民，只是吃饭要紧。"①如何解决经济问题？陈独秀认为，促进生产固然重要，但更重要的是解决分配不公问题。首先，分配不公有损社会公平，"个人比较的贫困现象，不一定是因为人口超过了生活资料，大部分是因为财产私有分配不均，一阶级人底占据有余，造成一阶级人的不足"，进而导致贫富差距加大，引发社会动荡。②其次，分配不公抑制经济发展。分配与生产本身就是经济发展的一体两面，效率和公平并不冲突。生产资料的资本家私人占有会引发生产过剩，分配不公平则会进一步加剧生产过剩，激发经济恐慌。③李大钊批判当时一些人关于"分配平均乃是破坏"的说法，指出"分配平均，使生产不致过度，社会上遂现一种新的秩序。此实是整理，非为破坏"④。

其二，破解中国发展问题的根本，在于建立社会主义公有制。陈李二人认为，要引领当时的中国走出经济落后的境地，最终实现共同富裕，必须建立社会主义公有制：一方面，从生产端入手，运用社会统计手段，使社会生产"不至于陷入无政府状态"；另一方面，从分配端入手，避免剩余劳动的掠夺，促进消费力的均衡。⑤李大钊直截了当地指出，"社会主义是要富的，不是要穷的"⑥，实现这种富，必须对生产品实行"有计划的增殖"和"极公平的分配"，建立人与人平等自由联合的关系。值得一提的是，陈独秀在阐述社会主义经济制度时指出，社会主义并非实行单一公有制，社会主义初期应允许存在多种经济成分，"并不是说只采用那一种而禁绝其余一切，乃是说采用某一种为全社会中主要的生产制度"⑦；同样，纯粹通过分配去平均贫富，是均富主

---

① 《李大钊全集》第3卷，人民出版社2006年版，第66页。

② 《陈独秀著作选》，上海人民出版社1993年版，第113页。

③ 《陈独秀文章选编》（中），生活·读书·新知三联书店1984年版，第90页。

④ 《李大钊全集》第4卷，人民出版社2006年版，第197页。

⑤ 《陈独秀文章选编》（中），生活·读书·新知三联书店1984年版，第291页。

⑥ 《李大钊全集》第4卷，人民出版社2006年版，第354页。

⑦ 《陈独秀文章选编》（下），生活·读书·新知三联书店1984年版，第410页。

义，不是社会主义，"不但马克思主义共产主义根本上决不是什么劫富济贫的均富主义，并且共产国际及中国共产党都不曾幻想中国马上就能够实行共产主义的生产和分配制度"①。

其三，只有通过阶级斗争，才能推翻资本主义私有制。真正接受马克思主义之前，陈李二人都多少受过改良思潮的影响，希望用非革命的方式解决中国问题。比如，李大钊主张开展消灭脑力劳动与体力劳动差别，造就新人、开展新生活的"新村落"实验；陈独秀在1917年创办《青年杂志》时，也认为中国"产业未兴，兼并未盛行"，社会主义似可缓行于欧洲，只需调和资本与劳动矛盾即可。②随着二人对马克思主义认识的加深，他们逐渐认识到绕开资本主义制度本身谈社会平等和共同富裕，完全是一种奢谈。资本主义政治"表面上是共和政治，实际上是金力政治"③，要实现真正的平等，光靠民治和共和远远不够，"必待剥削制度消灭，因之阶级消灭，统治者与被统治者之界限消灭，夫然后乃有真正全民平等之一境"④。李大钊在与基尔特社会主义者的论争中也指出，中国未如欧美日等国实业发达，但"一般平民间接受资本主义经济组织的压迫，较各国直接受资本主义压迫的劳动阶级尤其苦痛"，加上中国历来是"不事生产的官僚强盗横行的国家"，只有开展阶级斗争才能实现根本的制度变革。李大钊嘲笑那些只懂唯物史观不懂阶级斗争学说的社会主义学派，称他们"只信这经济的变动是必然的，是不能免的，而于他的第二说，就是阶级竞争说，了不注意，丝毫不去用这个学理做工具，为工人联合的实际运动，那经济的革命，恐怕永远不能实现，就能实现，也不知迟了多少时期"⑤。

陈李二人关于平等分配、建立社会主义公有制以及阶级斗争的主张，有力驳斥了当时盛行的非科学社会主义的观点，为中国共产党以社会革命推进反剥削、反压迫的制度革命，进而构筑共同富裕的制度根基提供了思想准备。

---

① 《陈独秀文章选编》（下），生活·读书·新知三联书店1984年版，第195页。
② 《陈独秀文集》第1卷，人民出版社2013年版，第99页。
③ 《陈独秀文章选编》（中），生活·读书·新知三联书店1984年版，第32页。
④ 《陈独秀文集》第4卷，人民出版社2013年版，第486页。
⑤ 《李大钊文集》第3卷，人民出版社1999年版，第6页。

二、以反对私有制剥削为核心的共同富裕主张与实践

中国共产党的成立是开天辟地的大事件，中国人民自此有了自身利益的忠实代表，第一次掌握了迈向共同富裕的历史主动。新民主主义革命时期，中国共产党虽未明确提出"共同富裕"的概念，但始终坚持用生产力与生产关系辩证统一的视角审视革命问题，将之视为是革新生产关系（促进"共同"），解放生产力（实现"富裕"）的必要手段。毛泽东曾讲，新民主主义革命"打的是上层建筑的仗"，"搞上层建筑、搞生产关系的目的就是解放生产力"。[①]具体而言，新民主主义时期的共同富裕道路探索，可分为大革命时期、土地革命时期、抗日战争与解放战争时期三个阶段。

（一）大革命时期

大革命时期是中国共产党的初创期和幼年期，由于缺乏强大的革命武装力量支撑，我们党对于共同富裕的追求主要体现在反对资本私有、保护工农群众利益的舆论宣传和社会抗争层面。

中国共产党在颁布的第一个纲领中提出，"以无产阶级革命军队推翻资产阶级"，"采用无产阶级专政，以达到阶级斗争的目的——消灭阶级"，"废除资本私有制"，"没收机器、土地、厂房和半成品等生产资料，归社会公有"。[②]1922年党的二大提出共产主义的最高纲领：组织无产阶级，用阶级斗争的手段，建立劳农专政的政治，铲除私有财产制度，渐次达到一个共产主义社会，彰显了追求共同富裕的坚定决心。

为切实提升工农群众的生活待遇，增强工农群众自我解放的革命自觉，党的二大发出"到群众中去"的指示，号召全体党员下到一线从事工农运动。1922年，香港海员在中国共产党的领导下，经过长达56天的罢工，迫使港英当局增加15%～30%的工资。同时，中国共产党人经过深入的调查分析，认为农村社会的根本矛盾，在于帝国主义、封建主义和官僚资本主义多重剥削导致

的土地分配不公。党的三大通过《农民问题决议案》，将农民问题与农民运动列为重要议题，提出了以革命手段彻底废除旧的剥削制度、从根本上解决农村的民生民主问题的道路主张。第一次国共合作期间，中国共产党利用大革命的雷霆之势，积极组织广大工农群众反对各种苛捐杂税，争取在劳动时间、工作条件、生活保障上的应有权益，支持农民协会开展革命暴动，在全国掀起一场反对阶级剥削和贫富分化的革命高潮。当时，毛泽东特别提醒党内同志要注意农民问题，他先后撰写了《中国社会各阶级的分析》《国民革命与农民运动》《湖南农民运动考察报告》等文章，提出"农民问题乃国民革命的中心问题"[1]，号召党内同志立刻下决心，去做那组织农民的浩大工作。在《湖南农民运动考察报告》中，他基于长沙农村贫农占70%、中农占20%、地主与富农仅占10%的客观事实，充分肯定了农会针对地主阶级谷米出境、高抬谷价、囤积居奇所开展的暴力反抗斗争，以及实行的降低地租、废除苛捐、创办合作社等经济手段，并将后者与反压迫政治行动并列，称赞其是"四十年乃至几千年未曾成就过的奇勋"[2]。

（二）土地革命时期

1927年大革命失败之后，中国共产党将目光从城市转向农村，逐渐摸索出一条农村包围城市、武装夺取政权的道路，建立了相对稳固的苏维埃革命政权，进而将共同富裕思想落实到政权建设实践当中。

一是反对土地私有，重新分配土地。中国革命的本质是农民革命，其核心是解决土地问题。1928年，中国共产党颁布了党的第一部土地法——井冈山《土地法》，以法律条文的形式确立了耕者有其田制度，破除了束缚中国农民数千年的封建土地关系。1929年4月，毛泽东主持制定了兴国县《土地法》，将井冈山《土地法》关于"没收一切土地"的规定，改为"没收一切公共土地及地主阶级的土地归兴国工农兵代表会议政府所有，分给无田地及少田地农民耕种使用"[3]，随后又作了"自耕农的土地不没收"、"抽多补少"等补充调整，

---

① 《毛泽东文集》第1卷，人民出版社1993年版，第37页。
② 《毛泽东选集》第1卷，人民出版社1991年版，第15—16页。
③ 《建党以来重要文献选编（1921—1949）》第6册，中央文献出版社2011年版，第184页。

使土地分配方式更为贴合当时的社会实际。通过重新分配土地，中国共产党在实现农民动员的同时，也从根本上破除了传统生产关系、社会不平等的根基。

二是开展经济建设，改善物质生活。吃饭是革命的基础，让人民群众获得看得见的实际物质利益，既是革命的手段，也是革命的目标。毛泽东指出，只有发展红色区域的经济，才能使革命战争得到物质力量的支撑，也才能使广大群众得到生活上的相当的满足，从而更加高兴地当红军，去做各项革命工作。毛泽东特别反对党内存在的"只要战争，不要经济建设"的"左"倾机会主义观点，指出"世界什么问题最大？吃饭问题最大"[1]。他先后发表《必须注意经济工作》和《我们的经济政策》两篇著作，辩证地阐明了根据地经济建设与革命战争的关系，并针对以赣南闽西为主的中央苏区情况，提出了国营经济、合作社经济和私人经济"同时并进"的建设思想。这一时期，苏区建设了一批军需工业与民用工业，大大缓解了斗争物资缺乏与群众生活困难问题。

三是保障平等权利，提升社会地位。1931年中华苏维埃共和国临时政府成立后，除了将地主土地分配给贫农、中农之外，还制定颁布了选举法、劳动法，推行了八小时工作制、最低限度工资标准、社会保险制度、失业津贴等一系列保障人民政治、社会权益的举措，极大提升了苏区人民的政治和社会地位。

（三）抗日战争与解放战争时期

为了进一步加强社会动员和保护革命成果，中国共产党这一时期的局部执政实践以及对共同富裕的探索，主要是围绕生产关系层面的"两个革命"——即土地分配和合作化生产[2]展开。

关于土地分配。抗战初期，中共中央为了建立抗日民族统一战线，在解决农民土地问题的策略上从"没收地主土地"调整为"减租减息"。1942年发布

---

[1]　《"一大"前后——中国共产党第一次代表大会前后资料选编》第1辑，人民出版社1985年版，第58页。

[2]　1943年，毛泽东在西北局高级干部会议上的讲话中提出了关于农村生产关系"两次革命"的思想。第一次革命是土地革命，即没收封建地主的土地归农民所有；第二次革命是生产方式的革命，即从个体劳动转化为集体劳动、从个体经济转化为集体经济。

的《关于抗日根据地土地政策的规定》《关于如何执行土地政策决定的指示》中规定：租额下调25%，年利率不得超过15%，取消各种杂租、劳役和高利贷等。①陕甘宁边区参议会还通过《陕甘宁边区土地租佃条例》，明令要求出租人不得任意收回租地。②此外，为了防止地方权势暗中转嫁税负，党中央还提出了"合理赋税"的口号，尝试推行农业统一累进税③，最大限度地降低贫困农民的生活负担。解放战争时期，中共中央发布"五四指示"，广泛开展农村土改运动，推动反奸、清算、减租、减息、退租、退息等反剥削、反压迫斗争。1947年《中国土地法大纲》明确提出，废除封建性及半封建性剥削的土地制度，实行耕者有其田。这一变革从根本上摧毁了封建制度根基，为广大农民群众通过劳动创造幸福生活提供了前提条件。

关于合作化生产。抗战期间，毛泽东在土地革命时期推行互助合作经验的基础上，结合变工队、扎工队等民间互助合作形式，通过实施发放农贷、奖励移民等政策鼓励合作化生产，认为"这是人民群众得到解放的必由之路，由穷苦变富裕的必由之路，也是抗战胜利的必由之路"④。在毛泽东"自己动手，丰衣足食"的号召下，陕甘宁边区和敌后各抗日根据地开展了轰轰烈烈的大生产运动。解放战争时期，毛泽东将"从个体劳动转到集体劳动"称作是"第二个生产关系即生产方式的改革"，号召全党在分配土地以后，积极引导农民发展农业生产互助合作组织，构建多种经济成分的经济体系，以尽快改善人民生活，为建立新中国、巩固新政权提供物质基础。

总之，新民主主义革命时期中国共产党推进民族独立和人民解放的斗争实践，以革命的手段消除了中国积贫积弱与贫富悬殊的制度根源，为变革旧的生产关系，进而为解放和促进生产力创造了基础条件。正如毛泽东指出，新民

---

① 《中国共产党历史第一卷（1921—1949）》下册，中共党史出版社2002年版，第596-597页。

② 转引自黄正林：《陕甘宁边区社会经济史（1937—1945）》，人民出版社2006年版，第277页。

③ 累进税由于统计太过复杂，仅在边区5个县试行3年便终止，不过这是党局部执政时期实施赋税改革的一大创举。参见纪保宁：《组织农民：陕甘宁边区的党、政府与乡村组织》，载于《华北抗日根据地与社会生态》，当代中国出版社1998年版，第86页。

④ 《毛泽东选集》第3卷，人民出版社1991年版，第932页。

主主义革命就是为了解决"独立、自由、民主和统一"问题，"消灭日本侵略者，这是谋独立"，"废止国民党一党专政，成立民主的统一的联合政府，使全国军队成为人民的武力，实现土地改革，解放农民，这是谋自由、民主和统一"；"没有独立、自由、民主和统一，不可能建设真正大规模的工业"，"没有工业，便没有巩固的国防，便没有人民的福利，便没有国家的富强。"[①]新中国的成立，标志着延续几千年的封建专制制度被彻底推翻，不平等的阶级结构根基被根本动摇，中国的共同富裕道路自此揭开了历史的新篇章。

---

①　《毛泽东选集》第3卷，人民出版社1991年版，第1080页。

第二节 社会主义革命和建设时期对共同富裕的探索

新中国成立后至改革开放前的30年间，是中国进行社会主义革命和建设时期，也是社会主义平等观落实到政治、经济、文化层面的制度奠基时期。在这一阶段，以毛泽东同志为主要代表的中国共产党人首次提出共同富裕的概念，领导全国各族人民有序实现从新民主主义到社会主义的道路转型，有计划地推进经济建设，建立社会主义公有制，推进社会主义建设，为探索促进共同富裕奠定了根本政治前提和制度基础。

一、确立人民当家作主制度，为共同富裕奠定政治根基

赋予人民平等参与政治的权利，是保障人民群众平等权利、共享成果的前提。新中国成立后，如何在政治体制设计上保障广大人民群众的主人翁地位，充分体现他们的政治诉求和经济利益？对于这个问题，以毛泽东为代表的中国共产党人进行了大量思考，简而言之就是：人民当家作主。

早在抗战期间，毛泽东就对未来新中国的国体和政体问题作过设想，指出新民主主义革命的最终目标，不是实现资产阶级专政，而是"造成各革命阶级在无产阶级领导之下的统一战线的专政"[1]，建立的必须是"工人、农民、城市小资产阶级和其他一切反帝反封建分子的革命联盟的民主共和国"[2]。《新民主

---

[1]　《毛泽东选集》第2卷，人民出版社1991年版，第648页。

[2]　《毛泽东选集》第2卷，人民出版社1991年版，第649页。

主义论》指出，中国革命经历两个阶段：第一阶段，建立以中国无产阶级为首领的各个革命阶级联合专政的新民主主义的社会，实行民主集中制的人民代表大会制度；第二阶段，建立社会主义社会。1949年6月30日，毛泽东发表《论人民民主专政》一文，首次提出了人民民主专政的概念，详细阐明了资产阶级民主主义让位给工人阶级领导的人民民主主义、资产阶级共和国让位给人民共和国的历史必然性。他指出，中国人民现阶段包括工人阶级、农民阶级、城市小资产阶级和民族资产阶级，工人阶级是领导力量，工农联盟是基础力量；新中国必须在工人阶级和共产党的领导之下，团结上述阶级，组成自己的国家，选举自己的政府，向着帝国主义的走狗即地主阶级和官僚资产阶级以及代表这些阶级的国民党反动派及其帮凶们实行专政，将对人民内部的民主方面和对反动派的专政方面，互相结合起来。[1] 同年9月，中国人民政治协商会议通过《中国人民政治协商会议共同纲领》，明确规定：中华人民共和国是以工人阶级为领导的，以工农联盟为基础的，团结各民主阶级和国内各民族的人民民主专政的国家；人民行使国家权力的机关是在民主集中制基础上建立起来的各级人民代表大会和各级人民政府，全国人民代表大会和中央人民政府为国家最高权力机关；中国人民政治协商会议是人民民主统一战线的组织形式。1954年9月，第一届全国人民代表大会制定并颁布了《中华人民共和国宪法》，进一步以根本法的形式明确了人民民主专政的国体和人民代表大会制度的政体地位。

中华人民共和国国体和政体的确立，从根本上摧毁了几千年延续下来的阶级剥削和等级压迫的制度根基，保障了人民当家作主的政治权利，并以此为基础，塑造了平等参与、集体优先的政治文化，凝聚形成了迈向共同富裕的基本共识。

其一，强调民主平等，反对官僚主义。共同富裕指的是所有人的富裕，不是少数人的富裕，更不是特权官僚阶层的富裕。毛泽东早在1943年中央党校第二部开学典礼上就指出：古今中外的统治者包括国民党都讲"爱民"，但他们的"爱民""是为了剥削，为了从老百姓身上榨取东西，这同喂牛差不多"，

---

① 中共中央宣传部编著：《中国共产党宣传工作简史》上卷，人民出版社2022年版，第213页。

而"我们不同，我们自己就是人民的一部分，我们的党是人民的代表"①。新中国成立后，以毛泽东同志为代表的第一代领导集体更加重视政治平等，一再强调党的干部和行政人员必须牢记人民公仆的身份，在劳动生活的各个方面永远与人民群众站在一起、打成一片："人们在劳动中的关系，应当是平等的关系，是领导和群众打成一片的关系。"②基于此，毛泽东坚持干部必须下基层参加生产劳动，"这并不是提倡在座的人都去耕田，主要是表明一种态度，要砍掉官僚主义、主观主义"③。

其二，强调共富共创，倡导集体主义精神。在发展生产和迈向共同富裕的道路上，难免会发生很多利益纠纷和社会矛盾，但毛泽东认为，剥削阶级作为阶级被消灭之后，这种矛盾主要体现为人民内部矛盾而非敌我矛盾，只需采取民主的、说服教育的方法解决。毛泽东特别提倡发挥集体主义精神，以最大程度激发人民群众参与社会主义建设、实现共同富裕的巨大潜力。他多次严厉指责"物质刺激""利润挂帅"等思想，认为这是人为制造不平等的危险做法，"提高劳动生产率，一靠物质技术，二靠文化教育，三靠政治思想工作。后两者都是精神作用"④。这一说法有些夸大意识的能动作用，但其中蕴含的通过调动人的积极性、创造性推动生产力发展的思想，却极富真理性和前瞻性。

其三，强调大局思维，注重统筹兼顾各方利益。实现共同富裕是一项长期而复杂的系统工程，既涉及不同主体的利益协调，也涉及个体与集体、长远与短期、全局与局部的利益平衡。对此党内有过诸多讨论。毛泽东指出："物质利益也不能单讲个人利益、暂时利益、局部利益，还应当讲集体利益、长远利益、全局利益。"如何权衡这些利益呢？从个人层面讲，"应当讲个人利益服从集体利益，暂时利益服从长远利益，局部利益服从全局利益"⑤；从党和国家层面讲，应该坚持"统筹兼顾、适当安排"的方针，即"无论粮食问题，

---

① 《毛泽东文集》第3卷，人民出版社1996年版，第58页。

② 《中国共产党历史第二卷（1949—1978）》上册，中共党史出版社2011年版，第488页。

③ 中共中央文献研究室编，逄先知、金冲及主编：《毛泽东传（1949—1976）》（上），中央文献出版社2003年版，第671页。

④ 《毛泽东文集》第8卷，人民出版社1999年版，第124-125页。

⑤ 《毛泽东文集》第8卷，人民出版社1999年版，第133页。

灾荒问题，就业问题，教育问题，知识分子问题，各种爱国力量的统一战线问题，少数民族问题，以及其他各项问题，都要从对全体人民的统筹兼顾这个观点出发，就当时当地的实际可能条件，同各方面的人协商，作出各种适当的安排。"[1]统筹兼顾各方利益，永远从党和国家发展和增进最广大人民群众福祉的大局出发去思考问题、解决问题，是人民当家作主政治制度的独特优势，也是稳步有序实现共同富裕的重要前提。

二、开展合作化运动，引领群众迈向社会主义康庄大道

新中国成立后的三年间，党领导占全国人口大多数的解放区农民群众，开展了废除封建土地制度的改革，至1953年春，全国基本完成土地改革，3亿多无地或少地的农民分到约7亿亩土地和大批生产资料，实现了"耕者有其田"。同时，党和政府也通过保护中农利益、合理调整工商业关系的方式，改善了同小生产者和民族资产阶级的关系。毛泽东等党和国家领导人认为，要使人民群众体会到新政权的优越性，除了平均分配土地，还必须使他们从中体验到共同富裕的"好处"；而实现这一"好处"的唯一途径，就是实行社会主义制度，推行合作化。

基于上述思考，毛泽东首次提出了"共同富裕"的概念。1953年，毛泽东在主持起草的《关于发展农业生产合作社的决议》中指出："为着进一步地提高农业生产力，党在农村中工作的最根本的任务，就是……逐步实行农业的社会主义改造，使农业能够由落后的小规模生产的个体经济变为先进的大规模生产的合作经济……并使农民能够逐步完全摆脱贫困的状况而取得共同富裕和普遍繁荣的生活。"[2]1955年，毛泽东在《关于农业合作化问题》报告中又提到，在逐步地实现社会主义工业化和逐步地实现对手工业、对资本主义工商业的社会主义改造的同时，应逐步地实现对整个农业的社会主义改造，即实行合作化，在农村中消灭富农经济制度和个体经济制度，使全体农村人民共同富裕起

---

① 《毛泽东文集》第7卷，人民出版社1999年版，第228页。

② 中共中央文献研究室编：《建国以来重要文献选编》第4册，中央文献出版社1993年版，第661–662页。

来。①在毛泽东看来，富裕和社会主义、共同富裕和社会主义合作化就如同一枚硬币的两面，是不可分割的。②理解了这一点，就能把握这一时期中国共产党共同富裕思想的底色。

首先，只有实行合作化，才能使人民群众由贫变富。毛泽东将小农经济的分散性、脆弱性与农村生产力的长期落后、农民群众的普遍贫困联系起来，一再强调其间存在的必然逻辑关系。早在1943年，毛泽东就指出，中国农民几千年来都是分散的个体经济，这是封建统治也是使农民陷于穷苦的经济基础，"克服这种状况的唯一办法"，是按照列宁的"合作社"方式实行集体化，这是人民群众"由穷苦变富裕的必由之路"。③新中国成立之后，毛泽东再次申明这一观点："由于人口众多、已耕的土地不足（全国平均每人只有三亩田地，南方各省很多地方每人只有一亩田或只有几分田），时有灾荒（每年都有大批的农田，受到各种不同程度的水、旱、风、霜、雹、虫的灾害）和经营方法落后，以致广大农民的生活，虽然在土地改革以后，比较以前有所改善，或者大为改善，但是他们中间的许多人仍然有困难，许多人仍然不富裕，富裕的农民只占比较的少数，因此大多数农民有一种走社会主义道路的积极性……对于他们说来，除了社会主义，再无别的出路。这种状况的农民，占全国农村人口的百分之六十到七十。这就是说，全国大多数农民，为了摆脱贫困，改善生活，为了抵御灾荒，只有联合起来，向社会主义大道前进，才能达到目的。"④

可见，毛泽东提出共同富裕的思想，主要在于强调以合作化促进农村生产力发展的必要性和必然性，他不仅将社会主义道路与共同富裕直接联系起来，而且将社会主义与农业合作化经济直接联系起来，认为消灭了富农经济制度和个体经济制度，农民群众就能实现共同富裕。⑤1953年，中共中央确定了过渡时

---

① 中共中央文献研究室：《建国以来重要文献选编》第7册，中央文献出版社1993年版，第79页。

② ［美］罗斯·特里尔：《毛泽东传》，胡为雄、郑玉臣译，中国人民大学出版社2009年版，第296页。

③ 《毛泽东选集》第3卷，人民出版社1991年版，第931–932页。

④ 《毛泽东文集》第6卷，人民出版社1999年版，第429页。

⑤ 《毛泽东文集》第6卷，人民出版社1999年版，第437页。

期的总路线和总任务，提出要在一个相当长的时期内，逐步实现社会主义工业化，并逐步实现对农业、手工业和资本主义工商业的社会主义改造。党的七届四中全会通过"一化三改""一体两翼"的过渡时期总路线，"三大改造"工作正式启动，其中推进农业合作化列居首位。毛泽东坚信，"只要合作化了，全体农村人民会一年一年地富裕起来"，"而这个富，是共同的富，这个强，是共同的强，大家都有份"，并且"这种共同富裕，是有把握的，不是今天不晓得明天的事"。①

其次，只有坚持合作化，才能避免两极分化。毛泽东指出，小农经济是不稳固的，时刻有向两极分化的可能，只有农业生产合作社，才能够保证贫农和中农的团结，才能够更有效地与农村的资本主义活动和贫富分化的现象作斗争。②因此，要巩固工农联盟，必须领导农民走社会主义道路，走共同富裕道路，这种富裕，不仅是所有农村人民群众的富裕，"并且富裕的程度要大大地超过现在的富裕农民"③。

再次，衡量合作化成效，需要借助生产力标准。毛泽东在强调变革生产关系的同时，并未完全忽略生产力的决定作用。他指出："中国一切政党的政策及其实践在中国人民中所表现的作用的好坏、大小，归根到底，看它对于中国人民的生产力的发展是否有帮助及其帮助之大小，看它是束缚生产力的，还是解放生产力的"④，"如果我们没有新东西给农民，不能帮助农民提高生产力，增加收入，共同富裕起来……那末工农联盟就很不巩固了"⑤。他在领导农业合作化运动时也提出："一切合作社，都要以是否增产和增产的程度，

---

① 《毛泽东文集》第6卷，人民出版社1999年版，第494—496页。

② 中华人民共和国国家农业委员会办公厅编：《农业集体化重要文件汇编（1949—1957）》上册，中共中央党校出版社1981年版，第217页。

③ 中共中央文献研究室编：《建国以来重要文献选编》第7册，中央文献出版社1993年版，第308页。

④ 《毛泽东选集》第3卷，人民出版社1991年版，第1079页。

⑤ 中共中央文献研究室编：《建国以来重要文献选编》第7册，中央文献出版社1993年版，第308页。

作为检验自己是否健全的主要的标准。"①当然，毛泽东这里对生产力标准的强调，主要是以合作社的正当性为前提的，从而不可避免会影响到其衡量的效度。

综上，毛泽东谈共同富裕，主要是出于提高农民群众生活水平的考虑，希望通过农业的合作化，解决分散小农经济的生产低效以及两极分化问题。不过，这种将社会主义等同于合作化的生产关系，认为只要借助合作化就能实现生产力发展、达到共同富裕的主张，实际上是过度夸大了生产关系调整对于发展生产力的反作用，忽略了生产力发展对于推动历史进步的决定性作用，其结果不仅不能促进生产，反而会阻碍生产，不仅不能带来共同富裕，反而可能导致普遍的贫穷。

当时党和国家在开展社会主义生产关系变革的同时，并未停止以发展生产力为目的推进现代化建设的脚步。1964年12月，根据毛泽东的提议，周恩来在三届全国人大一次会议政府工作报告中正式提出四个现代化的战略目标，即在不太长的历史时期内，把我国建设成为一个具有现代农业、现代工业、现代国防和现代科学技术的社会主义强国，赶上和超过世界先进水平；同时提出了"两步走"战略构想：第一步，建立一个独立的比较完整的工业体系和国民经济体系；第二步，全面实现农业、工业、国防和科学技术的现代化，使我国经济走在世界前列。《关于建国以来党的若干历史问题的决议》列举了1952年至1980年间的国民经济和国民收入变化情况：工业方面，全国工业固定资产按原价计算，增长26倍多，达到4100多亿元；农业方面，全国粮食增长了近1倍，棉花增长了1倍多，基本保证了近10亿人民的吃饭穿衣需要；城乡商业和对外贸易方面，全民所有制商业收购商品总额由175亿元增加到2263亿元，增长了11.9倍，社会商品零售总额由277亿元增加到2140亿元，增长了6.7倍；国家进出口贸易方面，贸易总额增长了7.7倍；在人民生活水平方面，全国城乡平均每人的消费水平，扣除物价因素，提高了近1倍。②社会主义革命和建设时期的经济发

---

① 中共中央文献研究室编：《建国以来重要文献选编》第7册，中央文献出版社1993年版，第204页。

② 《中国共产党中央委员会关于建国以来党的若干历史问题的决议》，人民出版社1981年版，第8—9页。

展成就，为我国实现现代化以及推进共同富裕提供了物质资源和技术经验的准备。正如《决议》指出，"我们现在赖以进行现代化建设的物质技术基础，很大一部分是这个期间建设起来的"。[①]

三、主张按劳分配，但警惕发展带来的收入不均现象

经济结构的变化，迫切需要确立既能惠及人民，又能产生经济效益的新型分配制度。当时党和国家领导人对于社会主义分配制度的讨论，主要是围绕如何避免两极分化又防止平均主义这一问题展开。

在社会主义社会，由于社会生产力发展未达到产品极大丰富的程度，劳动尚未成为人们生活的第一需要，只能实行按劳分配的原则，以激励劳动付出，避免产生剩余价值。毛泽东对于社会主义实行按劳分配制度的必要性有着深刻认识。他在1958年主持起草的《关于人民公社若干问题的决议》中指出，按需分配制度只有在产品极大丰富的共产主义社会才能实现，"没有这个条件而否定按劳分配的原则，就会妨害人们劳动的积极性，就不利于生产的发展，不利于社会产品的增加"[②]。当看到一些地方出现"穷富拉平""无偿占有别人劳动成果"的"共产风"现象时，他多次要求予以纠正："所谓平均主义倾向，即是否认各个生产队和各个个人的收入应当有所差别。而否认这种差别，就是否认按劳分配、多劳多得的社会主义原则。"[③]在1960年底的中央工作会议上，毛泽东还号召全党开展调查研究，重点解决人民公社内部的队与队之间、社员与社员之间的平均主义问题。

社会主义革命和建设时期的分配制度和发展模式。一是低工资（报酬）、多福利的分配模式。新中国成立之初，机关事业单位和国营企业中的干部职工收入采取供给制和工资制两种方式，供给标准由伙食、服装和津贴组成，按职务高低划分；工资制依照技术标准进行分级。1952年和1956年，国家按照"按

---

① 《关于建国以来党的若干历史问题的决议》，人民出版社2009年版，第9—10页。

② 中央档案馆、中共中央文献研究室编：《中共中央文件选集》第29册，人民出版社2013年版，第304页。

③ 《毛泽东文集》第8卷，人民出版社1999年版，第11页。

劳取酬"和"同工同酬"的原则，先后开展两次工资制改革，将供给制统一改为工资制，规定工作人员及其家属的一切生活费用由个人负担，适当增加计件工资等激励措施，同时允许其他经济成分中小范围自由分配方式存在，体现出"大集中、小自由"的分配特点。①此外，在公有制和计划经济制度影响下，"单位（集体）办社会"成为普遍现象，广福利、低标准的特征十分明显。比如农村通过集体办学、实施低成本医疗、推行"五保"供养等手段，基本满足了农民群众对于医疗、教育等的社会需求，但整体保障水平较低，并且覆盖面较窄。

二是以城乡分割为特征的区域均衡发展。新中国成立之初，为了在有限资源下优先保障工业化发展，国家不得不从农业中提取剩余并限制城乡人口流动，实行城乡二元化社会保障体系：城市机关和企事业职工除工资之外的福利保障由国家统一供给，农民福利主要由集体互助方式解决。只是受计划经济体制的影响，当时城乡居民的收入差异并不明显。另外，为了平衡工业发展布局，也为适应当时国内外形势需要，党和国家采取了推动东西部均衡发展的战略和政策，大幅加大对内地的扶持力度。毛泽东在《论十大关系》一文中，把当时国家重工业和轻工业70%分布在沿海、30%分布在内地视为是"不合理"的状况，极力主张平衡工业发展布局，大力发展内地工业。②"一五"期间，苏联援建的156项工程和其他限额以上项目中的相当大一部分，设在工业基础相对薄弱的内地；"二五"和经济调整时期，全国划分为七大协作区，国家建设重点进一步向内地倾斜，中西部地区建成许多重工业基地和工业中心；"文化大革命"期间，国家推进"三线"建设③，进一步向中西部地区倾斜，直至1973年才有所调整。

在上述思想及举措的影响下，这一时期的中国人民生活总体保持着低水平

① 中央财经领导小组办公室编：《中国经济发展五十年大事记（1949.10—1999.10）》，人民出版社1999年版，第254–286页。

② 《建国以来毛泽东文稿》第6册，中央文献出版社1992年版，第84–85页。

③ 自1963年起，美国开始在越南和中国南海增加军力，中苏政治关系同时变得日益紧张。这样的形势使毛泽东等中央领导认为中国的每个地区都必须自给自足，同时必须把工业基地向内地转移，要"深挖洞，广积粮"。于是，1965年中央把全国划分为一线、二线、三线地区。

却相对平均的状态。一方面，人民群众的生活水平逐步提高，占世界1/4人口的基本生活需求得到基本满足，比如天花、霍乱、血吸虫病等疾病在全国范围内消失，人均寿命从新中国成立之初的35岁增长到67.8岁，人均受教育年限提升至5.74年，学龄儿童入学率提高到95.5%；改革开放前夕，我国城镇基尼系数在0.2以下，农村基尼系数在0.21～0.24之间，与旧中国贫富悬殊的状况形成了鲜明对比。另一方面，人民生活水平提高的幅度不大，与发达国家之间的差距呈现不断扩大趋势。农村居民从1952年的65元增加到1976年的131元，城镇居民同期从154元增加到365元，25年间仅增长了一倍。1952年，中国经济总量占世界的比重约为5%，到1976年，中国经济总量仅占世界比重的2.28%。[①]

　　总之，社会主义革命和建设时期，中国共产党通过建立社会主义基本政治和经济制度以及推进现代化的建设实践，迈出了以国家意志和国家力量追求共同富裕的重要一步，为实现求富求强中国梦提供了根本的制度基础和物质技术准备。当然，其间的历史教训也是深刻的。比如，过度夸大生产关系变革对于生产力的反作用，盲目追求"一大二公""纯而又纯"，甚至将按劳分配作为"相对更高共产主义第二阶段具有形式上平等而事实上不平等"的资产阶级法权进行批判，取而代之的是精神刺激和平均主义，结果导致经济发展缓慢甚至停滞。邓小平在1975年8月18日《关于发展工业的几点意见》中谈到："坚持按劳分配原则，这在社会主义建设中始终是一个很大的问题……人的贡献不同，在待遇上是否应当有差别？同样是工人，但有的技术水平比别人高，要不要提高他的级别、待遇？技术人员的待遇是否也要提高？如果不管贡献大小、技术高低、能力强弱、劳动轻重，工资都是四五十块钱，表面上看来似乎大家是平等的，但实际上是不符合按劳分配原则的，这怎么能调动人们的积极性？"又如，低估了社会主义建设包括实现共同富裕的长期性，以为依靠集体主义"大跃进"的方式就能推动生产力发展，地区间的差距仅靠行政强制手段就能拉平。最后也是最为深层的问题是，忽略了特定历史阶段人民对现实物质利益的迫切诉求，片面地强调"精神刺激""政治挂帅"，以为"精神一到，何事不

---

　　① 部分材料转引自张晓晶：《中国共产党领导中国走向富强的百年探索》，《中国社会科学》2021年第11期。

成”，结果阻碍了生产力的发展，既缺乏效率又缺乏公平，从而导致邓小平所说的“共同落后”“共同贫困”局面。这些经验教训，对我国的共同富裕进程造成较大的负面影响，却为推进共同富裕实践提供了启示和借鉴。正如邓小平在1979年所指出的：“社会主义革命已经使我国大大缩短了同资本主义国家在经济发展方面的差距。我们尽管犯过一些错误，但我们还是在三十年间取得了旧中国几百年、几千年所没有取得过的进步。”①在中国共产党领导中国人民求富求强的百年探索过程中，政治前提与制度基础是必要条件，但还不是充分条件；这个充分条件，还包括激发全体人民创造财富的巨大热情以及形成国民财富持续增长的体制机制，补足这一方面，需要等到改革开放。

---

① 《邓小平文选》第2卷，人民出版社1994年版，第167页。

第三节

改革开放和社会主义现代化建设新时期对共同富裕的探索

改革开放新时期，党紧紧围绕"什么是社会主义，怎样建设社会主义"这一建设中国特色社会主义根本问题，深入阐述了共同富裕的历史目标、阶段任务及发展思路，牢牢扭住解放和发展社会生产力这个关键，启动并不断深化改革开放，制定实施社会主义现代化建设"三步走"发展战略，深入推进城市、农村和各方面体制机制改革，建立并逐步完善以公有制为主体、多种所有制经济共同发展的基本经济制度和以按劳分配为主体、多种分配方式并存的分配制度，实施国家开发式扶贫和区域均衡发展战略，围绕摆脱贫困、迈向共同富裕进行了全面的卓有成效的探索。

一、把共同富裕作为社会主义本质的重要内容，提出先富带动后富的战略构想

"文化大革命"结束后，以邓小平同志为主要代表的中国共产党人反思总结新中国成立以来经济社会建设的经验教训，从社会主义的本质属性出发，系统探讨了共同富裕与社会主义的内在关系，以及如何有序稳步实现共同富裕等一系列未破解的历史难题，为全国人民摆脱贫困、迈向共同富裕提供了科学指南。

（一）实现共同富裕是社会主义的本质要求

贫穷不是社会主义，两极分化也不是社会主义。作为改革开放的总设计师，邓小平系统阐释了共同富裕的内涵，以及共同富裕与社会主义本质属性内在关联，成为我们党共同富裕思想的重要发展者。1984年11月9日，邓小平在会见来自意大利的外宾时首次使用了"共同富裕"的概念："在社会主义制度下，可以让一部分地区先富裕起来，然后带动其他地区共同富裕。"[①]后来又指出，共同富裕是社会主义的根本原则，社会主义的目的就是要实现全国人民共同富裕。1992年，邓小平在南方谈话中正式提出共同富裕是社会主义本质的重要内容的著名论断："社会主义的本质，是解放生产力，发展生产力，消灭剥削，消除两极分化，最终达到共同富裕。"[②]这一论断，一方面以"解放生产力、发展生产力"作为判断社会主义制度优越性的首要标准，强调了生产力的决定性作用；另一方面把"消灭剥削、消除两极分化"作为区别社会主义与资本主义的核心原则，明确地将实现共同富裕作为社会主义制度的本质要求及社会主义发展的目标愿景。

为什么要实现共同富裕？邓小平分别从社会主义本质属性、制度优越性、社会稳定、国际斗争等层面作了阐释。其一，社会主义制度的本质属性决定了其不能产生两极分化，否则就会偏离方向、发生变质。共同富裕是社会主义区别于资本主义的重要标志，实现共同富裕是社会主义的本质要求和人民群众的共同期盼，也是党和政府的现实任务。1990年12月24日，邓小平在与江泽民等中央负责同志谈话中指出，社会主义不是少数人富起来、大多数人穷，不是那个样子；社会主义最大的优越性就是共同富裕，这是体现社会主义本质的一个东西。[③]他还指出，观察是否偏离社会主义道路的一个重要标准，是有无产生"剥削阶级"：在社会主义公有制下，"个别资产阶级分子可能会出现，但不会形成一个资产阶级"，如果产生新的资产阶级，就是"走了邪路"；"我们为社会主义奋斗，不但是因为社会主义有条件比资本主义更快些地发展生产

---

① 《邓小平年谱（1975—1997）》（下），中央文献出版社2004年版，第1014页。

② 《邓小平文选》第3卷，人民出版社1993年版，第373页。

③ 《邓小平文选》第3卷，人民出版社1993年版，第364页。

力，而且因为只有社会主义才能消除资本主义和其他剥削制度所必然产生的种种贪婪腐败和不公正现象"。其二，两极分化会导致严重的社会矛盾，从而影响社会稳定。邓小平指出，如果搞两极分化，"民族矛盾、区域间矛盾、阶级矛盾都会发展，相应地中央和地方的矛盾也会发展，就可能出乱子"。而且，这不是一般的乱子，中国有11亿人口，如果有十分之一富裕，9亿多人就有可能起来革命，"即使百分之五十一的人先富裕起来了，还有百分之四十九，也就是六亿多人仍处于贫困之中，也不会有稳定"①。其三，在社会主义与资本主义长期斗争的国际背景下，国内如果发生两极分化，极有可能发生被敌对势力西化和分化的危险。两极分化是导致社会动荡，进而被外部敌对势力利用分化的内因和根本因素，只有实现共同富裕，才是社会主义击败资本主义的最终制胜之道。

（二）让一部分人和一部分地区先富起来

先富是共富的逻辑前提和现实基础，这是马克思主义关于生产力决定生产关系基本原理的自然推论。邓小平共同富裕思想的提出，直接源于对社会主义革命和建设时期偏重从生产关系而非生产力角度去解决发展问题的深刻反思。他指出，"如果我们建国以后有缺点，那就是对发展生产力有某种忽略"，"马克思主义最注重发展生产力"，而对于"什么叫社会主义，什么叫马克思主义？我们过去对这个问题的认识不是完全清醒的"②。基于此，邓小平旗帜鲜明地指出"贫穷不是社会主义，更不是共产主义"，"社会主义的特点不是穷，而是富"，并进一步提出了允许先富的思想："在经济政策上，我认为要允许一部分地区、一部分企业、一部分工人农民，由于辛勤努力成绩大而收入先多一些，生活先好起来。一部分人生活先好起来，就必然产生极大的示范力量，影响左邻右舍，带动其他地区、其他单位的人们向他们学习。这样，就会使整个国民经济不断地波浪式地向前发展，使全国各族人民都能比较快地富裕

---

① 《邓小平年谱（1975—1997）》（下），中央文献出版社2004年版，第1312页。

② 《邓小平思想年谱（1975—1997）》，中央文献出版社1998年版，第288页。

起来。"①在邓小平看来，实现共同富裕有着清晰的任务排序，第一步，就是要创造条件，使一部分群体、单位或地区先富起来。

如何实现先富？邓小平的思路主要有三：

其一，坚持以经济建设为中心。在邓小平的领导下和其他老一辈革命家支持下，党的十一届三中全会确立了把党的工作重点转移到社会主义经济建设上来的战略决策，实现了新中国成立以来党的历史上具有深远意义的伟大转折。1980年1月，邓小平在中央干部工作会议上指出，现代化建设的任务是多方面的，各个方面需要综合平衡，不能单打一，但是说到最后，还是要把经济建设当作中心，其他一切任务都要服从这个中心，围绕这个中心，决不能干扰它、冲击它。发展才是硬道理。为了激励各地方更快发展，邓小平提出了衡量一切工作是非得失的"三个有利于"②标准，强调社会主义的成功与否归根到底在于能否解放和发展生产力、创造出比资本主义更高的劳动生产率。

其二，坚持按"劳"而非按"政治或资格"分配的原则。社会主义的性质以及初级阶段的国情，决定了中国必须实行以公有制为主体、多种所有制经济共同发展的基本经济制度，以及以按劳分配为主体、多种分配方式并存的分配制度。改革开放之前特别是强调"政治挂帅"的年代，政治身份、政治态度或参加政治活动的热情与表现，一度成为选拔人才或物质分配的第一标准。一个人犯了政治错误，劳动报酬就会减少，即便是他的实际劳动付出大于从前；此外，确定劳动报酬如工资的主要依据，不是现实的劳动数量和质量，而是参加革命或工作年头的长短，于是按劳分配成了按政治或资格分配。对此，邓小平特别强调要理清按劳分配的原则："按劳分配就是按劳动的数量和质量进行分配"，"评定职工工资级别时，主要是看他的劳动好坏、技术高低、贡献大小"，"政治态度也要看，但要讲清楚，政治态度好主要应该表现在为社会主义劳动得好、做出的贡献大"。③为了克服平均主义，激励劳动致富，这一时期党和国家不断深化对社会主义按劳分配制度的理解，并落实到具体的改革实践

① 《邓小平文选》第2卷，人民出版社1994年版，第152页。

② "三个有利于"包括：有利于发展社会主义生产力，有利于增强社会主义国家的综合国力，有利于提高人民的生活水平。

③ 《邓小平文选》第2卷，人民出版社1994年版，第101页。

当中。首先是将收入直接与劳动付出挂钩。比如在农村实行土地公有基础上的承包责任制，将收入与家庭劳动相联系，这一制度后来被城市国有企业采用，产生了工资收入与班组劳动的经济效益相挂钩的计件工资以及包税、包产值等制度。其次是拓展了劳动的内涵并支持合法的非劳动收入。比如将劳动的涵义从简单的体力劳动拓展至经营劳动、有效益的劳动、科技研究劳动、管理劳动、脑力劳动等，以及承认合法利用资本和雇佣劳动得到的非劳动收入的正当性。1987年党的十三大报告在全面阐述社会主义初级阶段理论的基础上，明确提出了以按劳分配为主体、以其他分配方式为补充的原则，并提出允许合法的非劳动收入、在促进效率的前提下体现社会公平的政策主张。再次是明确承认"多种分配方式并存"。自1992年我国确定社会主义市场经济体制的方向性目标后，在坚持"以按劳分配为主体"的同时，首次用"多种分配方式并存"代替原来的"以其他分配方式为补充"的表述，并且没有明确"按劳"之外的分配方式具体标准，为人民群众自由创富提供了广阔的想象空间。党的十四大报告还强调，在收入分配上应合理拉开收入差距，更好地激励先富带动后富。

其三，实施区域非均衡发展战略。这一时期，党和国家针对过去重点扶持内地、强行拉平区域差距的做法作了必要的调整。1988年，邓小平提出"两个大局"的思想，指出"沿海地区要加快对外开放，使这个拥有两亿人口的广大地带较快地先发展起来，从而带动内地更好地发展，这是一个事关大局的问题"，同时指出，"内地要顾全这个大局"，"反过来，发展到一定的时候，又要求沿海拿出更多力量来帮助内地发展，这也是个大局"。[①] "两个大局"思想，体现了国家在区域发展上从均衡战略向非均衡战略的转变，这也是先富带动后富思想在区域发展层面的具体体现。

（三）以先富带动后富

先富是前提和手段，后富才是最终的目标和方向。早在重点批判平均主义的改革开放初期，邓小平便提出"发展之后"的问题，认为当一部分人先富起来之后，实现共同富裕必将成为社会发展的核心议题。他提醒全党："坚持社

---

① 《邓小平文选》第3卷，人民出版社1993年版，第277-278页。

会主义制度，始终要注意避免两极分化。"①20世纪80年代中后期，随着改革开放的深入，邓小平的态度愈发鲜明："社会主义的目的就是要全国人民共同富裕，不是两极分化。如果我们的政策导致两极分化，我们就失败了；如果产生了什么新的资产阶级，那我们就真是走了邪路了"，"一个公有制占主体，一个共同富裕，这是我们所必须坚持的社会主义的根本原则"。②他警告时人，不要被西方自由主义思想迷惑，"如果走资本主义道路，可以使中国百分之几的人富裕起来，但是绝对解决不了百分之九十几的人生活富裕的问题"③。同时，他也深刻认识到了解决共同富裕问题的难度："十二亿人口怎样实现富裕，富裕起来以后财富怎样分配，这都是大问题"，"解决这个问题比解决发展起来的问题还困难"。可见在邓小平看来，解决共同富裕问题，不是做不做的问题，而是什么时间做的问题。

邓小平把这个时间定在20世纪末，即中国经济达到小康水平的时候，太早不行，因为这会削弱发达地区的活力，变成鼓励吃"大锅饭"。先富如何带动后富？邓小平的主要观点有三：一是利用税收等宏观调控手段进行调节，通过多交利税和技术转让等方式，引导发达地区支持不发达地区。这是"两个大局"中的第二个大局的核心思想。二是利用市场机制，鼓励发达地区和不发达地区的经济交往。因为，不发达地区大都是拥有丰富资源的地区，发展潜力很大。三是通过税收激励引导先富裕起来的个人帮助后富群体。为了确保共同富裕的脚步稳步向前，邓小平还提出了社会主义现代化建设"三步走"的战略设想：第一步，在80年代国民生产总值翻一番，以1980年为基数，达到500美元；第二步，到本世纪末，再翻一番，人均达到1000美元，进入小康社会；第三步，至21世纪用30年到50年再翻两番，大体上达到人均4000美元，达到中等发达国家水平。这一战略设想立足于当时我国发展底子薄、人口规模庞大的实际情况，考虑了中国与西方发达国家的现实差异，采用的是"温饱—小康—富

---

① 《邓小平思想年谱（1975—1997）》，中央文献出版社1998年版，第210页。
② 《邓小平文选》第3卷，人民出版社1993年版，第110–111页。
③ 《邓小平文选》第3卷，人民出版社1993年版，第64页。

裕"的中国式话语①，坚持以人民生活幸福程度作为标尺，使得中国的现代化发展目标不仅清晰具体而且易于理解，充分体现出人民富、国家强、民族兴的内在统一，为推进我国社会主义现代化建设、促进共同富裕事业提供了明确的方向指引。

改革开放后前十年间，我国的共同富裕实践取得了明显成效。比如，启动社会保障制度改革，推动我国社会保障从"单位化"向"社会化"的转变；实施国家扶贫开发计划，支持"老、少、边、穷"地区发展；成立国务院扶贫开发领导小组，以财政扶贫资金、以工代赈和贴息贷款等方式，针对331个国家级贫困县进行定向帮扶；等等。②通过上述努力，这一时期全国人民收入在大幅增长的同时，差距呈现明显缩小趋势。1978年至1991年间，人均纯收入从133.6元增加到708.6元，增长4.3倍，扣除物价因素，年均增长9.3%；人均可支配收入从343.4元增加到1700.6元，增长4.0倍，扣除价格因素，年均增长6.0%；人均生活消费支出从116.06元增加到619.79元；恩格尔系数从67.7%下降到1991年的57.6%，下降10.1个百分点，城乡居民生活基本上摆脱了贫困，解决了温饱。另外，1978年至1984年间，城乡居民收入比由2.57∶1降到1.835∶1，1991年有所回升，达到2.39∶1，但总体差距在缩小。③

二、把发展作为执政兴国的第一要务，强调兼顾效率与公平

党的十三届四中全会以后，以江泽民同志为主要代表的中国共产党人在世界社会主义出现严重曲折的严峻考验面前，坚持党的基本理论、基本路线，加深了对什么是社会主义、怎样建设社会主义和建设什么样的党、怎样建设党的认识，提出"三个代表"重要思想，提出我们党要始终"代表中国最广大人民的根本利益"及共同富裕"是社会主义的根本原则和本质特征"等重要论断，

---

① "小康"一词出自中国儒家经典著作《礼记》，邓小平用这一老百姓容易理解的语言去描述中国现代化的阶段性目标，体现了对西方主流现代化理论的扬弃和本土化改造。

② 赵强社：《扶贫模式演进与新时期扶贫对策探析》，《西部学刊》2013年第2期。

③ 转引自：《新中国60周年系列报告之四：城乡居民生活从贫困向全面小康迈进》，国务院新闻办公室门户网站2009年9月14日。

对社会主义市场经济条件下如何推进共同富裕作了进一步的探索。

（一）发展是执政兴国的第一要务

20世纪80年代末90年代初，国内外局势发生了重大变化：东欧剧变，苏联解体，世界社会主义运动陷入空前低潮，国内经济发展受政治风波影响严重受挫，作为少数且国土面积和人口规模庞大的社会主义国家，中国的发展不仅影响到中华民族的前途和共同富裕目标的实现，而且关系到社会主义制度的未来。

在这一形势下，以江泽民同志为主要代表的中国共产党人根据邓小平"发展才是硬道理""社会主义要赢得与资本主义相比较的优势就必须抓住机遇加快发展"的思想，进一步提出了"发展是执政兴国的第一要务"思想。他强调，解决中国的所有问题，关键在发展，能不能解决好发展问题，直接关系人心向背、事业兴衰；必须始终紧紧抓住发展这个执政兴国的第一要务，把坚持党的先进性和发挥社会主义制度的优越性，落实到发展生产力、发展先进文化、实现最广大人民的根本利益上来，紧紧把握住这一点，就从根本上把握了人民的愿望，把握了社会主义现代化建设的本质，党的执政地位不断巩固，使强国富民的要求不断得到实现。江泽民反复申明邓小平"先富带动后富"思想的现实意义："允许和鼓励一部分地区、一部分人通过诚实劳动和合法经营先富起来，带动和帮助其他地区和其他群众，最终达到全国各地区的普遍繁荣和全体人民共同富裕，这是我们必须长期坚持的一个大政策。它符合经济发展客观规律的要求，是社会主义优越性在经济上的重要体现。"①

为了进一步解放和发展生产力，这一时期的党和国家一面加快推进建立社会主义市场经济体制，一面不断深化完善社会主义按劳分配制度，着力激发人民群众的劳动致富热情。党的十四大报告提出，经济体制改革的目标是在坚持公有制和按劳分配为主体、其他经济成分和分配方式为补充的基础上，建立和完善社会主义市场经济体制；社会主义市场经济条件下的收入分配制度，是"以按劳分配为主体，其他分配方式为补充"，"运用包括市场在内的各种调

---

① 《江泽民文选》第2卷，人民出版社2006年版，第256页。

节手段，既鼓励先进，促进效率，合理拉开收入差距，又防止两极分化，逐步实现共同富裕"。①党的十四届三中全会提出，"个人收入分配要坚持以按劳分配为主体、多种分配方式并存"，"劳动者的个人劳动报酬要引入竞争机制，打破平均主义，实行多劳多得，合理拉开差距"，鼓励一部分地区一部分人通过诚实劳动和合法经营先富起来。②党的十五大报告提出，"公有制为主体、多种所有制经济共同发展，是我国社会主义初级阶段的一项基本经济制度"，应"依法保护合法收入，允许和鼓励一部分人通过诚实劳动和合法经营先富起来，允许和鼓励资本、技术等生产要素参与收益分配"。党的十六大报告则进一步明确了劳动、资本、技术和管理等生产要素按贡献参与分配的原则。其中，用"共同发展"取代以往的"为补充"，并允许劳动、资本、技术和管理等生产要素参与分配，拓展了个人通过脑力劳动以及利用财产性收入"先富起来"的制度途径，使那些拥有并合法、高效地使用生产要素的个人，得以获得更多收入、创造更多社会财富的机会和条件，进而推动经济增长进入发展的快速通道。上述一系列政策导向，彻底地解除了人们思想上怕富、恐富，认为"富则修"的思想包袱，使得以诚实劳动追求富裕进一步成为全国人民的普遍共识。

（二）效率优先，兼顾公平

随着我国经济快速发展和人民收入提高，贫富差距问题不断凸显，特别是当时世界上一些长期执政的大党、老党在东欧剧变和苏联解体中纷纷下台，警示人们："社会成员之间、地区之间贫富差距过大，就会引发民族矛盾、地区矛盾、阶级矛盾以及中央和地方的矛盾，就会出大乱子。"③如何在保障"先富"的前提下，合理解决好"先富之后"的收入分配差距和地区差距问题，成为当务之急。

江泽民基于社会主义根本原则和本质特征，反复强调促进共同富裕的重要

---

① 《中国共产党第十四次全国代表大会文件汇编》，人民出版社1992年版，第23页。

② 中共中央文献研究室编：《改革开放三十年重要文献选编》（上），中央文献出版社2008年版，第741页。

③ 《江泽民文选》第1卷，人民出版社2006年版，第543页。

性："我们搞社会主义，是要解放和发展生产力，消灭剥削和贫穷，最终实现全体人民共同富裕。贫穷不是社会主义。一部分富起来、一部分人长期贫穷，也不是社会主义。"①江泽民还指出，在社会主义初级阶段，社会成员之间存在一定程度的差距是难以避免的，但如果差距悬殊并任其扩大，就会造成多方面的严重后果，因此一定要把调节个人收入分配、防止两极分化作为全局性的大事来抓，"平均主义不是社会主义，两极分化也不是社会主义。"②为了更好地协调"共同"与"富裕"的关系，以江泽民同志为主要代表的中国共产党人特别注重从效率与公平的关系出发，阐释消除两极分化、实现共同富裕问题，坚持用"兼顾"的原则来统筹解决二者之间的辩证统一关系。

党的十四大报告指出，要"在分配制度上，以按劳分配为主体，其他分配方式为补充，兼顾效率与公平"。党的十四届三中全会通过的《中共中央关于建立社会主义市场经济体制若干问题的决定》将"兼顾效率与公平"的提法改为"效率优先、兼顾公平"。党的十五大、十六大重申了"效率优先、兼顾公平"的原则进一步深化了对于以先富带共富帮后富的共同富裕实现途径的认识，明确了社会主义的本质特征和发展方向。江泽民强调，在整个改革开放和现代化建设的过程中，必须把国家、企业、个人三者的利益结合起来，努力使工人、农民、知识分子和其他群众共同享受到经济社会发展的成果；并且，社会主义应当创造比资本主义更高的生产力，也应当实现资本主义难以达到的社会公正，"从根本上说，高效率、社会公正和共同富裕是社会主义制度本质决定的"③。

如何兼顾效率与公平？

首先，在收入分配上，正确处理一次分配和二次分配的关系，初次分配注重效率，发挥市场的作用，鼓励一部分人通过诚实劳动、合法经营先富起来；再分配注重公平，加强政府对收入分配的调节职能，调节差距过大的收入，逐步形成一个高收入人群和低收入人群占少数、中等收入人群占大多数的"两头

---

① 《江泽民文选》第1卷，人民出版社2006年版，第548–549页。

② 江泽民：《在纪念党的十一届三中全会召开二十周年大会上的讲话》，人民出版社1998年版，第14页。

③ 江泽民：《论社会主义市场经济》，中央文献出版社2006年版，第137页。

小、中间大"的分配格局，使人民共享经济繁荣成果，促进国民经济持续快速健康发展和社会长治久安。江泽民还指出，要建立健全同经济发展水平相适应的社会保障体系，建立和健全城市居民最低生活保障制度和失业、养老、医疗等社会保险制度，积极探索和建立农村养老、医疗保险和最低生活保障制度，防止出现因病、因老、因失业而返贫的现象，保证社会成员的基本生活水平，构筑共同富裕的"安全网"。

其次，在城乡发展上，大力发展农业，推进城镇发展，壮大乡镇企业，鼓励农民外出打工，保护农民工权益，不断提高农民收入，减小城乡差距。江泽民指出，农业是国民经济的基础，也是社会稳定的基础，这个"基础"的主体是农民，没有农民的小康，就不可能有全国人民的小康。[①]同时指出，增加农民收入是一个带有全局性的问题，不仅直接关系到农村实现小康，还直接关系到开拓农村市场、扩大国内需求、带动工业和整个国民经济增长，从长远看还可能影响农产品的供给，必须引起高度重视。[②]江泽民还特别谈到发展小城镇对于带动农业发展、增加农民收入的重要作用，提出"发展小城镇是个大战略"，加快小城镇建设不仅有利于转移农业富余劳动力，解决农村经济发展的一系列深层次矛盾，而且有利于启动民间投资，带动最终消费，为下世纪国民经济发展提供广阔的市场空间和持续的增长动力，因此必须把发展小城镇同发展乡镇企业、发展科技型农业结合起来。[③]为了针对性地解决农村贫困问题，党和国家于1994年颁布了"八七扶贫攻坚计划"，提出用7年左右的时间，基本解决8000万农村贫困人口的温饱问题。1996年起，党中央、国务院先后出台《关于尽快解决农村贫困人口温饱问题的决定》《关于进一步加强扶贫开发工作的决定》，针对集中连片贫困地区实施开发式扶贫。这一策略超越了传统救济式扶贫的做法，通过开发与扶贫结合、扶贫工作与共建共富思想的结合，极大增强了农民群众的自我发展能力。

再次，在区域发展上，大力扶持中西部地区建设，促进区域均衡发展。改

---

① 《江泽民论中国特色社会主义（专题摘要）》，中央文献出版社2002年版，第119页。

② 《江泽民论中国特色社会主义（专题摘要）》，中央文献出版社2002年版，第119页。

③ 《江泽民论中国特色社会主义（专题摘要）》，中央文献出版社2002年版，第132–133页。

革开放以来，东部沿海地区得风气之先，在经济发展上一路高歌猛进，将中西部地区远远甩在后面。江泽民指出，对于地区间存在的发展上的差距要有全面认识和科学态度，既要看到这种差距是历史形成的客观存在，非一朝一夕可以解决；又要看到解决地区发展差距、促进区域经济协调发展对于社会主义发展包括实现共同富裕的极端重要性，必须将之作为党和国家的一项重大的战略任务，摆到更加突出的位置。为了缩小区域差距，自20世纪90年代中期以来，党和国家先后出台了一系列开发中西部地区的措施，如开放内蒙古、黑龙江、吉林、云南、广西、新疆、西藏7个省、自治区的13个陆地边境城市以及沿长江28个城市8个地区，鼓励东部乡镇和城市企业和中西部地区展开横向经济联系，加快中西部地区的交通枢纽工程建设，开展东部地区对口扶持中西部贫困地区工作等。其中，最具代表性的就是部署实施西部大开发战略。

江泽民高度重视西部大开发战略。他反复强调，西部大开发是一项宏大的系统工程，关系到东西部协调发展和最终实现共同富裕，是确保现代化建设第三步战略目标胜利实现的重大举措。[1]其目的，不是去解决东西部单个地区的经济发展问题，而是要以西部大开发为契机，促成东西部地区协调发展、彼此互利的新的发展格局，进而缩小东西部地区的发展差距，推进全国现代化的成功实现。[2]没有西部地区的稳定，就没有全国的稳定，没有西部地区的小康就没有全国的小康，没有西部地区的现代化就不能说实现了全国的现代化。西部大开发战略的提出，拓展了共同富裕的发展道路，促进了东西部地区共同富裕的发展步伐。[3]江泽民在评价自己任中央总书记期间工作成绩时，直接将之与"科教兴国""可持续发展""三个代表"重要思想并列，作为他的四大成绩之一。[4]

---

[1] 《江泽民论中国特色社会主义（专题摘要）》，中央文献出版社2002年版，第179-185页。

[2] 江泽民：《正确处理社会主义现代化建设中的若干重大关系》，《人民日报》1995年10月9日。

[3] 《江泽民论中国特色社会主义（专题摘要）》，中央文献出版社2002年版，第182页。

[4] 转引自［美］罗伯特·劳伦斯·库恩：《他改变了中国：江泽民传》，谈峥等译，上海译文出版社2005年版，第450页。

（三）既要富"口袋"，也要富"脑袋"

江泽民共同富裕思想的一个重要贡献，是对"富裕"内涵的释义从物质层面拓展至精神层面。他继承和发展了邓小平"既要建设高度的物质文明，又要建设高度的社会主义精神文明"的思想，认为共同富裕不仅体现为物质生活富裕，还体现为丰富多彩的精神文化生活，以及政治、经济和文化的协调发展。江泽民指出，"人类社会发展的历史证明，一个民族，物质上不能贫困，精神上也不能贫困，只有物质和精神都富有，才能成为一个有强大生命力和凝聚力的民族"；社会主义的优越性，"不仅表现在经济政治方面，表现在能够创造出高度的物质文明上，而且表现在思想文化方面，表现在能够创造出高度的精神文明上，贫穷不是社会主义；精神生活空虚，社会风气败坏，也不是社会主义"。[1]共同富裕既是物质的共富，也是精神的共富；共同富裕不仅要富"口袋"，而且要富"脑袋"，这是对"富裕"内涵理解上的重要突破。

在此基础上，江泽民提出了人的全面发展和社会全面进步的建设目标。他指出，建设有中国特色社会主义的各项事业，既要着眼于人民现实的物质文化生活需要，同时又要着眼于促进人民素质的提高，也就是要努力促进人的全面发展。[2]人的全面发展涉及物质水平、政治权利、精神文化生活、生态环境等诸多层面，不但需要经济的发展，而且需要社会的全面进步。江泽民指出："社会主义社会作为人类历史上崭新的社会形态，是以经济建设为重点的全面发展、全面进步的社会。经济、政治、文化协调发展，两个文明都搞好，才是有中国特色社会主义。"[3]同样，实现共同富裕不仅需要以经济建设为中心，而且需要经济、政治和文化的协调发展，将推动人的全面发展与社会的全面进步结合起来。在江泽民看来，人的全面发展和社会全面进步互为前提、互为促进，"人越全面发展，社会的物质文化财富就会创造得越多，人民的生活就越能得到改善，而物质文化条件越充分，又越能推进人的全面发展"；"社会生产力和经济文化的发展水平是逐步提高、永无止境的历史过程，人的全面发展程度

---

[1]　《江泽民论有中国特色社会主义（专题摘编）》，中央文献出版社2002年版，第380页。

[2]　《江泽民论有中国特色社会主义（专题摘编）》，中央文献出版社2002年版，第383页。

[3]　《江泽民论有中国特色社会主义（专题摘编）》，中央文献出版社2002年版，第383页。

也是逐步提高、永无止境的历史过程。这两个历史过程应相互结合、相互促进地向前发展"。①

为了切实有效地推进共同富裕，以江泽民同志为主要代表的中国共产党人提出了新的"三步走"发展战略，即围绕邓小平在南方谈话中提出的"三步走"战略，具体就"在本世纪末达到小康水平时要解决的中心问题"作了更为详细的规划：至21世纪的第一个十年，实现国民生产总值比2000年翻一番，使人民的小康生活更加宽裕，形成比较完善的社会主义市场经济体制；再经过十年的努力，到建党一百年时，使国民经济更加发展，各项制度更加完善；到世纪中叶建国一百年时，基本实现现代化，建成富强民主文明的社会主义国家。②江泽民指出，邓小平的第二步战略目标，即在20世纪末人民生活总体上达到小康水平虽已实现，但这一小康是低水平的、不全面的、发展很不平衡的，达到更高层次的小康水平，还需要进行长期的艰苦奋斗。为此，江泽民在党的十六大报告中明确提出了"全面建设小康社会"的宏伟目标：在本世纪头二十年，集中力量，全面建设惠及十几亿人口的更高水平的小康社会，使经济更加发展，民主更加健全，科技更加进步，文化更加繁荣，社会更加和谐，人民生活更加殷实。这是江泽民在实现共同富裕道路上，为解决邓小平提出的"中心课题"提出的新的阶段目标。他坚信，"经过这个阶段的建设，再继续奋斗几十年，到21世纪中叶基本实现现代化，把我国建成富强民主文明的社会主义国家"，"可以肯定，实现了全面建设小康社会的目标，我们的祖国必将更加繁荣富强，人民的生活必将更加幸福美好，中国特色社会主义必将进一步显示出巨大的优越性。"③"全面建设小康社会"的理念继承并发展了邓小平的小康社会思想，把一个偏重物质财富的"小康社会"发展为一个全面发展的小康社会，也把一个作为目标的小康社会发展为一个作为新的历史起点的小康社会，把我国的共同富裕事业推进到了一个新的发展阶段。

---

① 《江泽民论有中国特色社会主义（专题摘编）》，中央文献出版社2002年版，第384页。

② 《十五大报告辅导读本》，人民出版社1997年版，第4页。

③ 《中国共产党第十六次全国代表大会文件汇编》，人民出版社2002年版，第20页。

三、确立科学发展观，主张把维护社会公平放到更加突出的位置

进入21世纪，中国现代化建设取得新的进展，同时出现许多新的阶段性特征。一方面，2003年人均国内生产总值突破1000美元，迈入中等收入国家行列，2010年国家经济总量先后超过德国和日本，成为世界第二大经济体；另一方面，人民群众对物质文化生活的需求不断提高且更趋多样化，政治参与和社会公平意识也越来越强。面对这一形势，以胡锦涛同志为主要代表的中国共产党人团结带领全党全国各族人民，深刻认识和回答了新形势下实现什么样的发展、怎样发展等重大问题，形成了科学发展观，坚持以人为本、全面协调可持续发展，坚持把最广大人民的根本利益作为党和国家一切工作的出发点和落脚点，推动共同富裕事业继续向前迈进。

（一）科学发展的第一要义是发展，核心是以人为本

2003年，以胡锦涛同志为主要代表的中国共产党人总结国内外经验，提出了科学发展观这一重大战略思想。科学发展观的核心是以人为本，就是"要始终把实现好、维护好、发展好最广大人民的根本利益作为党和国家一切工作的出发点和落脚点，尊重人民主体地位，发挥人民首创精神，保障人民各项权益，走共同富裕道路，促进人的全面发展，做到发展为了人民、发展依靠人民、发展成果由人民共享"[1]。以人为本的科学发展观，是对我们党以往追求两个文明建设、促进人的全面发展和社会全面进步相协同理念的进一步精炼和概括，极大地丰富和拓展了共同富裕的内涵。

首先，科学发展的第一要义是发展。胡锦涛认为，稳步推进共同富裕，关键还是要靠发展，只有实现又快又好的发展，才能更好地促进经济社会协调发展，才能形成更完善的分配关系和社会保障体系，才能创造更多就业机会，才能不断满足人民群众多方面的需求。[2]为此，必须以经济建设为中心，实施科教

---

[1]　中共中央文献研究室编：《十七大以来重要文献选编》（上），中央文献出版社2009年版，第12页。

[2]　邢贲思：《科学发展观读本》，人民出版社2006年版，第293页。

兴国战略、人才强国战略、可持续发展战略，创新发展理念、转变发展方式、破解发展难题，提高发展质量和效益，实现又好又快发展。

其次，科学发展必须以实现人的全面发展为目标。胡锦涛指出，只有"从人民群众的根本利益出发谋发展、促发展"，才能"不断满足人民群众的经济、政治和文化权益，让发展的成果惠及全体人民"。这一观点，一方面符合了社会主义初级阶段以经济建设为中心的党的基本路线要求，另一方面把经济的发展和人的发展内在地统一起来，高度体现了我们党为人民谋利益的价值取向。

再次，坚持科学发展，必须把最广大人民的根本利益作为出发点和落脚点。胡锦涛指出："坚持立党为公、执政为民，不能停留在口号和一般要求上，必须围绕人民群众最现实、最关心、最直接的利益来落实，努力把经济社会发展的长远战略目标和提高人民生活水平的阶段性任务统一起来，把实现人民的长远利益和当前利益结合起来。"为此，党中央在这一时期部署实施了一系列保障人民权益的重大决策和重大举措，从推进人权入宪到颁布施行物权法，从倡导发展的共建共享到强调实现好、维护好和发展好最广大人民的根本利益，深入诠释了我们党立党为公、执政为民的政治本色，将我们党对于社会主义发展本质以及共同富裕的认识提升到一个新的高度。

（二）促进发展的同时，把维护社会公平放到更加突出的位置

科学发展观的基本要求是全面协调可持续，根本方法是统筹兼顾。科学发展观中的发展，是协调公平与效率关系的发展，也是统筹城乡发展、统筹区域发展、统筹经济社会发展的发展。这一思想直接影响了这一时期党推进共同富裕的实践思路。

一是在收入分配上，主张妥善处理效率和公平的关系，更加注重社会公平。[①] 胡锦涛强调，在促进发展的同时，要把维护社会公平放到更加突出的位置，综合运用多种手段，依法逐步建立以权利公平、机会公平、规则公平、分

---

① 中共中央文献研究室编：《十六大以来重要文献选编》（中），中央文献出版社2006年版，第604页。

配公平为主要内容的社会公平保障体系，使全体人民共享改革发展的成果，使全体人民朝着共同富裕的方向稳步前进。①从"坚持效率优先，兼顾公平"到"妥善处理效率和公平的关系，更加注重社会公平"说法的改变，表明了党和国家在公平与效率的价值权衡上，进一步从侧重效率转向侧重公平，从强调先富转向强调带动后富，体现了科学发展观对于分配平等、社会公平的高度重视。

在如何推进公平分配上，党的十七大报告强调，要逐步提高居民收入在国民收入分配中的比重，提高劳动报酬在初次分配中的比重，再分配更加注重公平。具体举措包括：提高低收入者收入，逐步提高扶贫标准和最低工资标准，建立企业职工工资正常增长机制和支付保障机制；创造条件让更多群众拥有财产性收入；保护合法收入、调节过高收入、取缔非法收入；扩大转移支付，强化税收调节，打破经营垄断，创造机会公平，整顿分配秩序，逐步扭转收入分配差距扩大趋势；等等。②这些思路和举措的核心目的，在于建立工资性收入的增长保障机制，利用二次分配环节减小居民的收入差距，不断壮大中间收入群体。党的十七大对全面建设小康社会作了具体的要求，即实现人均国内生产总值到2020年比2000年翻两番，中等收入者占多数，绝对贫困现象基本消除。

二是在城乡关系上，提出将强农、惠农、富农作为政策主调。维护社会公平，实现共同富裕最繁重、最艰巨的任务在农村。21世纪以来，随着工业化的快速推进，我国初步具备了工业反哺农业、城市支持农村的经济实力，如何加大支持农业农村发展力度，更好地统筹城乡发展，成为这一时期党和国家的施政重点。正如《中国农村扶贫开发的新进展》白皮书指出，"中国的减贫，在很大程度上就是解决农村的贫困问题。"③胡锦涛指出，城乡差距是最大的差距；"实现全面建设小康社会宏伟目标，最繁重最艰巨的任务在农村。"④他反

---

① 中共中央文献研究室编：《十六大以来重要文献选编》（中），中央文献出版社2006年版，第712页。

② 《十七大报告辅导读本》，人民出版社2007年版，第37、38页。

③ 中华人民共和国国务院新闻办公室编：《中国农村扶贫开发的新进展》，人民出版社2011年版，第1页。

④ 《胡锦涛文选》第2卷，人民出版社2016年版，第68页。

复强调："实现发展成果由人民共享，必须实现好、维护好、发展好占我国人口大多数的农民群众的根本利益。"①

为解决农民负担重和增收难的问题，党的十六大后实施了一系列促进农业农村发展的重大改革举措。比如，党的十六届四中全会提出以工业反哺农业、城市支持农村，实现工农与城乡的协调发展的方针。2004年起，中央一号文件连续五年聚焦"三农"问题，分别围绕促进农民增收、提高农业综合生产能力、推进新农村建设、发展现代农业和加强农业基础建设等进行政策设计，主要为了更多地反哺农业，让农民增收、让农村发展。2006年，国家全面取消农业税，同时实施化肥、柴油和种子等农资直接补贴制度，在全面范围内启动新农村建设工作。这些举措的推行，标志着我国工农关系开始由农业养育工业转向工业反哺农业，国家与农民关系开始由资源汲取转向资源输入。特别是全面取消农业税之后，广大农民自此告别了向国家交税的历史，国家不仅不再从农村中汲取资源，而且通过支农专项资金、转移支付等方式投入农村建设、农村发展和农民福利保障事业，不仅改善了农民的生活，而且催生出一种福利型、反哺型的新型国家与农村关系，促进了农村社会结构的深层调整。在加大农村投入的同时，党和国家也加快建设覆盖城乡的居民社会保障体系的步伐。比如2003年试点、2008年全面推行新型农村合作医疗制度和农村医疗救助制度；2007年全面建立最低生活保障制度，将家庭人均纯收入低于规定标准的所有农村居民纳入保障范围；2009年试点、2012年全面推行新型农村社会养老保险制度，采取"基础养老金+个人账户"模式，向老年农民直接发放基础养老金；2006年国务院修订《农村五保供养工作条例》，将五保供养资金"村提留""乡统筹"改为在地方政府财政预算中安排，明确中央政府对困难地区给予适当补助；2007年在全国范围内普遍建立农村居民最低生活保障制度，将符合条件的农村贫困人口纳入保障范围，取代了之前保障水平低、覆盖范围窄的农村生活救助制度；等等。另外，伴随上述一系列"高含金量"的社会保障政策措施的出台，全国农林水利气象和扶贫，农村公路改造、农村电力设施建

① 中共中央文献研究室编：《十六大以来重要文献选编》（下），中央文献出版社2008年版，第277页。

设、农产品市场建设等工程也全面启动，村容村貌发生新变化，村庄建设规划开始起步，生活环境改善得到重视，极大地改善了农民的生活条件，提高了农民的生活质量，有效缓解了农村社会发展长期滞后带来的问题，城乡差距扩大的趋势也得到有效遏制。

三是在区域发展上，强调把区域协调发展摆在更加重要位置。进入21世纪，以胡锦涛同志为主要代表的中国共产党人提出进一步推动区域协调发展的新思路：推动基本公共服务均等化，引导生产要素跨区域合理流动，继续实施区域发展总体战略，深入推进西部大开发，全面振兴东北地区等老工业基地，大力促进中部地区崛起，积极支持东部地区率先发展，不断缩小区域发展差距。①胡锦涛指出，要重视西部大开发战略，支持少数民族地区、边疆地区和其他欠发达地区加快发展。后来，他进一步强调，全党全国必须从贯彻落实科学发展观、构建社会主义和谐社会的战略高度，深刻认识促进区域协调发展的重大意义，把促进区域协调发展摆在更加重要的位置，切实把区域发展总体战略贯彻好、落实好。②

2002年，国家颁布《"十五"西部开发总体规划》，提出在5～10年内力争使我国西部地区基础设施建设与生态环境建设取得突破性进展，科技教育水平、特色经济与优势产业取得较大发展，改革开放呈现新局面，人民生活得到进一步改善。2004年，国家出台《关于进一步推进西部大开发的若干意见》，提出要按"五个统筹"的要求，有重点、有步骤地解决西部大开发问题。另外，东西扶贫协作工作经过十几年的探索，逐渐成为我国扶贫开发工作的重要形式。国务院扶贫办组织的专项调研结果显示，到2009年，东西扶贫协作已覆盖11个西部省区市的245个扶贫开发重点县，呈现出领域拓宽、层次加深、形式多样、主体多元的局面。伴随各项政策的实施，西部地区基础设施有了明显改善，人民特别是贫困群体的生活水平有了显著提高。2001年至2008年，西部地区贫困人口从5540万人降到2650万人，减少了一半多；重点贫困地区的农民人均纯收入从1197元增加到2482元，增长了1倍以上。2012年出台的《"十二五"

---

① 江金权主编：《深入学习实践科学发展观活动读本》，人民出版社2008年版，第77页。

② 《胡锦涛文选》第2卷，人民出版社2016年版，第571页。

西部开发总体规划》中提到，"十一五"时期西部城乡居民收入与2005年相比，分别增长了80%和85.7%。[①]另外，除了继续推进西部大开发战略，振兴东北老工业基地战略和中部崛起战略也相继推出，成为贯彻落实邓小平"两个大局"思想，进一步优化区域经济结构、缩小地区经济差距的重要举措。

（三）建设和谐社会，不断促进社会公平正义

在提出科学发展观的基础上，以胡锦涛同志为主要代表的中国共产党人进一步提出了构建社会主义和谐社会的思想，强调发展不仅体现为经济增长，而且体现为民主法治、公平正义、诚信友爱、充满活力、安定有序、人与自然和谐相处。和谐社会思想的提出，一方面丰富拓展了社会主义现代化发展的内涵，另一方面进一步明确细化了我们党的共同富裕的价值内涵、衡量标准和实践路径。

一是在价值内涵上，更加具有丰富性和多元性。和谐社会是人们各尽其能、各得其所而又和谐相处的社会。要达成这一目标，需要兼顾政治、经济、文化、生态等多元目标和价值内涵："民主法治"需要发扬社会主义民主、落实依法治国，充分调动民众的政治参与热情；"公平正义"需要协调社会利益关系，正确处理人民内部矛盾和其他社会矛盾；"诚信友爱"需要推进诚实守信、互帮互助的精神文明建设，促进人们团结友爱、融洽共处；"充满活力"需要尊重一切有利于社会进步的创造性活动和成果，激发社会发展的生机活力；"安定有序"需要健全社会组织机制，促进社会的良善管理和安定团结；"人与自然和谐相处"需要强化生态保护力度，保障良好的自然环境。这些目标要求与全面建设小康社会、实现共同富裕的内容直接对应：实现共同富裕是建设和谐社会的内在要求，又是建设和谐社会的必然结果。邓小平将共同富裕作为社会主义本质的重要内容，胡锦涛进一步把社会和谐作为中国特色社会主义的本质属性，将推进共同富裕囊括到和谐社会建设的范围之中，充分体现了我们党对社会主义本质认识的不断深化，以及对共同富裕价值内涵理解的丰富

---

① 相关数据转引自张瑞敏：《中国共产党反贫困实践研究（1978—2018）》，人民出版社2019年版，第234页。

拓展。

二是在评估标准上，更加聚焦于公平正义的社会维度。和谐社会思想针对长期以来经济建设"腿长"、社会建设"腿短"的现实情况，特别强调从"社会发展"维度去思考中国的现代化发展问题。2006年党的十六届六中全会通过的《关于构建社会主义和谐社会重大问题的决定》，提出了构建社会主义和谐社会的核心任务之一，就是促进"公平正义"，使得"城乡、区域发展差距扩大的趋势逐步扭转，合理有序的收入分配格局基本形成，家庭财产普遍增加，人民过上更加富足的生活；社会就业比较充分，覆盖城乡居民的社会保障体系基本建立"，"实现全面建设惠及十几亿人口的更高水平的小康社会的目标，努力形成全体人民各尽其能、各得其所而又和谐相处的局面"。在党的十七大上，胡锦涛进一步提出："必须在经济发展的基础上，更加注重社会建设，着力保障和改善民生，推进社会体制改革，扩大公共服务，完善社会管理，促进社会公平正义，努力使全体人民学有所教、劳有所得、病有所医、老有所养、住有所居，推动建设和谐社会。"①这一论述，与中国人的大同理想遥相呼应。和谐社会思想提出之后，中国特色社会主义事业的总体布局从经济建设、政治建设、文化建设三位一体，发展为经济建设、政治建设、文化建设、社会建设四位一体，和谐社会成为与物质文明、精神文明、政治文明并列的建设内容。胡锦涛指出，"构建社会主义和谐社会，同建设社会主义物质文明、政治文明、精神文明是有机统一的"，"要通过发展社会主义社会的生产力来不断增强和谐社会建设的物质基础，通过发展社会主义民主政治来不断加强和谐社会建设的政治保障，通过发展社会主义先进文化来不断巩固和谐社会建设的精神支撑，同时又通过和谐社会建设来为社会主义物质文明、政治文明、精神文明建设创造有利的社会条件"。②

三是在实践路径上，更加凸显共创共建共享的特色。胡锦涛不仅强调共同富裕，而且强调通过共享发展实现共同富裕。他指出，中国当时虽然取得了

---

① 中共中央文献研究室编：《十七大以来重要文献选编》（上），中央文献出版社2009年版，第29页。

② 胡锦涛：《提高构建社会主义和谐社会的能力》，《人民日报》2005年6月27日。

举世瞩目的发展，但仍然是世界上最大的发展中国家，经济社会发展面临着巨大的人口、资源和环境压力，发展不平衡、不协调、不可持续问题依然突出；实现现代化和全体人民共同富裕，还有很长的路要走。因此，党和国家一切工作的出发点和落脚点，是实现好、维护好、发展好最广大人民的根本利益，做到发展为了人民、发展依靠人民、发展成果由人民共享。胡锦涛进一步指出，要把共同建设、共同享有贯穿于和谐社会建设的全过程，真正做到在共建中共享、在共享中共建。[①]共建共享理念具体而深刻诠释了我们党的共同富裕思想尤其是"共同"二字的内涵，其中，共同不仅是共同享有，而且在于共同付出、共同建设、共同创造，这是我们党共同富裕思想的一大重要创新。

回顾党的十八大召开前党领导全国人民追求共同富裕的90年历程，从以消灭私有制为目标的革命实践到建立人民当家作主的政治经济制度，从破除单一公有制的体制改革到将公平正义和社会和谐作为发展目标，一代代中国共产党人围绕不同历史阶段的发展要求，在追求共同富裕的道路上接力攻坚、逐级攀登。由于我国人口多、底子薄、生产力发展不平衡的基本国情，加之受制度体制还不够完善、经济发展方式还比较粗放等因素的影响，截至党的十八大之前，我国仍有相当数量人口尚未脱贫，城乡、区域和收入的绝对差距甚至还在扩大，但这一时期所积累的理论和实践经验，为推进共同富裕迈上新的台阶奠定了坚实基础。

---

① 转引自张瑞敏：《执政新理念：以阶层和谐走向社会和谐》，人民出版社2010年版，第147页。

第三章

推动实现共同富裕的
根本遵循

习近平总书记指出：“共同富裕是中国特色社会主义的本质要求”①，是中国式现代化的重要特征和社会主义制度优越性的集中体现，“促进全体人民共同富裕是一项长期任务”②，必须摆在更加重要的位置。党的十八大以来，习近平总书记站在新时代坚持和发展中国特色社会主义的战略和全局高度，就扎实推动共同富裕发表一系列重要讲话，作出一系列重要部署，为逐步实现全体人民共同富裕提供了科学指引和根本遵循。

————————

① 习近平：《高举中国特色社会主义伟大旗帜　为全面建设社会主义现代化国家而团结奋斗——在中国共产党第二十次全国代表大会上的报告》，人民出版社2022年版，第22页。

② 习近平：《论把握新发展阶段、贯彻新发展理念、构建新发展格局》，中央文献出版社2021年版，第503页。

第一节　习近平总书记关于共同富裕重要论述的主体内容

一、共同富裕的核心内涵论

何谓"共同富裕"？作为一个最初在经济学领域的概念，"共同富裕"是生产力与生产关系的统一，"富裕"强调社会生产力发展水平，"共同"强调社会主义生产关系，"共同富裕"是生产方式和分配正义的合题。"共同富裕"也是全体人民共同创造财富、科学合理分配财富的过程。从改革开放初期共同富裕被提出以来，其内涵经历了一系列的丰富发展，特别是从较为重视效率到更加关注公平，从期盼经济上的富足到更加关注人的全面发展，其内涵在不断丰富完善。①立足新时代，习近平总书记对共同富裕的丰富内涵作出了新诠释，归纳起来可以分为全民富裕、全面富裕、共建富裕、渐进富裕等方面。②

（一）全民富裕：共同富裕是覆盖全体人民的共同富裕

"共同富裕"旨在追求人民普遍过上富裕生活，这不仅是马克思主义的价值追求，也是自古以来中国人民的崇高理想，不仅体现了社会主义的本质要求，更彰显了中国共产党这一百年大党的初心使命。就共同富裕的覆盖面而言，其追求的不是一部分人或者一部分地区的富裕，而是全体人民共同富裕，

---

① 罗健：《习近平关于共同富裕重要论述探析》，《马克思主义研究》2022年第3期。

② 燕连福、王亚丽：《全体人民共同富裕的核心内涵、基本遵循与发展路径》，《西安交通大学学报》（社会科学版）2022年第1期。

让全体人民共享发展成果，保障全体人民合法权益。西方经济学没有共同富裕的概念，它主要强调按要素分配，劳动获得工资，资本获得利息，土地获得地租，企业获得利润，政府获得税收等，这反映了市场经济的一般属性。在《1857—1858年经济学手稿》中，马克思明确指出，未来社会的生产将以所有的人富裕为目的。恩格斯强调，要实现"通过产业教育、变换工种、所有人共同享受大家创造出来的福利"①。列宁认为，社会主义要能让"所有劳动者过最美好的、最幸福的生活"②。进入新时代后，习近平总书记指出："我们追求的发展是造福人民的发展，我们追求的富裕是全体人民共同富裕。"③共同富裕作为社会主义发展目的和本质特征，是党的路线、方针、政策的出发点，首先要解决的主体是人而不是要素，主体的人是全体而不是个体或少数。

共同富裕是不同民族、不同区域、不同人群的共同富裕，而不是一部分人和一部分地区的富裕。实现全体人民共同富裕是我们党和国家的奋斗目标。习近平总书记在多个场合的讲话中强调，共同富裕是"全体人民共同富裕"④"大家共同富裕才是真富裕"⑤"共同富裕路上，一个也不能掉队"⑥，将受益对象指向全体人民，是人民至上执政理念的典型体现。这里的"一个也不能掉队"包括各个地区、各个民族以及各个特殊群体。习近平总书记在对偏远贫困地区的调研考察中，多次强调带领"老乡"脱贫对于实现共同富裕的重要意义；在给云南省沧源县边境村的老支书们的回信中，勉励老支书们要将促进各族群众共同富裕作为工作重点之一。这些论述均深刻反映了习近平总书记关于共同富裕重要论述的全民性内涵。

① 《马克思恩格斯文集》第1卷，人民出版社2009年版，第689页。

② 《列宁全集》第34卷，人民出版社2017年版，第356页。

③ 中共中央文献研究室编：《习近平关于社会主义社会建设论述摘编》，中央文献出版社2017年版，第35页。

④ 《习近平谈治国理政》第2卷，外文出版社2017年版，第40页。

⑤ 习近平：《与世界相交 与时代相通 在可持续发展道路上阔步前行——在第二届联合国全球可持续交通大会开幕式上的主旨讲话》，人民出版社2021年版，第3页。

⑥ 《习近平谈治国理政》第3卷，外文出版社2020年版，第66页。

（二）全面富裕：共同富裕是涵盖全面领域的共同富裕

在明确了共同富裕的全体人民性这个前提后，便需要对共同富裕的领域进行厘清了，即需要明确包含哪些方面的共同富裕。对此，习近平总书记在阐述共享理念时指出："共享发展就要共享国家经济、政治、文化、社会、生态各方面建设成果。"[①]不单纯将共享局限于经济领域，而是将它拓展到政治、文化、社会、生态各个领域，体现了其宏阔的理论视野。随着共同富裕的扎实推进，以习近平同志为核心的党中央决定支持浙江高质量发展建设共同富裕示范区，并提出了共同富裕在物质、精神、环境、社会和公共服务层面上的五大具体要求，反映了对共同富裕内涵特征的全方位认识。2021年8月17日，在中央财经委员会第十次会议上，习近平总书记又进一步强调了共同富裕是物质与精神层面上的双重富裕。所有这些都深刻彰显了新时代中国共产党对共同富裕内涵的全方位、立体化认识，阐述了我们推动实现的共同富裕是涵盖全面领域的共同富裕。

共同富裕反映了人民对多领域、多方面有机协调的美好生活需要，是对社会全面发展和人的全面发展的期待。[②]社会主义现代化条件下的富裕是物质生活与精神生活相互渗透、彼此制约、总体均衡的全面富裕。其中，物质生活为精神生活奠定物质条件和社会基础，精神生活为物质生活提供价值引领与动力支撑。习近平总书记指出："不断解放和发展社会生产力，全面推进经济建设、政治建设、文化建设、社会建设、生态文明建设，不断开拓生产发展、生活富裕、生态良好的文明发展道路，为实现全体人民共同富裕而不懈努力。"[③]中国特色社会主义的"五位一体"总体布局和"四个全面"战略布局，关系共同富裕的全面实现、关乎社会和人的全面发展，每一个方面都不可或缺。"促进共同富裕与促进人的全面发展是高度统一的。"[④]随着人民物质生活富裕程度逐步

---

① 《习近平谈治国理政》第2卷，外文出版社2017年版，第215页。

② 罗健：《习近平关于共同富裕重要论述探析》，《马克思主义研究》2022年第3期。

③ 中共中央文献研究室编：《十八大以来重要文献选编》（中），中央文献出版社2016年版，第82页。

④ 习近平：《扎实推动共同富裕》，《求是》2021年第20期。

提升，对精神生活的要求越来越高。共同富裕不能局限于经济收入、物质享受这些领域，还应注重人民群众获得感、幸福感、安全感等精神生活要素。对此，习近平总书记强调："满足人民过上美好生活的新期待，必须提供丰富的精神食粮。"①

（三）共建富裕：共同富裕是依靠共同奋斗的共同富裕

共建共享是共同富裕的必然途径和必由之路，共同富裕不是简单地送钱送物进行"输血"，搞平均主义分配，而是激发内生动力进行"造血"，不断改善共同富裕的环境和政策。也就是说，以共同奋斗实现共同富裕，形成人人参与、人人尽力、人人都有成就感的生动局面②。在马克思主义看来，社会发展进步是人民奋斗的实践结果。"奋斗"作为中华民族的文化要素和精神标识，已完全融入人民对共同富裕的追求之中。实现全体人民共同富裕是一项极其艰巨的任务，不是一蹴而就的。共同富裕目标的实现离不开人民群众的辛勤劳作、奋勇创新，离不开人民群众的共同奋斗。"民生在勤、勤则不匮。"③我们应该"做新时代的奋斗者"④，毕竟"幸福生活都是奋斗出来的，共同富裕要靠勤劳智慧来创造。"⑤因此，从实现途径看，实现共同富裕的前提是要全体人民共同劳动、共同建设、共同创造及共同奋斗。这种方式既不是搞"平均主义"，也不是搞"大锅饭"，更不是搞"劫富济贫"，而是通过倡导和鼓励全体人民勤劳致富、创新致富，让全体人民群众在人人参与、人人尽力、人人享有中实现人人富裕，共创美好生活。

习近平总书记多次强调，共建共享才能走向共富，回答了"如何富裕"的问题。恩格斯指出："在人人都必须劳动的条件下，人人也都将同等地、愈益

---

① 《习近平谈治国理政》第3卷，外文出版社2020年版，第34页。

② 中共中央党史和文献研究院编：《十八大以来重要文献选编》（下），中央文献出版社2018年版，第170页。

③ 中共中央党史和文献研究院编：《十九大以来重要文献选编》（中），中央文献出版社2021年版，第756页。

④ 习近平：《在北京大学师生座谈会上的讲话》，人民出版社2018年版，第13页。

⑤ 习近平：《扎实推动共同富裕》，《求是》2021年第20期。

丰富地得到生活资料、享受资料、发展和表现一切体力和智力所需的资料。"[①]
劳动是幸福的源泉，是推动人类社会向前发展的根本力量。只有汇聚全体人民
的劳动结晶，让他们发挥八仙过海、各显神通的本领和才智，才能为共建共享
共富提供源源不断的动力。回顾中国共产党的百年奋斗史，其在革命、建设和
改革时期取得的巨大成就，归根结底是由全体人民不懈奋斗创造出来的。"人
民是历史的创造者，是真正的英雄。"[②]共同富裕必须能够充分调动起广大人民
群众的积极性、主动性和创造性，引导全体人民辛勤劳动，营造共建共享共富
的发展环境。因而推进共同富裕需要通过提高人民的受教育程度，增强人民的
发展活力，给人民创造更加公平的条件，给更多人创造致富的机会；需要通过
"充分发扬民主，广泛汇聚民智，最大激发民力，形成人人参与、人人尽力、
人人都有成就感的生动局面"[③]，努力使全体人民的获得感、幸福感、安全感
更加充实，让全体人民在共建中各尽其能，在共享中各得其所，在共富中和谐
相处。

（四）渐进富裕：共同富裕是逐步实现的共同富裕

事物的运动总是发展变化的，其中的发展都需要一个由量变引起质变的过
程。共同富裕的实现，也需要经历一个长期、复杂的历史过程。马克思和恩格
斯在《共产党宣言》中深刻揭示了人类社会最终走向共产主义的必然趋势。他
们认为，共产主义社会由初级阶段和高级阶段两部分组成。在共产主义的高级
阶段，生产力高度发达、个人全面发展、实现所有人的共同富裕。正如马克思
和恩格斯所言，未来社会将建立这样一个联合体，"在那里，每个人的自由发
展是一切人的自由发展的条件。"[④]但同时，他们也深刻认识到实现共产主义不
可能唾手可得、一蹴而就，是一个漫长的过程。共同富裕作为共产主义的初级
形态，必然也是一个动态、渐进、长期的过程，必须要坚持目标导向，脚踏实

---

① 《马克思恩格斯选集》第1卷，人民出版社2012年版，第326页。

② 中共中央党史和文献研究院编：《十八大以来重要文献选编》（下），中央文献出版社2018年版，第344页。

③ 《习近平谈治国理政》第2卷，外文出版社2017年版，第215～216页。

④ 《马克思恩格斯选集》第1卷，人民出版社2012年版，第422页。

地、久久为功、逐步推进。

共同富裕是一个长期理想和奋斗目标，不可能"一口气吃成胖子"，防止急于求成。扎实推动共同富裕，一定要从社会主义初级阶段这个最大实际出发，从客观条件出发，从需要与可能出发。我们要按照稳中求进、蹄疾步稳、尽力而为、量力而行的法则，推动共同富裕从城市到农村、从沿海到内地，从少数人到多数人，从低水平到高水平，从不均衡到均衡循序渐进。从这个意义上说，共同富裕只有进行时，没有完成时，只有阶段性目标，没有终结性目标。①

由于中国国情复杂，各地区发展不平衡，任何小问题都有可能演变为颠覆性错误。因此在制定具体政策过程中要因地制宜，稳步推进。习近平总书记明确指出，实现共同富裕"不是整齐划一的平均主义"②，"需要一个漫长的历史过程"③，"是一个长远目标，需要一个过程，不可能一蹴而就"④，指出这个实现过程要经历由低到高、由不均衡到均衡的发展阶段，阐明了实现共同富裕的长期性、艰巨性、复杂性、渐进性。为此，我国制定了共同富裕路线图，从而制定了"分阶段促进共同富裕"⑤的推进方式：到"十四五"时期末，全体人民共同富裕迈出坚实步伐；到2035年，全体人民共同富裕取得更为明显的实质性进展；到21世纪中叶，全体人民共同富裕基本实现。《中共中央　国务院关于支持浙江高质量发展建设共同富裕示范区的意见》指出，要积极发挥浙江共同富裕示范区的引领作用，探索借鉴可推广的有益经验，为逐步推进和实现共同富裕先行探路。

二、共同富裕的战略地位论

党的十八大以来，习近平总书记致力于把马克思主义共同富裕思想与中国具体实际、中华优秀传统文化相结合，进一步深化了对共同富裕战略地位的认

---

① 郭占恒：《全面把握共同富裕的五大基本特性》，《观察与思考》2022年第1期。

② 习近平：《扎实推动共同富裕》，《求是》2021年第20期。

③ 《习近平谈治国理政》第2卷，外文出版社2017年版，第214页。

④ 习近平：《扎实推动共同富裕》，《求是》2021年第20期。

⑤ 习近平：《扎实推动共同富裕》，《求是》2021年第20期。

识。①2021年1月11日，在省部级主要领导干部学习贯彻党的十九届五中全会精神专题研讨班开班式上，习近平总书记强调："实现共同富裕不仅是经济问题，而且是关系党的执政基础的重大政治问题。"②这一重要论述，从全面建设社会主义现代化国家和夯实党的执政基础的高度，深刻阐明了共同富裕的战略地位。"党的执政基础的重大政治问题"的论断要求我们理解共同富裕必须从社会主义的本质要求、中国式现代化的重要特征、中国共产党百年奋斗的重要目标、长期任务和现实任务四个方面展开，准确把握共同富裕的战略地位。

（一）共同富裕是社会主义的本质要求

习近平总书记指出共同富裕是社会主义的本质要求，是对社会主义本质理论的新阐释。早在2012年12月党的十八大召开后不久，习近平总书记就提出："消除贫困、改善民生、实现共同富裕，是社会主义的本质要求。"③之后，习近平总书记从各个角度和层面深化"本质"的内涵。一是在"归根到底"的层面丰富"本质"的内涵。习近平总书记在《关于〈中共中央关于制定国民经济和社会发展第十四个五年规划和二〇三五年远景目标的建议〉的说明》中指出："共同富裕是社会主义的本质要求，是人民群众的共同期盼。我们推动经济社会发展，归根结底是要实现全体人民共同富裕。"④二是在"以人民为中心"的角度丰富"本质"的内涵。习近平总书记指出："让广大人民群众共享改革发展成果，是社会主义的本质要求，是社会主义制度优越性的集中体现，是我们党坚持全心全意为人民服务根本宗旨的重要体现。"⑤这样，共同富裕与以人民为中心相结合，更加充分体现新时代坚持和发展中国特色社会主义的内在要求，赋予社会主义本质理论以新的时代内涵。

那么，如何理解共同富裕是社会主义的本质要求呢？

---

①　陆卫明、王子宜：《新时代习近平关于共同富裕的重要论述及其时代价值》，《北京工业大学学报》（社会科学版）2022年第3期。

②　《习近平谈治国理政》第4卷，外文出版社2022年版，第171页。

③　《习近平谈治国理政》，外文出版社2014年版，第189页。

④　《习近平谈治国理政》第4卷，外文出版社2022年版，第116页。

⑤　《习近平谈治国理政》第4卷，外文出版社2022年版，第116页。

首先，社会主义必须以共同富裕为价值追求。社会主义不仅要恰当地处理好体制层面上的"公平"和"效率"关系问题，还要进一步解决好制度层面上的共同富裕本质要求问题。党的十九届四中全会把"公有制为主体、多种所有制经济共同发展""按劳分配为主体、多种分配方式并存"和"社会主义市场经济体制"都确立为"社会主义基本经济制度"，为实现共同富裕提供重要制度支撑。社会主义经济制度具有两个方面的基本目标：一是促进社会财富增长，二是促进社会公平正义。其中，生产资料公有制通过解放和发展社会生产力，促进社会财富增长，为共同富裕创造物质前提，为全体社会成员过上富裕的生活提供物质条件。从根本上讲，共同富裕必须以物质的共同富裕为基础，这是共同富裕的最重要的内容。离开物质的共同富裕这个基础，谈论共同富裕是片面的，也是不切实际的，是对社会主义的背离。社会主义要求有效遏制两极分化。邓小平同志指出，贫穷不是社会主义，发展太慢也不是社会主义；平均主义不是社会主义，两极分化也不是社会主义[1]。在党的二十大报告中，习近平总书记重点强调要"着力促进全体人民共同富裕，坚决防止两极分化"[2]。因此，在生产力发展的基础上，社会主义分配制度坚持多劳多得，着重保护劳动所得，增加劳动者特别是一线劳动者劳动报酬，合理调节城乡、区域、不同群体间分配关系，推动社会成员共享发展成果。

其次，只有社会主义才能实现共同富裕。马克思经过深刻的历史思考，揭示了资本主义在几百年发展进程中，在创造了以往任何社会形态所无法比拟的物质财富的同时又制造了严重的两极分化，形成了极少数的资产阶级财富集中占有与绝大多数劳动人民绝对贫穷之间的矛盾冲突。资本主义内在的基本矛盾决定了它必然会形成两极分化问题。从某种意义上讲，社会主义制度就是为了解决剥削和消除两极分化问题而诞生的，与资本主义发展生产力的目的是实现资本家对剩余价值、对社会财富的占有不同，社会主义的本质就是发展生产力，消除两极分化，实现共同富裕。我国实行社会主义公有制，生产资料归全

---

① 《改革开放三十年重要文献选编》（上），中央文献出版社2008年版，第727页。

② 习近平：《高举中国特色社会主义伟大旗帜　为全面建设社会主义现代化国家而团结奋斗——在中国共产党第二十次全国代表大会上的报告》，人民出版社2022年版，第22页。

体人民共同所有，保证了现代化建设成果的公共性和共享性，保障了共同富裕的现实可能性和必然性。可见，实现共同富裕的共产主义社会取代两极分化的资本主义社会具有历史的必然性，通过社会主义实现共同富裕、最终达到共产主义美好社会的途径符合历史发展规律。从这个意义上讲，只有社会主义才能为人类开辟逐步实现共同富裕的康庄大道，只有社会主义才能实现共同富裕。

最后，社会主义要实现的共同富裕是高层次、复合型的共同富裕。物质共同富裕是基础，但仅有物质生活的共同富裕也是与社会主义相背离的。高度的物质文明和高度的精神文明，既是科学社会主义关于共同富裕的应有内涵，也是中国特色社会主义共同富裕的主要内容。共同富裕涉及"五位一体"的方方面面，涉及社会生活的各个领域，绝不只是一个物质上的富裕问题，而是一个包含物质生活在内的、体现社会成员各方面生活富裕在内的高度统摄的概念。也只有具有这种内涵的共同富裕才称得上是社会主义的本质要求。同时，也要清醒地意识到，共同富裕的实现是一个客观的物质与精神不断积累与演进的历史过程，要允许一部分人、一部分地区通过诚实劳动和合法经营先富起来，然后帮助、带动和引领更多乃至全国各族人民共同富裕起来。一部分人先富与共同富裕是手段与目的关系。允许和鼓励一部分人先富起来，是实现全国各族人民共同富裕的手段。

共同富裕的实现是一个动态的、不断调整的过程，是一个从贫穷到富裕再到高层次富裕的过程。共同富裕表明，我们既不能离开共同富裕讲发展生产力，离开了就会导致两极分化；也不能离开发展生产力讲共同富裕，离开了就会导致共同贫困。坚持社会主义，防止两极分化，为实现共同富裕提供牢固的政治保障。共同富裕实际上是现代社会公平正义的必然要求，没有社会的共同富裕，就没有全社会的公平正义。因此，党的十八大报告强调："公平正义是中国特色社会主义的内在要求。要在全体人民共同奋斗、经济社会发展的基础上，加紧建设对保障社会公平正义具有重大作用的制度，逐步建立以权利公平、机会公平、规则公平为主要内容的社会公平保障体系，努力营造公平的社会环境，保证人民平等参与、平等发展权利。"[①]只有全体人民共同奋斗、平等

---

① 胡锦涛：《坚定不移沿着中国特色社会主义道路前进　为全面建成小康社会而奋斗——在中国共产党第十八次全国代表大会上的报告》，《人民日报》2012年11月18日。

发展，才能真正彻底实现共同富裕。[①]

（二）共同富裕是中国式现代化的重要特征

2021年8月召开的中央财经委员会第十次会议上强调，共同富裕"是中国式现代化的重要特征"[②]，党的二十大报告指出，实现全体人民共同富裕是中国式现代化的本质要求的主要内容。深刻认识共同富裕是中国式现代化的重要特征，有助于更好理解中国式现代化新在何处，认清中国式现代化新道路与西方现代化道路的根本区别，对于全面建设社会主义现代化国家具有重要意义。

现代化作为世界范围内的发展现象和发展过程，体现出自18世纪工业革命以来人类社会的总体发展趋势。中国式现代化不仅顺应了这一发展趋势，而且体现出鲜明的中国特色，即中国式现代化是全体人民共同富裕的现代化。富裕是世界各国现代化的重要目标，而中国式现代化追求的是共同富裕。资本主义国家的现代化之所以不可能实现共同富裕，根本原因在于资本主义私有制和剥削制度的存在，趋利的本性使资本家不可能与劳动者共享劳动成果和社会财富。共同富裕理想体现了中国式现代化对资本主义现代化的超越，彰显了社会主义的价值追求。

那么，共同富裕是中国式现代化的重要特征包含哪些内涵呢？

首先，全体人民共同富裕体现了中国式现代化的根本立场。共同富裕，植根于中国传统"大同"理想，萌芽于马克思主义科学真理，形成于中国革命建设改革历程，发展于社会主义实践探索，是理论逻辑与实践逻辑、历史逻辑与文化逻辑的有机统一。社会主义现代化是人民至上的现代化，是全体人民不断走向共同富裕的现代化。中国共产党推动经济社会发展实现现代化，归根结底是要实现全体人民的共同富裕。从这个意义上讲，全体人民的共同富裕是中国式现代化的必然要求，也是社会主义现代化不同于其他国家现代化的根本标志。

其次，追求共同富裕贯穿于中国式现代化新道路形成和拓展的历史过程。

---

① 汪习根：《中国发展权研究报告》，人民出版社2019年版，第106–107页。

② 《习近平谈治国理政》第4卷，外文出版社2022年版，第142页。

"中国共产党一经诞生，就把为中国人民谋幸福、为中华民族谋复兴确立为自己的初心使命。"①在追求现代化的历史过程中实现共同富裕，体现着中国共产党人始终不变的初心使命。我们党团结带领人民在探索现代化道路过程中，向着共同富裕目标不断迈进。在开辟和拓展中国式现代化新道路过程中，中国共产党人持续探寻实现共同富裕的实践路径，在小康社会与现代化建设中不断为实现共同富裕而奋斗。

最后，共同富裕追求使得中国式现代化改变了传统现代化的分配结构，体现了中国式现代化的人民性和公平性。全体人民共同富裕是中国式现代化的发展目的。中国式现代化坚持实现全体人民共同富裕的现代化目标，摒弃了西方两极分化的现代化分配结构，体现了社会主义现代化的独特品质。在一个14亿多人口的大国实现全体人民共同富裕，是一项前无古人的伟大事业。全体人民共同富裕，凸显了中国式现代化的公平正义品质，体现了马克思主义政党的根本性质和宗旨。

（三）共同富裕是中国共产党矢志不渝的奋斗目标

首先，实现共同富裕中国共产党矢志不渝的追求。回望历史，中国共产党成立伊始，就把人民写在自己的旗帜上，并在救亡图存的斗争中催生了"共同富裕"的萌芽。李大钊当时就提出社会主义"不是使人尽富或皆贫，是使生产、消费、分配适合的发展，人人均能享受平均的供给，得最大的幸福"。在革命战争年代，中国共产党带领人民"打土豪、分田地"，以实现"耕者有其田"的理想成为当时争取共同富裕的鲜明写照。在新中国成立之初，毛泽东强调社会主义制度就是要推动国家走向"更富更强"，发出"使全体农村人民共同富裕起来"的伟大号召。邓小平在推动改革开放过程中指出，"共同致富，我们从改革一开始就讲，将来总有一天要成为中心课题"②。党的十八大以来，全面建成小康社会取得伟大历史性成就，特别是决战脱贫攻坚取得全面胜利，困扰中华民族几千年的绝对贫困问题得到历史性解决，为新发展阶段推动共同

---

① 《习近平谈治国理政》第4卷，外文出版社2022年版，第4页。
② 《改革开放三十年重要文献选编》（上），中央文献出版社2008年版，第586页。

富裕奠定了坚实基础。习近平总书记把促进全体人民共同富裕摆在更加重要的位置，把共同富裕提升至制度体系建设的更高层面，对推进共同富裕作出了许多重要论述。习近平总书记指出，我们始终坚定人民立场，强调消除贫困、改善民生、实现共同富裕是社会主义的本质要求，是我们党坚持全心全意为人民服务根本宗旨的重要体现，是党和政府的重大责任。党的十九届五中全会强调"扎实推动共同富裕"，党的二十大报告也明确提出，到2035年"全体人民共同富裕取得更为明显的实质性进展"①，这些都是我们党对矢志不渝奋斗目标的庄严承诺，是对中国特色社会主义理论的重大创新。

其次，中国共产党对共同富裕的认识不断深化。通过百年的探索，中国共产党对实现共同富裕的认识越发成熟，越发深入，在主体的全民性、内涵的全面性、路径的共建性、过程的渐进性、制度的根本性等方面取得了许多重要的认识成果。

一是主体的全民性。共同富裕的主体是全体人民，而不是少数人的富裕。也就是说，共同富裕是"全民共富"，不是一部分人和一部分地区的富裕，是全体人民的共同富裕，是全体人民共享发展成果，过上幸福美好的生活。二是内涵的全面性。共同富裕是"全面富裕"，既包括物质上的富裕，也包括精神上的富裕，是实现人的全面发展和社会文明进步。三是路径的共建性。共同富裕是"共建共富"，实现共同富裕需要全体人民辛勤劳动和相互帮助，人人参与，人人尽力，人人享有，共建美好家园，共享美好生活。共同富裕是共同奋斗、共建共享，是共同"做大蛋糕"，而不是简单地去"分蛋糕"。那种主张"同时、同步、同等富裕"的想法，那种"等、靠、要"的想法，那种"劫富济贫、搞平均主义"的想法，那种"佛系、躺平、当咸鱼"的想法，都是与共同富裕格格不入的，也是不可取、行不通的。②四是过程的渐进性。共同富裕是"逐步共富"，促进全体人民共同富裕是一项长期艰巨的任务，是一个逐步推进的过程，既要遵循规律、积极有为，又不能脱离实际，要脚踏实地、久久为

① 习近平：《高举中国特色社会主义伟大旗帜　为全面建设社会主义现代化国家而团结奋斗——在中国共产党第二十次全国代表大会上的报告》，人民出版社2022年版，第24页。

② 魏传光：《共同富裕的新时代正义观》，《湖南师范大学社会科学学报》2022年第3期。

功，在实现现代化过程中不断地、逐步地解决这个问题。五是制度的根本性。制度是决定因素，带有根本性、全局性、稳定性和长期性。社会主义开辟了走共同富裕的道路，但要实现共同富裕的目标，尚需一系列制度设计和严格执行。要通过一系列制度建设营造"权力不腐败、资本不垄断""让发展成果更多更公平惠及全体人民"的法治环境，让每个人享有公平公正的权利和机会，方为"扎实推动共同富裕"的治本之策。

最后，中国共产党推进共同富裕形成了一套成熟稳定的实践逻辑。中国共产党积极探索实现共同富裕的一百年，形成了成熟稳定的实践逻辑和经验，扎实有效地推动了共同富裕取得明显进展。

实现共同富裕必须坚持党的领导。共同富裕是社会主义的本质要求，中国共产党作为使命型政党，始终坚持科学社会主义的方向与原则，在探索社会发展道路的长期过程中把共同发展、共同富裕作为奋斗目标。作为中国特色社会主义事业的领导核心，中国共产党坚守正视问题的自觉在深刻分析人民日益增长的美好生活需要和不平衡不充分的发展之间的矛盾基础上，致力于提升发展的平衡性、协调性、可持续性，对发展过程中出现的许多新问题制定有针对性的具体措施，系统解决问题，助力各区域共同发展。

实现共同富裕必须坚持以人民为中心的发展思想，不断保障和改善民生。坚持以人民为中心的发展思想，坚持让全国人民享有经济发展、全面深化改革的成果，能为化解区域发展差异难题凝聚最大共识，为真正实现共同发展、共同富裕奠定重要的思想基础，也必将充分激发每一个中国特色社会主义事业建设者的智慧与创造性，形成人人有责、人人付出、人人参与的社会主义建设的生动局面，汇集起发展的磅礴力量。

实现共同富裕必须坚持中国特色社会主义基本经济制度。系统完备、成熟定型的高水平社会主义市场经济体制，能够提高市场的公开性与透明度，破除阻碍建成国内统一市场的各种障碍，不断实现要素配置与产品的一体化，实现跨区域、跨地区、跨产业的共同发展，最终构建起一种基于市场规律的长期区域协调发展机制，真正实现共同发展、共同富裕的目标。

实现共同富裕必须坚持全国一盘棋，调动各方面积极性。坚持全国一盘棋，国家能够有效整合社会资源，组织和动员社会力量实施重大建设工程项目，实施区域发展援助、对口支援政策，构建以城市群、发展轴、经济区等为支撑的功能清晰、分工合理、各具特色、协同联动的区域发展新格局，建立更加有效的区域协调发展新机制，最终实现基本公共服务均等化、基础设施通达程度比较均衡、人民基本生活保障水平大体相当的目标，真正把集中力量办大事的制度优势转化为实现共同发展、共同富裕的现实路径。

实现共同富裕必须以改革创新为根本动力，持续推动共同富裕体制机制创新。要一如既往地向改革要动力、向创新要活力，着力破除制约高质量发展、高品质生活的体制机制障碍，强化有利于调动全社会积极性的重大改革开放举措，率先在推动共同富裕方面实现理论创新、实践创新、制度创新和文化创新。

（四）共同富裕是一项长期推进的现实任务

习近平总书记强调："必须把促进全体人民共同富裕摆在更加重要的位置，脚踏实地，久久为功，向着这个目标更加积极有为地进行努力。"[1]这就要求我们必须认识到我国仍处于社会主义初级阶段，仍是发展中国家，发展不平衡不充分问题仍然突出，促进全体人民共同富裕是一项长期任务，对其长期性、艰巨性、复杂性要有充分估计。实际上，实现共同富裕是一个在动态中向前发展的过程，不可能一蹴而就，也不可能齐头并进。共同富裕不是同时同步富裕，区域、城乡及个体间存在适度差异是正常的，不能要求所有地区、所有人同时富裕；共同富裕也不是同等富裕，不能要求不同区域、不同人群都达到全国一致的收入和生活水平。[2]"富裕"体现效率、要求做大蛋糕，"共同"体现公平、要求分好蛋糕，我们追求共同富裕是统筹效率和公平，在不断做大蛋糕的过程中分好蛋糕，在高质量发展中促进共同富裕。

推进共同富裕目标绝不是一朝一夕之事，也不是轻轻松松、敲锣打鼓就能实现的，共同富裕是长期任务，需要扎实推进。只有深刻地认识到共同富裕目

---

① 《习近平谈治国理政》第4卷，外文出版社2022年版，第116页。

② 《促进全体人民共同富裕是一项长期任务——在高质量发展中促进共同富裕》，《人民日报》2021年10月12日。

标的长期性、现实性、艰巨性，只有坚定不移地走共同富裕之路，共同富裕才不会成为天方夜谭，广大人民群众的美好生活向往才不会虚无缥缈。[①]推进共同富裕是一项长期任务这一重要论述彰显了中国共产党人特有的历史辩证法，也彰显习近平总书记在推进共同富裕上的清醒和理性、坚毅和定力。所以说它既是目的论，也是过程论，是目的论与过程论的有机统一，科学回答了扎实推动共同富裕怎么看、怎么办的重大问题。实现全体人民共同富裕，任重而道远。

促进全体人民共同富裕也是一项现实任务。"国之称富者，在乎丰民。"必须正视解决共同富裕问题的必要性、紧迫性、可行性、复杂性。之所以说共同富裕是现实问题，在于共同富裕既和经济发展有密切关系，也和收入分配制度改革、防止收入差距扩大、社会稳定发展等有密切关联。我国已经全面建成小康社会，进入全面建设社会主义现代化强国的新阶段。新发展阶段面临人民日益增长的美好生活需要和不平衡不充分的发展之间的矛盾，亟待加快解决我国城乡发展不平衡、区域发展不协调等重大问题。

在现实任务面前，一是要坚定不移把发展作为党执政兴国的第一要务，完整、准确、全面贯彻新发展理念，构建实体经济、科技创新、现代金融、人力资源协同发展的现代产业体系，推动实现经济高质量发展，为共同富裕奠定坚实的物质基础。二是要突出工作重点，自觉主动解决地区差距、城乡差距、收入差距等问题，坚持在发展中保障和改善民生，统筹做好就业、收入分配、教育、社保、医疗、住房、养老、托幼等关系民生、关乎社会公平正义的事情，推动在幼有所育、学有所教、劳有所得、病有所医、老有所养、住有所居、弱有所扶上持续取得新进展。三是要统筹考虑，加强薄弱环节，更加注重向农村、基层、欠发达地区倾斜，向困难群众倾斜，促进社会公平正义。四是履行好政府再分配调节职能，健全基本公共服务体系，完善共建共治共享的社会治理制度。[②]

---

① 洪向华：《完整准确全面贯彻新发展理念》，人民出版社2021年版，第128页。

② 韩保江主编：《"十四五"〈纲要〉新概念——读懂"十四五"的100个关键词》，人民出版社2021年版，第209页。

三、共同富裕的基本方略论

2021年12月8日至10日召开的中央经济工作会议指出，进入新发展阶段，我国发展的内外环境发生着深刻变化，面临许多新的重大理论和实践问题，需要正确认识和把握，其中第一个就是要正确认识和把握实现共同富裕的战略目标。实现共同富裕是人类历史上的一次伟大创举，在前行的过程中会遇到很多艰难险阻。解决这些难题不仅需要形成社会共识，坚定信心和勇气，更需要科学思考和理性态度。为此，习近平总书记指出扎实推进共同富裕的战略部署，强调"把促进全体人民共同富裕作为为人民谋幸福的着力点"。不仅如此，习近平总书记在此基础上还提出了实现共同富裕战略部署必须坚持的世界观和方法论。

（一）在价值指向中坚持"一切以人民为中心"

党的十八大以来，党和政府始终坚持以人民为中心的发展思想，致力于不断改善广大人民群众的物质生活和精神生活，调动广大人民群众的积极性、主动性、创造性，扎实推动共同富裕。正是在此意义上，习近平总书记在中央财经委员会第十次会议上指出，坚持以人民为中心的发展思想，在高质量发展中促进共同富裕。习近平总书记在党的二十大报告中也强调，应该"着力解决好人民群众急难愁盼问题，健全基本公共服务体系，提高公共服务水平，增强均衡性和可及性，扎实推进共同富裕"[①]，这实际上指出了坚持以人民为中心是推进共同富裕最为重要、最核心的方略。这一方略包含了共同富裕必须为了人民、依靠人民、成效由人民评判三层逻辑。

共同富裕是全体人民的富裕。共同富裕覆盖全体人民不仅是中国特色社会主义的发展要求，也反映了马克思主义政治经济学的根本立场，体现着社会主义制度的优越性。不同于西方国家的私有制社会体制，公有制为主体的社会制度能够使人民的公共权利更好地覆盖在经济基础之上，更好地保障人民的合法权利以实现物质生活和精神生活都富裕。习近平总书记强调："全面建成小康

---

① 习近平：《高举中国特色社会主义伟大旗帜 为全面建设社会主义现代化国家而团结奋斗——在中国共产党第二十次全国代表大会上的报告》，人民出版社2022年版，第46页。

社会，一个也不能少；共同富裕路上，一个也不能掉队。"①共同富裕允许一部分人、一部分地区先富起来，但是共同富裕不是一部分人或者一部分地区的富裕，而是能够让最广大人民群众享受美好生活的富裕。

共同富裕的实现依靠全体人民共同奋斗。实现共同富裕是全体人民共同的事业，人民是社会主义建设事业的主体，即实现共同富裕的主体。习近平总书记曾指出："努力让人民过上更好生活是党和政府工作的方向，但并不是说党和国家要大包大揽。要鼓励个人努力工作、勤劳致富，要创造和维护机会公平、规则公平的社会环境，让每个人通过努力都有成功机会。"②共同富裕要坚持中国共产党的领导，并不意味着人民群众在这一过程中就丧失了自主性和创造性，如果不能够充分调动起广大人民的积极性、主动性和创造性，共同富裕也就失去了前进的动力。也就是说，共同富裕的真正实现离不开广大人民群众的积极参与，这要求我们党在任何时候都要坚持以人民为中心的发展思想，始终相信群众、依靠群众，形成人人参与、共建共享共富的普遍富裕。

共同富裕的实践成效由人民来评判。习近平总书记指出："我们党的执政水平和执政成效都不是由自己说了算，必须而且只能由人民来评判。"③人民群众是共同富裕实践成效的最高裁决者和最终评判者，我们要把人民群众的满意度作为衡量共同富裕实践成效的根本标准。实现共同富裕是一个动态的过程，具体成效怎么样，人民群众感受最真切，人民群众心中最有数，人民群众评判最权威。要把人民拥护不拥护、赞成不赞成、高兴不高兴、答应不答应作为衡量共同富裕成败得失的根本标准，让人民群众评判本地区、本部门贯彻落实推动共同富裕的思路是否合理、措施是否管用、目标是否务实、效果是否明显，是否有利于促进人的自由全面发展。新时代十年来，我们不断坚持由人民评判的宗旨，从而实现了"人民群众获得感、幸福感、安全感更加充实、更有保

---

①　《习近平谈治国理政》第3卷，外文出版社2020年版，第66页。

②　中共中央党史和文献研究院编：《习近平扶贫论述摘编》，中央文献出版社2018年版，第132页。

③　中共中央党史和文献研究院编：《十八大以来重要文献选编》（上），中央文献出版社2014年版，第698页。

障、更可持续，共同富裕取得新成效"。①

（二）在统筹发展中坚持"平衡、协调与包容"

习近平总书记在中央财经委员会第十次会议上强调，要提高发展的平衡性、协调性、包容性。这是我国立足新发展阶段、贯彻新发展理念、构建新发展格局的内在要求，是促进共同富裕、体现社会主义优越性的本质要求，是扎实推动共同富裕的题中应有之义。因此，习近平总书记关于共同富裕重要论述中的统筹方略，便是在统筹发展中坚持"平衡、协调与包容"，提高发展的平衡性、协调性、包容性。

改革开放以后，我国发展先后经历了"以经济效率为重心的发展阶段（1978年至1990年）、注重效率兼顾公平的发展阶段（1990年至1999年）和以注重公平为重心的发展阶段（1999年以来）"②。改革开放40多年来，我国一直存在发展的非平衡性问题，主要有：区域发展不平衡问题、城乡发展不协调问题、收入分配差距过大问题、市场竞争体系失衡等。因而，新时代推进共同富裕，提高发展的平衡性、协调性、包容性势在必行。

进入新发展阶段，共同富裕作为政治经济领域改革发展的重大目标牵引，必须形成与共同富裕要求更加契合的经济社会发展方式。因而，实现更加平衡、更加充分、更加协调、更加安全、更可持续的发展成为落实共同富裕、实现高质量发展的重要内在要素。解决共同富裕道路上的难题，解决发展的不平衡不充分问题、收入分配差距过大必然是主攻方向，要实现共同富裕就必须提高发展的平衡性、协调性、包容性。当然，强调平衡协调包容的发展并不是搞平均主义，也不是劫贫济富，而是更加注重发展机会公平以及资源的平衡，在处理好效率与公平的基础上让每个人都有发展自我、奉献社会的机会，"使发展成果更多更公平惠及全体人民，朝着共同富裕方向稳步前进。"③

---

① 习近平：《高举中国特色社会主义伟大旗帜　为全面建设社会主义现代化国家而团结奋斗——在中国共产党第二十次全国代表大会上的报告》，人民出版社2022年版，第11页。

② 刘乃全、郑秀君、贾彦利：《中国区域发展战略政策演变及整体效应研究》，《财经研究》2005年第1期。

③ 中共中央文献研究室编：《十八大以来重要文献选编》（上），中央文献出版社2014年版，第12页。

（三）在经济发展中坚持"两个毫不动摇"方针

党的十八届三中全会通过的《中共中央关于全面深化改革若干重大问题的决定》指出："必须毫不动摇巩固和发展公有制经济，坚持公有制主体地位，发挥国有经济主导作用，不断增强国有经济活力、控制力、影响力。必须毫不动摇鼓励、支持、引导非公有制经济发展，激发非公有制经济活力和创造力。"①更好地实现共同富裕，"两个毫不动摇"绝不能变。共同富裕有其阶段性，不可能一蹴而就，需要有过程意识，这个过程不是坐享其成的过程，而是拼搏奋斗的过程。共同富裕是努力追求"共富"，"两个毫不动摇"绝不能变。要坚持基本经济制度，坚持公有制为主体、多种所有制经济共同发展，让各种所有制的经营者吃下"定心丸"，通过辛勤劳动、合法经营、敢于创业成为致富带头人，先富带后富、帮后富。

实行公有制为主体、多种所有制经济共同发展的基本经济制度，是我们党确立的一项大政方针，是中国特色社会主义制度的重要组成部分，也是完善社会主义市场经济体制的必然要求，符合社会主义性质和社会主义初级阶段的基本国情。坚持公有制的主体地位，保持公有制经济在国民经济当中的主导作用有利于防止私人资本操纵国民经济的命脉，防止两极分化的出现。走社会主义道路要以公有制为经济基础，这对于增进人民福祉、保障公平正义、逐步实现共同富裕具有决定性的意义。坚持公有制主体地位不能动摇、国有经济主导作用不能动摇，是保证我国各族人民共享发展成果的制度性保证。其中，国有企业是中国特色社会主义的重要物质基础和政治基础，也是推进共同富裕的重要支柱和依靠力量。

追求共同富裕并不等于要削弱非公有制经济。非公有制经济具有优化资源配置、激励创新、提高经济效率和发展质量、促进生产力发展的优势，而忽视了非公有制经济的发展，就会导致经济体制僵化，经济活力不足。那些把共同富裕曲解为"削弱市场经济和非公经济"的论调是完全错误的，鼓励、支持、引导非公有制经济是我国经济发展的客观需要，毫不动摇地鼓励、支持、引导

---

① 中共中央文献研究室编：《十八大以来重要文献选编》（上），中央文献出版社2014年版，第515页。

非公有制经济的发展，有利于为共同富裕的实现提供坚实的物质基础。可见，非公有制经济的发展也可以促进效率和公平有机统一，不断实现共同富裕。中国实现共同富裕，不是要削弱非公有制经济，而是要在鼓励、支持、引导非公有制经济发展的基础上探索实现共同富裕的新路径。

（四）在实事求是中坚持"尽力而为量力而行"

"尽力而为、量力而行"，是习近平对实际工作的一贯要求。在《之江新语》中，习近平就多次强调"尽力而为、量力而行"，不"开空头支票、盲目吊高胃口"。在《求是》杂志刊发的重要文章《扎实推动共同富裕》中，习近平总书记再次强调了这个工作原则。

所谓尽力而为，就共同富裕来说，是指在财力和能力等条件一定的情况下，尽心尽力让人民群众拥有更多的获得感，在美好生活需要的物质文化环境安全等民生需求方面都做到尽力保障、尽力安排、尽力满足，在人民群众最关切最直接最现实的利益问题上做到尽力而为、全力以赴。要建立科学的公共政策体系，把蛋糕分好，形成人人享有的合理分配格局。要以更大的力度、更实的举措让人民群众有更多获得感。

量力而行是指按照自己能力大小去做事。就共同富裕来说，是指立足当前社会的客观实际，既要满足人民群众的实际所需，又要在经济发展和财力可持续的基础上加强基础性、建设性、兜底性民生保障建设，本着"有多少钱办多少事"的原则，不勉强，不"开空头支票、盲目吊高胃口"。第二次世界大战后一些西欧国家违背了"量力而行"的原则，大规模、持续性的福利开支使得政府要承受远超政府财政能力的负担，高额的福利压力迫使经济发展滞缓，国家不堪重负，给经济发展带来了巨大的破坏。我国发展水平离发达国家还有很大差距，要统筹需要和可能，把保障和改善民生建立在经济发展和财力可持续的基础之上，不要好高骛远、吊高胃口。政府不能什么都包，重点是加强基础性、普惠性、兜底性民生保障建设。即使将来发展水平更高、财力更雄厚了，也不能提过高的目标，搞过头的保障，坚决防止落入"福利主义"养懒汉的陷阱。

总之，尽力而为、量力而行就是要求我们要有耐心推进共同富裕，实打实地一件事一件事办好，提高实效，逐步实现低层次的共同富裕到高层次的共同富裕。正如习近平总书记所强调的："我国正处于并将长期处于社会主义初级阶段，我们不能做超越阶段的事情，但也不是说在逐步实现共同富裕方面就无所作为，而是要根据现有条件把能做的事情尽量做起来，积小胜为大胜，不断朝着全体人民共同富裕的目标前进。"①

四、共同富裕的要素关系论

立足新时代，在扎实推进共同富裕过程中，习近平总书记就共同富裕的基本要素的相互关系给出了重要辨析和阐释，包括"全局与局部""物质与精神""先富与共富""目标与过程"等等，提出既要保证物质富裕提高人民生活水平，也要重视精神富裕提升人民生活品质；既要允许"先富"，也要保证"后富"，最终实现"共富"；既要看到共同富裕的最终目标，又要深刻认识共同富裕的阶段性过程，脚踏实地，久久为功，扎实推进共同富裕。②

（一）全面统筹"全局与局部"的关系

共同富裕是实现社会主义现代化的重要目标。我们要实现的是14亿全体中国人民的共同富裕，一个都不能少、一处都不能落下，是人民物质生活和精神生活都富裕，不是一部分人富裕，也不是平均主义、同时富裕、同步富裕。这要求必须从全局上推动共同富裕，一方面承认时间先后、富裕水平、富裕程度等各方面差异，不搞"均贫富""一刀切"，另一方面通过重点解决地区差距、城乡差距、收入差距等突出问题，统筹做好就业、收入、教育、医疗、住房、养老等民生工作，努力在全局上达到"生活富裕富足、精神自信自强、环境宜居宜业、社会和谐和睦、公共服务普及普惠"。

习近平总书记强调："全体人民共同富裕是一个总体概念，是对全社会而言的，不要分成城市一块、农村一块，或者东部、中部、西部地区各一块，

---

① 《习近平谈治国理政》第2卷，外文出版社2017年版，第214-215页。

② 段虹、王然：《共同富裕思想的哲学意蕴与当代价值》，《学习与探索》2022年第3期。

各提各的指标，要从全局上来看。"①要厘清"全局"与"局部"、"全面"与"重点"之间的辩证关系，做到"两点论"与"重点论"的有机统一。一方面，要做好顶层设计和安排部署，制定促进共同富裕的行动纲要，提出一套科学可行、符合国情的指标体系和考核评估办法。当前，共同富裕的具体标准尚不明确，不同群体富裕程度的动态识别缺乏依据，促进共同富裕成效考核体系仍不清晰等，这些都无法有效保障推进共同富裕的工作成效，必须制定相关指标及考核评估体系。另一方面，要重点解决地区差距、城乡差距、收入差距问题，推动社会进步和人的全面发展。国家统计局2020年数据显示，东部地区生产总值525752亿元，中部地区生产总值222246亿元，西部地区生产总值213292亿元；城镇居民人均可支配收入43834元，农村居民人均可支配收入17131元。②同时，不同行业群体收入差距仍然显著，低收入群体比重过高，中等收入群体比重相对偏低。因此，必须要正视三大差距问题，全面统筹"全局与局部"的辩证关系，通过完善相应制度安排，推动全体人民朝着共同富裕迈进。③

（二）重点把握"物质与精神"的关系

实现人民物质生活与精神生活都富裕是社会主义共同富裕的内在要求和评估标准。物质文明是人类改造自然界的物质总成果，它反映了人类社会生产方式和物质生产资料的现实积累和占有程度。精神文明是在人类改造自然界的同时主观世界发生相应转变的精神总成果，是人们思想道德、文化素养的综合体现。两者都是社会文明系统中不可或缺的环节，"只有物质文明和精神文明建设都搞好，国家物质力量和精神力量都增强，全国各族人民物质生活和精神生活都改善，中国特色社会主义事业才能顺利向前推进。"④

---

① 习近平：《扎实推动共同富裕》，《求是》2021年第20期。

② 《中华人民共和国2020年国民经济和社会发展统计公报》，中国政府网2021年2月28日。

③ 陆卫明、王子宜：《新时代习近平关于共同富裕的重要论述及其时代价值》，《北京工业大学学报》（社会科学版）2022年第3期。

④ 中共中央文献研究室编：《十八大以来重要文献选编》（上），中央文献出版社2014年版，第464-465页。

　　共同富裕作为社会主义的理想样态，不能一味追求物质财富的创造和积累而忽视了精神层面的丰富和提升，需要重点把握"物质与精神"的辩证关系。共同富裕是全面的富裕，它不单单包含着丰富的经济学意蕴，还内含着深厚的民生底蕴，即人民群众对政治诉求、文化发展、社会和谐、生态文明等方面的追求和需要，而这也正是推动人民精神富裕的重要内容。因此，在这一问题上，我们要坚持系统全面地看待共同富裕，在推动社会文明进步、扎实推进共同富裕时处理好物质文明与精神文明的辩证关系，既要"富口袋"也要"富脑袋"，既要注重经济、科技等硬实力的创新驱动，也要注重政治权利、道德观念以及文化等软实力的需求提升。共同富裕需要实现物质财富与精神境界的协调并进，要在经济高质量发展的过程中切实改善人民精神生活状态，让人民群众在物质丰裕的"快"时代更加注重精神栖息的"慢"生活，要让人民在价值引领中自觉、在文化滋养中自信、在精神支撑中自强，形成并展现出与新时代相匹配的精神风貌，以社会主义核心价值观的引领和强化作用来凝聚社会共识，在全社会范围内形成强大的发展生命力和民族凝聚力，提升人民的道德素质和文化素养，让社会充满求真、向善、育美的精神风尚，让人们在高质量发展与高品质生活中不断巩固和丰富共同富裕的发展事业。

（三）客观看待"先富与共富"的关系

　　由于各地区的经济发展水平、资源禀赋条件、各群体的社会工作能力存在差异，不可能做到平均主义、同步富裕。因此，必须客观看待"先富与共富"的辩证关系。"平均发展是不可能的。过去搞平均主义，吃'大锅饭'，实际上是共同落后，共同贫穷，我们就是吃了这个亏。"[①]根据我国长期处于社会主义初级阶段的基本国情，党中央强调"一部分地区有条件先发展起来，一部分地区发展慢点，先发展起来的地区带动后发展的地区，最终达到共同富裕"[②]。实践证明，鼓励一部分辛勤劳动、合法经营的人和群体先富起来，能够对其他地区产生示范激励效应，从而"使整个国民经济不断地波浪式地向前发展，使

---

① 《邓小平文选》第3卷，人民出版社1993年版，第155页。
② 《邓小平文选》第3卷，人民出版社1993年版，第374页。

全国各族人民都能比较快地富裕起来"①。因此，需要客观看待"先富与共富"的辩证关系。

实现共同富裕是一个在动态中向前发展的过程，不可能齐头并进。要正确认识和处理好"先富"与"共富"之间的关系，扎实推动14亿中国人民实现共同富裕。首先，先富是手段，共富是目的。先富带后富、帮后富，并不是搞"劫富济贫""杀富济贫"，而是通过发挥先富地区和群体的示范作用，把先富地区创造出来的社会财富通过制度化安排在区域、城乡、群体之间进行配置，引导和激励未富地区和群体把握发展机遇，逐步实现共同富裕。其次，先富提升效率，共富保证公平。通过政策支持先激发部分地区和群体的各类市场主体活力解放和发展社会生产力，有利于让一切知识、劳动、技术、管理和资本充满活力、竞相迸发，让一切创造社会财富的源泉充分涌流，提高生产效率。通过完善分配制度、健全社会保障体系，有助于使发展成果更多更公平惠及全体人民，促进社会公平正义。最后，先富强调过程，共富指向目标。习近平总书记强调："促进全体人民共同富裕是一项长期任务，也是一项现实任务，急不得，也等不得，必须摆在更加重要的位置，脚踏实地，久久为功，向着这个目标作出更加积极有为的努力。"②为此，要通过循序渐进、分阶段实现全体人民共同富裕。

（四）科学平衡"目标与过程"的关系

习近平总书记指出："扎实推进共同富裕需要我们在循序渐进中脚踏实地、久久为功。"③因此，必须深刻认识到共同富裕作为一个长远目标，以及其所具有的长期性、艰巨性、复杂性。从"打土豪、分田地"的土地革命到"社会主义的目的就是要全国人民共同富裕"④的改革开放新时期，再到实现脱贫

① 《邓小平文选》第2卷，人民出版社1994年版，第152页。

② 习近平：《论把握新发展阶段、贯彻新发展理念、构建发展格局》，中央文献出版社2021年版，第503页。

③ 段虹、王然：《共同富裕思想的哲学意蕴与当代价值》，《学习与探索》2022年第3期。

④ 《邓小平论党的建设》，人民出版社1990年版，第230页。

攻坚、全面建成小康社会的中国特色社会主义新时代，在每一个历史时期、每一个发展阶段，我们党始终做到科学定位基本国情，遵循发展客观规律，以实事求是原则不断取得共同富裕的阶段性成果。在开启全面建设社会主义现代化国家的新征程上，我们需要处理好共同富裕中目标与过程的辩证关系，有了目标，过程才有方向，而目标正是由这些过程去一步一步接近和实现的。社会主义共同富裕绝不是一蹴而就的静态模式，是需要阶段式发展而不断完善的动态过程，我们既要看到共同富裕的最终目标，又要深刻认识共同富裕的阶段性，在实现社会主义共同富裕的伟大实践中，既要脚踏实地、求真务实，又要稳中有进、久久为功。

实现共同富裕的伟大目标，需要我们积极有为地走好每一步，既要打好攻坚战，也要打好持久战，"要根据现有条件把能做的事情尽量做起来，积小胜为大胜，不断朝着全体人民共同富裕的目标前进"[1]。进入新发展阶段，要坚持新发展理念，走以创新、协调、绿色、开放、共享为特征的高质量发展道路，实现发展领域的多维拓新，旨在求稳、求实。从主体角度讲，"人"的问题是发展的首要问题，我们党科学地回答了这一问题，即发展为了人民、发展依靠人民、发展成果由人民共享。推进共同富裕的实现，为的就是让人民拥有更多的获得感、幸福感和安全感，这也是共同富裕的价值体现。在推进共同富裕的过程中要抓住人民最关心最直接最现实的问题，既要在促进经济发展上下功夫，又要在分配制度上促公平，加强基础性、普惠性、兜底性民生保障建设，切实保障和改善民生，促进社会公平正义。一言以蔽之，推进共同富裕是一项长期且艰巨的事业，我们要尽力而为也要量力而行，既要以高质量发展做大"蛋糕"，也要注重分配好"蛋糕"，既要回应民之所盼，也要尊重客观规律，让全社会朝着共同富裕的伟大目标奋勇前进。

---

[1]　《习近平谈治国理政》第2卷，外文出版社2017年版，第215页。

<table>
<tr><td>第
二
节</td><td>习近平总书记关于推进新时代共同富裕
主要举措的重要论述</td></tr>
</table>

习近平总书记不仅对共同富裕的内涵、地位、作用等作了重要论述，而且还对推进新时代共同富裕的基本路径、重点方面和制度安排作出了系统论述，使新时代推进共同富裕有了根本遵循。习近平总书记指出，实现共同富裕，必须坚持党的全面领导，通过坚持经济高质量发展、构建公平合理的收入分配格局、推进乡村振兴、促进基本公共服务均等化等举措，为实现共同富裕提供坚实的物质条件、良好的制度保障、稳固的民生基础。

一、通过高质量发展为推进共同富裕提供坚实的物质条件

2017年10月，党的十九大报告首次提出高质量发展的新表述，表明中国经济由高速增长阶段转向高质量发展阶段。中央财经委员会第十次会议强调，"在高质量发展中促进共同富裕，正确处理效率和公平的关系，构建初次分配、再分配、三次分配协调配套的基础性制度安排"。以高质量发展促进共同富裕，是一个新的举措。

高质量发展，通俗地说，就是从"有没有"转向"好不好"，不仅需要满足人民对物质、生态、精神、社会和政治等方面的需求，也要通过解决城乡差距、地区差距和收入差距等问题，增强发展的平衡性、协调性和包容性，推动实现共同富裕。从这个意义上讲，共同富裕是高质量发展的应有之义和内在要求，同时也是高质量发展的根本目的。这不仅要求发展方式和增长动能转换

到高质量发展的轨道上来，也意味着要更加注重以新的理念和方式分享发展成果。在新发展阶段实现高质量发展，就是要着力落实共享发展理念，以改革开放发展的成果不断满足人民日益增长的美好生活需要，在做大做好"蛋糕"基础上切好分好"蛋糕"，形成初次分配、再分配、三次分配互为补充和协调配套的机制，更加注重效率和公平的有机统一。

高质量发展是实现共同富裕的前提和保证，我们必须在高质量发展中促进共同富裕。虽然共同富裕包含着分配问题，但我们应该认识到，生产成果的分配差距并不是分配本身带来的。如果把重心过多地放在分配方面，过分依赖三次分配等手段去实现共同富裕，不但不能真正地促进共同富裕，反而会带来消极影响。从广义的角度讲，共同富裕的根本目标并不是分配正义，而是劳动解放。①因此，实现共同富裕的最关键的路径，就是推动高质量发展，并在高质量发展中促进共同富裕。由高速增长转向高质量发展，就是追求"更高质量、更有效率、更加公平、更可持续、更为安全的发展"②。这也是共同富裕的硬道理，是经济发展到一定阶段，遵循经济规律、适应社会主要矛盾变化的主动选择。我们知道，实现共同富裕是一个漫长而艰巨的目标，共同富裕不仅要让人民在经济上富裕，也要在精神上富裕，共同富裕既要做大"蛋糕"也要分好"蛋糕"，这单纯依靠高速度的发展是远远不够的。而高质量发展是从"量的积累"到"质的飞跃"的发展，就自然构成持续不断做大分好"蛋糕"的必要前提和有力保证。只有真正实现了高质量的发展，我们才能够将物质基础的"蛋糕"做大，更将物质基础的"蛋糕"分好，同时赋予精神方面更大的富裕。事实上，为了确保为实现共同富裕提供更大更好的"蛋糕"，我们必须持续推进高质量发展。

为了实现共同富裕，必须改变过去粗放型的生产方式，推动经济发展的可持续性，从这个角度看，共同富裕是经济高质量发展驱动性的力量源泉，实现共同富裕必须推进高质量发展。具体来讲，首先，注重适度发展。只有适当的速度才能实现优化要素组合，提高要素生产效率，调整产业结构，解决产业间

---

① 魏传光：《共同富裕的新时代正义观》，《湖南师范大学社会科学学报》2022年第3期。

② 《习近平谈治国理政》第4卷，外文出版社2022年版，第476页。

不平衡问题。没有适度恰当的经济增速支撑，高质量、高效率的经济发展也难以实现。只有在保持一定经济增长速度的前提下做到高质量发展，共同富裕这一要求才能实现。其次，促进区域协调发展。我国幅员辽阔、人口众多，区域协调发展是我国基于国情的重大举措。在经济发展上，当然不能简单要求各地区"齐步走"，但必须发挥各地比较优势，走合理分工、优化发展的路子，在发展中促进相对平衡，以区域协调发展推动实现高质量发展。最后，促进城乡均衡发展。要加快乡村振兴，提高农民收入水平，推进城乡一体化。历经40余年的改革开放与持续发展，特别是近8年精准扶贫、5年脱贫攻坚，我国实现了按中国标准农村绝对贫困人口的全部脱贫，贫困群众的收入水平得到了大幅度提升，贫困地区生产生活条件得到明显改善，经济社会发展明显加快。①但目前我国城乡发展不平衡仍然存在，农村发展不充分依然突出，城乡收入差距依然较大，农村相对贫困将长时间存在。高质量发展意味着城乡的平衡发展，重点要解决农村居民低收入问题，实现城乡平衡发展，使全体人民共同富裕取得更为明显的实质性进展。

二、通过构建公平正义的分配格局为推进共同富裕提供制度保障

如何推进共同富裕？习近平总书记强调要构建初次分配、再分配、第三次分配协调配套的制度体系……加大税收、社会保障、转移支付等的调节力度，扩大中等收入群体，增加低收入者收入，调节过高收入，取缔非法收入，形成中间大、两头小的橄榄型分配结构，促进社会公平正义，促进人的全面发展，使全体人民朝着共同富裕目标扎实迈进。也就是说，推动共同富裕需要借助分配手段，收入和财富分配是推进共同富裕的必要条件。毕竟，"分配制度是促进共同富裕的基础性制度"②。其中，初次分配具有基础性，再分配则是关键，第三次分配具有辅助性。正因如此，人们通常认为初次分配是"无形之手"，

① 陈宗胜、黄云：《中国相对贫困治理及其对策研究》，《当代经济科学》2021年第5期。
② 习近平：《高举中国特色社会主义伟大旗帜 为全面建设社会主义现代化国家而团结奋斗——在中国共产党第二十次全国代表大会上的报告》，人民出版社2022年版，第46–47页。

注重效率，再分配是"有形之手"，注重公平正义，第三次分配是"文明之手"，凸显慈善文明。公平正义的分配格局是指政府运用政治体系的权力公正合理地分配收入、财富、机会和荣誉等社会资源，为社会主体提供公共福利和公共服务，以达到有效化解贫富分化、避免社会无序发展、实现社会公平正义与共同富裕的目标。

推进共同富裕必须构建公平正义的初次分配。就推进共同富裕而言，不论是从理论还是从现实来看，初次分配是基础，在初次分配中提高劳动者收入是缩小贫富差别的解决之道。总体而言，初次分配不仅决定了社会财富流向的人群和阶层，也决定了流向的数量和规模，初次分配领域的公平正义问题能否得到较好的关注与解决，直接关系到人民群众的切身利益。如果建立了一套初次分配公平正义体系，整个社会公正的收入分配格局就基本奠定，然后再借助再分配和第三次分配的调整、完善与补充，整个社会公平正义和共同富裕就会得到有效推动。[1]在初次分配方面，主要靠市场，改革重点是完善要素市场体系，让市场机制在资源配置和要素报酬决定中发挥更大的作用。要素市场包括劳动力市场、资本市场、土地市场、数据资源市场等。要素市场的问题有目共睹，诸如劳动力市场中的分割与歧视问题（如农民工的收入长期被压低）、资本市场中的垄断问题、土地市场中过多的行政干预等，都是要素市场的缺陷。这些问题使得要素资源配置效率低，也导致了要素报酬分配不合理。[2]因而，完善初次分配制度，首先要进一步完善要素市场，消除市场中产生分割、扭曲、垄断、歧视的制度性障碍，建立更完善的、公平竞争的要素市场。另外，"两个偏低"是初次分配公平正义中的突出问题，消除初次分配不公，推动共同富裕的重心应落脚于提高居民收入在国民收入分配中的比重，提高劳动报酬在初次分配中的比重。

推进共同富裕重点和关键在于构建公平正义的再分配制度。相对于初次分配具有基础性，第三次分配具有辅助性，再分配是推进共同富裕的关键，是整

---

① 魏传光：《共同富裕中三次分配的正义性建构》，《中国社会科学报》2022年5月10日。

② 李实：《完善收入分配制度，促进共同富裕》，《中国新闻周刊》2021年第1期。

个分配关系中的重要组成部分。再分配政策是推进共同富裕的重要制度保障。[①]
再分配是指政府运用政治体系的权力公正合理地分配收入、财富、机会和荣誉
等社会资源，为社会主体提供公共福利和公共服务，以达到有效化解贫富分
化、避免社会无序发展、实现社会公平正义与共同富裕的目标。公正社会的建
设，不仅需要市场，而且也需要政府再分配的积极参与。习近平总书记强调，
要"健全再分配调节机制，扎实推动共同富裕"。客观地讲，经济增长、技术
变革及至经济全球化等做大"蛋糕"的手段并不必然包含分好"蛋糕"的内在
机制，要推动共同富裕、促进分配公平正义，使收入分配结构改善到合理水
平，必须借助再分配。再分配是政府主导的，更能体现社会全体成员的意志，
为实现共同富裕和分配公平正义的目标提供稳定的资金支持。

再分配的改革重点是提高社保、税收和转移支付等调节收入分配的力度。
当前税收体制关于调节收入分配、缩小收入差距的功能还没有充分发挥，需提高
直接税比重，降低间接税比重。可考虑适时出台房产税和遗产税，以加大税收调
节收入分配的力度。将个人所得税的覆盖人群扩大到所有高收入者，特别是有资
本所得的高收入者。在转移支付方面，要增强区域发展的平衡性，实施区域重大
战略和区域协调发展战略，健全转移支付制度，缩小区域人均财政支出差异，加
大对欠发达地区的支持力度。要增加城乡居民住房、农村土地、金融资产等各类
财产性收入；同时，还要加强对高收入的规范和调节，在依法保护合法收入的同
时，防止两极分化、消除分配不公。要清理规范不合理收入，加大对垄断行业和
国有企业的收入分配管理，整顿收入分配秩序，清理借改革之名变相增加高管收
入等分配乱象。要坚决取缔非法收入，坚决遏制权钱交易，坚决打击内幕交易、
操纵股市、财务造假、偷税漏税等获取非法收入行为。[②]

由市场主导的初次分配和由政府主导的再次分配，并不能完全解决社会贫
富差距的问题，推动共同富裕还需要第三次分配。第三次分配是出于道德力量
的分配，强调的是社会运作，通过慈善事业和志愿服务等社会机制发挥作用，
来弥补市场和政府在分配中的不足。因此，第三次分配一定要遵循自愿性原

---

① 魏传光：《共同富裕与政府再分配能力现代化》，《中州学刊》2022年第5期。
② 习近平：《扎实推动共同富裕》，《求是》2021年第20期。

则，必须完全建立在公民个人、团体或组织自觉自愿基础上的，任何强制性慈善捐赠或志愿活动，或者任何"道德绑架"，都有违第三次分配的公平正义原则。当然，政府可以用合理正当的制度形式给予慈善者和志愿服务者以税收优惠或其他的有利条件，积极引导人们主动、积极地参与诸如捐赠、慈善事业和志愿服务。①

第三次分配，需要慈善的力量，改革重点是培育有利于慈善事业发展的社会环境，建立鼓励社会组织和慈善事业发展的制度和相应配套政策。因此，习近平总书记指出："要加强公益慈善事业规范管理，完善税收优惠政策，鼓励高收入人群和企业更多回报社会。"②中国公益慈善事业的发展相对经济发展水平来说是滞后的，不论是慈善组织的数量还是慈善捐赠的规模都有很大提升空间。为让第三次分配发挥更大的调节收入分配的作用，必须大力发展社会公益慈善事业，营造一种人人愿意做公益、富人乐意做慈善的社会风尚。

三、通过乡村振兴解决推进共同富裕的难点

习近平总书记强调："促进共同富裕，最艰巨最繁重的任务仍然在农村。农村共同富裕工作要抓紧，但不宜像脱贫攻坚那样提出统一的量化指标。要巩固拓展脱贫攻坚成果，对易返贫致贫人口要加强监测、及早干预，对脱贫县要扶上马送一程，确保不发生规模性返贫和新的致贫。要全面推进乡村振兴，加快农业产业化，盘活农村资产，增加农民财产性收入，使更多农村居民勤劳致富。要加强农村基础设施和公共服务体系建设，改善农村人居环境。"③

乡村振兴是我国推进共同富裕这盘棋中十分重要的一环和最大的难点，是解决低收入群体生活问题的制胜战略。《中共中央　国务院关于做好2022年全面推进乡村振兴重点工作的意见》指出："从容应对百年变局和世纪疫情，推动经济社会平稳健康发展，必须着眼国家重大战略需要，稳住农业基本盘、

---

① 魏传光：《共同富裕中三次分配的正义性建构》，《中国社会科学报》2022年5月10日。

② 习近平：《扎实推动共同富裕》，《求是》2021年第20期。

③ 习近平：《扎实推动共同富裕》，《求是》2021年第20期。

做好'三农'工作，接续全面推进乡村振兴，确保农业稳产增产、农民稳步增收、农村稳定安宁。"①

习近平总书记指出："乡村振兴的前提是巩固脱贫攻坚成果，要持续抓紧抓好，让脱贫群众生活更上一层楼。"要充分认识一些地方脱贫基础还比较弱、部分脱贫群众的返贫风险依然较高、个别返贫现象可能随时出现的问题，防止精神松劲懈怠，防止政策急刹车，防止帮扶一撤了之，防止贫困反弹，牢牢守住不发生规模性返贫的底线。同时，着力构建长效机制。从短期政策看，设立5年过渡期，摘掉贫困帽子但不摘责任、帮扶、政策、监管。②

在全面推进乡村振兴中，促进农民农村实现共同富裕具有长期性、艰巨性、复杂性，必须坚持因地制宜、循序渐进，着力促进农民收入增长和城乡居民收入差距缩小，不断推进乡村发展、乡村建设和乡村治理。切实增加农业收入、非农收入、财产性收入和保障转移性收入，让发展成果更多更公平惠及全体人民。

乡村振兴是乡村生产生活生态全面发展，是农业农村农民全面振兴，要扎实有序做好乡村发展、乡村建设、乡村治理重点工作，推动乡村振兴取得新进展、农业农村现代化迈出新步伐。③

脱贫攻坚战的胜利不是终点，而是民生工作新的起点，是乡村振兴的基础，也揭开了党和国家如火如荼开展乡村振兴的序幕。乡村振兴是现在以及未来的重头戏，接续推进乡村振兴，促进低收入地区与低收入人群的发展，才能扎实推进共同富裕。

四、通过基本公共服务均等化压实推进共同富裕的民生基础

"人民对美好生活的向往就是我们的奋斗目标，让老百姓过上好日子是我们一切工作的出发点和落脚点"④，"补齐民生保障短板、解决好人民群众急愁

---

① 张红宇：《接续全面推进乡村振兴》，《人民日报》2022年4月6日。

② 张红宇：《接续全面推进乡村振兴》，《人民日报》2022年4月6日。

③ 张红宇：《接续全面推进乡村振兴》，《人民日报》2022年4月6日。

④ 中共中央党史和文献研究院编：《十八大以来重要文献选编》（下），中央文献出版社2018年版，第744页。

难盼问题是社会建设的紧迫任务"。[①]为了保障和改善民生，扎实推动共同富裕，习近平总书记在中央财经委员会第十次会议上指出，要把"促进基本公共服务均等化"作为重要任务。强调要坚持以人民为中心的发展思想，重点帮扶和保障低收入群体，实现基本公共服务全民普及、改革发展成果全民共享。这表明基本公共服务均等化是实现共同富裕的主要着力点，是解决我国地区、城乡之间基本公共服务供给不均等、获得感不够的关键举措，是维护人民利益、做好民生工作的重要保障，可以为推进共同富裕奠定稳固的民生基础。

习近平总书记指出："扎实推进共同富裕要促进基本公共服务均等化，低收入群体是促进共同富裕的重点帮扶保障人群。"[②]公共服务普及普惠是共同富裕的基本维度与判断标准之一。作为公共服务普及普惠的表现形态，基本公共服务均等化是共同富裕的内在要求。推动全体人民共同富裕取得更为明显的实质性进展，要持续推进基本公共服务均等化。

基本公共服务均等化是扎实推动共同富裕的应有之义。从某种意义上讲，推进共同富裕就是把就业、收入分配、教育、社保、医疗、住房、养老、托育等基本公共服务问题统筹解决好。目前来看，促进共同富裕最现实的选择，就是努力增加公共服务，特别是对低收入者的公共服务供给，实现基本公共服务均等化，而基本公共服务均等化重点是让发展成果更多更公平惠及全体人民。

当前，广大人民群众对公共物品和公共服务需求的迅速上升与公共物品和公共服务供给不足且配置失当之间的矛盾比较突出。因此，我国"十四五"发展规划中提出，在未来五年，我国将健全基本公共服务体系，加强普惠性、基础性、兜底性民生建设，到2035年，基本公共服务实现均等化，城乡区域发展差距和居民生活水平差距显著缩小。事实上，通过向群众提供基本均衡的义务教育、基本医疗、住房保障、社会保障、就业培训等基本公共服务，能有效促进市场经济运行结果的适当均平，直接缓解并缩小贫富差距，从而有效改善人民生活水平，促进人的全面发展。

---

① 《中国共产党第十九届中央委员会第六次全体会议文件汇编》，人民出版社2021年版，第73页。

② 习近平：《扎实推动共同富裕》，《求是》2021年第20期。

为此，我们必须坚持走高质量发展之路，为基本公共服务提供可靠内容保障，逐步建立和完善可持续的基本公共服务体系。促进基本公共服务供给主体多元发展，构建政府主导、多元主体协同的基本公共服务供给模式，鼓励、支持和引导企业等市场主体、慈善机构等社会组织参与基本公共服务供给。提升基本公共服务供给效能，建立健全政府购买公共服务的体制机制，不断探索基本公共服务的新型供给方式。

推进全体人民共同富裕，要求持续扩大基本公共服务的覆盖范围、统筹协调推进基本公共服务均等化。首先要统筹推进城乡基本公共服务均等化，在促进均等共享方面，要求开展贫困地区脱贫攻坚、重点帮扶特殊困难人群、促进城镇常住人口全覆盖、缩小城乡服务差距、提高区域服务均等化水平、夯实基层服务基础等。还要协调推进区域间基本公共服务均等化，加大对革命老区、边疆地区、少数民族地区等欠发达地区的基本公共服务财政投入，保障欠发达地区人民群众共享基本公共服务，逐步实现地区之间基本公共服务均等化。[1]

促进基本公共服务设施均等化，提高基本公共服务的可及性，设施布局要科学合理，应根据人口规模和空间特征提高基本公共服务设施覆盖率，根据经济社会发展水平提高基本设施质量，城乡之间、区域之间、群体之间的基本公共服务设施符合一体化标准。这就要求提升财政保障能力、加强人才队伍建设、加强规划布局和用地保障、建立健全服务标准体系、强化社会信用体系支撑。还要保障人民群众获取基本公共服务的权利，提升人民群众获取基本公共服务的能力。为此，需要创新服务供给，积极引导社会力量参与，鼓励发展志愿服务和慈善服务，发展"互联网+"益民服务等。

---

① 张喜红：《基本公共服务均等化是共同富裕的内在要求》，《光明日报》2022年4月1日。

<table>
<tr><td rowspan="2">第三节</td><td>习近平总书记关于共同富裕重要论述的</td></tr>
<tr><td>理论特征</td></tr>
</table>

习近平总书记关于共同富裕的重要论述以马克思主义共同富裕思想为理论根基，以中华民族千百年来对大同理想的共同期盼为文化基因，以中国共产党艰难求索的百年历程为情感动力，以新时代新发展阶段的现实条件为现实情境，具有鲜明的理论特色。[①]

一、体现了党性与人民性"融合统一"的价值意蕴

政党的政治属性决定着政党的行为模式与行动遵循。全人类解放是无产阶级自身解放的基本前提，因而人民性内生于无产阶级政党党性中。[②]习近平总书记旗帜鲜明地强调："在中国共产党领导的社会主义中国，党性和人民性是一致的、统一的。"[③]中国共产党是中国工人阶级先锋队，同时是中国人民和中华民族先锋队，党性与人民性相统一是中国共产党区别于其他政党的重要特征，实现共同富裕正是这一重要特征的典型体现。

---

① 陆卫明、王子宜：《新时代习近平关于共同富裕的重要论述及其时代价值》，《北京工业大学学报》（社会科学版）2022年第3期。

② 陆卫明、王子宜：《新时代习近平关于共同富裕的重要论述及其时代价值》，《北京工业大学学报》（社会科学版）2022年第3期。

③ 中共中央党史和文献研究院编：《十八大以来重要文献选编》（下），中央文献出版社2018年版，第213页。

推动实现共同富裕既是由中国共产党的宗旨使命所决定的，又是中国共产党基于广大人民利益的价值选择，深刻体现了党性与人民性"融合统一"的价值意蕴。共同富裕是中国共产党全心全意为人民服务的根本宗旨的重要体现，习近平总书记关于共同富裕的重要论述具有鲜明的人民性特征，并且集中体现在了人民至上的执政理念中。习近平总书记强调，中国共产党"没有任何自己特殊的利益，从来不代表任何利益集团、任何权势团体、任何特权阶层的利益"①。强调"我们推动经济社会发展，归根到底是实现全体人民共同富裕"②，"共同富裕是全体人民的富裕，是人民群众物质生活和精神生活都富裕，不是少数人的富裕，也不是整齐划一的平均主义，要分阶段促进共同富裕"③，"我们追求的发展是造福人民的发展，我们追求的富裕是全体人民共同富裕"④。可见，推进共同富裕是新时代中国共产党的重要使命和重大职责，是为人民谋幸福的新着力点。共同富裕是全体人民的共同富裕，社会发展成果的受益对象直接指向全体人民，党性与人民性"融合统一"的价值意蕴，是习近平总书记关于共同富裕的重要论述最突出也是最基本的理论特征。

习近平总书记继承发展了毛泽东同志为人民服务的执政理念，多次从党的初心使命与根本宗旨的角度理解共同富裕，指出实现共同富裕"是我们党坚持全心全意为人民服务根本宗旨的重要体现，是党和政府的重大责任"⑤。在社会贫富差距问题比较凸显时候，习近平总书记多次强调："我们决不能允许贫富差距越来越大、穷者愈穷富者愈富，决不能在富的人和穷的人之间出现一道不可逾越的鸿沟"⑥，深刻彰显了中国共产党人民至上的责任担当。

① 习近平：《在庆祝中国共产党成立100周年大会上的讲话》，人民出版社2021年版，第11-12页。

② 习近平：《关于〈中共中央关于制定国民经济和社会发展第十四个五年规划和二〇三五年远景目标的建议〉的说明》，《人民日报》2020年11月4日。

③ 《在高质量发展中促进共同富裕 统筹做好重大金融风险防范化解工作》，《人民日报》2021年8月18日。

④ 《中共中央召开党外人士座谈会 习近平主持并发表重要讲话》，《人民日报》2015年10月31日。

⑤ 习近平：《在全国脱贫攻坚总结表彰大会上的讲话》，人民出版社2021年版，第13页。

⑥ 习近平：《论把握新发展阶段、贯彻新发展理念、构建新发展格局》，中央文献出版社2021年版，第480页。

事实上，只有把党的领导与全体人民的共同奋斗结合起来，才能真正逐步实现共同富裕。习近平总书记一方面强调要充分信任人民力量，将全体人民作为共同富裕的实践主体，另一方面强调"中国共产党是中国特色社会主义事业的领导核心"[①]。共同富裕作为中国共产党为之奋斗的重要目标，其实现过程也必然要将中国共产党的坚强领导作为其根本政治保障。因此，习近平总书记指出，我们应该发挥好党的坚强领导作用，努力团结人民"朝着实现全体人民共同富裕的目标稳步迈进"[②]。

二、彰显了实践性与创新性"耦合统一"的理论品质

马克思主义认识论以实践为认识的来源、目的、根本动力与检验标准，强调认识与实践的辩证关系。习近平总书记基于马克思主义认识论的科学思想方法，明确指出要"坚持理论指导和实践探索辩证统一，实现理论创新和实践创新良性互动"[③]。2021年8月17日，习近平总书记在中央财经委员会第十次会议上指出，在促进共同富裕的道路上要坚持"鼓励勤劳创新致富"，强调"幸福生活都是奋斗出来的，共同富裕要靠勤劳智慧来创造"[④]，明确共同富裕以人民群众作为实践主体和依靠力量，实现共同富裕的途径是勤劳创新致富。

习近平总书记关于共同富裕的重要论述在认识与实践的良性互动中得到不断充实与丰富发展。党的十八大以来，习近平总书记将脱贫攻坚作为推动共同富裕的重要战略举措，结合实践不断提出新方法、新路径，提出"精准扶贫""扶贫先扶智"，概括了"两不愁三保障"的脱贫指标，并将这些理论运用到脱贫攻坚实践中。在全国脱贫攻坚总结表彰大会上，习近平总书记继续强调要充分总结脱贫攻坚经验，充分彰显了坚持理论与实践辩证统一的重要思想

---

① 《习近平谈治国理政》第2卷，外文出版社2017年版，第128页。

② 中共中央文献研究室编：《习近平关于社会主义社会建设论述摘编》，中央文献出版社2017年版，第16页。

③ 《习近平总书记系列重要讲话读本》，人民出版社2016年版，第34页。

④ 《在高质量发展中促进共同富裕统筹做好重大金融风险防范化解工作》，《人民日报》2020年8月18日。

方法。

习近平总书记关于共同富裕的重要论述，指明了前进方向与奋斗目标，为实践创新和理论发展提供了强大支撑。同时，囊括了鼓励实践创新的重要内涵，多次强调全国各地要不断探索促进共同富裕的实践经验，将"鼓励各地因地制宜探索有效路径，总结经验，逐步推开"[①]作为推动共同富裕的重要方法之一，并强调要鼓励基层进行实践创新，拓展了关于共同富裕理论创新、制度创新的发展空间。

共同富裕是全世界人民的共同期许，也是世界性难题。但是，至今为止，人类社会依然没有任何现成理论与直接经验可以套用。因此我国推动共同富裕必须要经过长时间摸索，建立共同富裕示范区试点就是其中的重要方式。习近平总书记高度重视推进共同富裕试点对改革工作的方法论意义。2021年5月，党中央支持浙江成为高质量发展建设共同富裕示范区，党中央特别阐明其指导思想、工作原则、发展目标以及重大举措，并鼓励示范区积极推动实践创新。形成重要实践经验，极大地推动实现共同富裕的实践进程，促进以共富示范区为纽带实现实践性与创新性的耦合统一。

三、凸显了长期性与阶段性"过程统一"的理论特色

中国共产党人从来就是最高纲领和最低纲领的统一论者，不会因理想遥远而放弃追求，也不会因专注理想而空谈误国。习近平总书记强调，要在实现共同富裕过程中充分遵循现实条件，强调要将共同富裕理想逐步变为现实，凸显了长期性与阶段性"过程统一"的理论特色。

实现共同富裕既是科学社会主义的价值理想，也是中国共产党矢志不渝的奋斗目标。习近平总书记在关于共同富裕的重要论述中提出要把长期目标与现实目标相结合。一方面，强调共同富裕是长期任务，实现共同富裕必须尊重中国仍然处于并将长期处于社会主义初级阶段这一最大实际，根据经济社会发展规律和经济社会发展水平，立足长远，不要好高骛远，不能急于求成；另一方

---

① 习近平：《扎实推动共同富裕》，《求是》2021年第20期。

面，又强调共同富裕是现实任务，并指出既要在现实生活中逐步推进共同富裕的发展进程，不能无所作为，也要从人民最关心的现实物质利益入手，"让实现全体人民共同富裕在广大人民现实生活中更加充分地展示出来"[①]，逐步探索推进共同富裕的具体实现路径。

实际上，共同富裕作为社会主义的发展目标，有一个不断深化的认识和实践过程。习近平总书记特别强调，在不同的历史阶段，推进共同富裕有不同的阶段性任务。进入新时代，为了巩固共同富裕已经取得的成果，更好地促使"先富带动后富"以实现共同富裕，习近平总书记特别重视精神共同富裕问题，特别强调"先富帮后富，后富赶先富"的思想引领、价值导引、文化建构。实现共同富裕，既需要国家层面的政策调控、制度规范等宏观措施，也需要人民群众思想文化、精神境界层面的提升，需要全体人民的积极参与。"先富"者不仅是物质上率先富裕起来，在精神上也应"先富"，倡导君子爱财，取之有道；见利思义，义利统一；既富且仁，不能为富不仁。"后富"者也要奋起直追，在公平的市场环境中善于竞争、敢于拼搏。

四、呈现了整体性与具体性"双向统一"的理论格局

中国共产党历来重视整体与局部的辩证关系，习近平总书记关于共同富裕的重要论述，既有整体的理论思考，又有具体的工作部署，体现出整体性与具体性相统一的理论格局。

习近平总书记关于共同富裕的重要论述系统回答了新时代"为什么要实现共同富裕""什么是共同富裕"以及"怎样实现共同富裕"这三个关键性问题，从本体论、实践论和价值论的高度分析和阐述了共同富裕的思想，形成了具有整体性的理论结构。一是从社会主义的本质要求、社会经济发展的根本目的、中国式现代化的重要特征和党的重要使命四个维度深入阐述了共同富裕的价值定位与战略地位；二是明确了共同富裕的受益者、领导者、依靠力量、实

[①]　中共中央党史和文献研究院编：《十九大以来重要文献选编》（上），中央文献出版社2019年版，第391页。

施途径等一系列内容；三是对共同富裕作出了整体性的规划部署，并指明实现共同富裕的"路线图""时间表"。这三个方面层层递进、相互依托，共同构成了具有整体性的理论结构，并体现了整体性的思维特征，将共同富裕视作是一个总体的概念与全局性的问题。在中央财经委员会第十次会议上，习近平总书记明确指出："像全面建成小康社会一样，全体人民共同富裕是一个总体概念，是对全社会而言的……要从全局上来看。"[①]强调共同富裕是"总体概念""是对全社会而言的"。对于如何实现共同富裕，习近平总书记将实现共同富裕放置于中国式现代化的整体发展格局中考虑，十分注意共同富裕与中国经济社会发展的良性互动，重视通过基础设施建设、产业扶贫、东西部协作等重大战略举措，加强各个地区生产要素与全国市场的整合以实现共同富裕。

习近平总书记关于共同富裕的重要论述不仅有宏观的整体性思考，也包含内容丰富的具体性举措。比如，将共同富裕分解为多个阶段性具体目标，指出了推动共同富裕的具体步骤。习近平总书记在党的十九大上初步制定了实现共同富裕的时间表及其阶段性目标，在党的十九届五中全会上进一步提出其具体要求，在中央财经委员会第十次会议上，又将其明确为"三个阶段"的具体步骤和目标。又如，根据人民对美好生活的向往，不断丰富发展共同富裕的具体内涵，并强调要制定具体的行动纲要和具体考核评估办法，推动共同富裕在实践中尽快落地。再如，指出"促进共同富裕与促进人的全面发展是高度统一的"[②]，阐明了共同富裕与个体自由全面发展的同一性，不仅将共同富裕与中华民族伟大复兴和中国特色社会主义现代化进程联系起来，更将其与每个人的自由而全面发展相联系。

共同富裕是一个系统工程，涉及政治、经济、文化、社会等方方面面，特别是与民生有关的问题需要形成多方合力，需要加强战略布局。2018年1月30日，习近平总书记在主持中共十九届中央政治局第三次集体学习时提出，"现代化经济体系，是由社会经济活动各个环节、各个层面、各个领域的相互关系

---

① 习近平：《扎实推动共同富裕》，《求是》2021年第20期。
② 习近平：《扎实推动共同富裕》，《求是》2021年第20期。

和内在联系构成的一个有机整体"①。作为经济现代化重要目标的共同富裕正需要系统的规划和整体性推进，特别是涉及民生问题，包括教育、就业、医疗、养老、托幼等问题，需要从"政策制定、资源配置、改革导向、绩效评价"等方面整体性推进。这需要坚持马克思主义的系统观念，加强前瞻性思考、全局性谋划、战略性布局，落实到实践中，形成社会合力整体性推进共同富裕，实现从整体到具体与从具体再到整体的双向统一。

① 《习近平谈治国理政》第3卷，外文出版社2020年版，第240−241页。

<table>
<tr><td>第
四
节</td><td>

习近平总书记关于共同富裕重要论述的历史地位

</td></tr>
</table>

党的十八大以来，以习近平同志为核心的党中央，以伟大的历史主动精神、巨大的政治勇气、强烈的责任担当，深刻回答了新时代扎实推进共同富裕的时代课题，提出了一系列原创性的关于共同富裕的新理念新思想新战略。习近平总书记关于共同富裕重要论述，事实上已经把马克思主义共同富裕思想推进到新的历史高度，开辟了当代中国推进共同富裕发展的新境界，具有重大的理论意义、实践意义和世界意义。

一、习近平总书记关于共同富裕重要论述的理论意义

党的十八大以来，习近平总书记紧扣历史大势、时代脉搏和社会主义本质要求，阐发了关于共同富裕的重要论述。这些重要论述，与马克思主义经典作家关于共同富裕的思想既一脉相承又与时俱进，是马克思主义关于共同富裕思想在新时代的继承和创新。习近平总书记对共同富裕的理论内涵作了新的阐释，拓展了关于共同富裕群体的外延概念，丰富和发展了新时代中国共产党的执政理念和治国方略，是中国化马克思主义共同富裕思想的最新理论成果，对指导新的历史阶段推进共同富裕以及推动中国化马克思主义发展具有重要的理论意义。

（一）丰富与发展了马克思主义共同富裕思想

习近平总书记关于共同富裕的重要论述，极大地丰富与发展了马克思主

义共同富裕思想，特别是拓展了共同富裕的思想内涵。关于共同富裕的思想内涵，马克思主义经典作家都有较为详细的论述。习近平总书记在中央财经工作会议上对新时代共同富裕的科学内涵作了新的阐释，他指出，共同富裕是全体人民的富裕，是人民群众物质生活和精神生活都富裕，不是少数人的富裕，也不是整齐划一的平均主义，要分阶段促进共同富裕。习近平总书记这一论述将共同富裕问题与新时代中国发展实际紧密结合起来，是对人民群众美好生活需要的积极回应，是在适应我国社会主要矛盾转化的基础上对以往共同富裕内涵的深化和发展。

2020年，中国如期全面建成小康社会，生产力水平在总体上有了显著提高，意味着进入了一个扎实推进共同富裕的历史新阶段。我国社会经济实现了由高速增长向高质量发展的转变，与改革开放初期依靠"先富"打破普遍贫穷状态相比，鼓励"先富带后富"、促进"后富"群体富裕成为实现共同富裕需要重点关注的问题。基于这一现实情况，习近平总书记在论述共同富裕内涵时更加注重其主体范围的界定，指出共同富裕是一个整体概念，是全体人民的富裕，对"大多数人的富裕"等说法进行了科学补充。

基于人民日益增长的美好生活需要，习近平总书记在论述中将共同富裕所涉及的内容拓展到精神生活领域，在注重改善物质生活的同时，更加关注人民群众的精神需求。习近平总书记还强调，要在推进共同富裕中实现人的自由全面发展，使共同富裕目标与人的全面发展密切结合，与过去以生产力发展为核心的共同富裕概念相比，重要论述体现了习近平总书记以人民为中心，在人的全面发展中促进共同富裕的思想要义，更具有全面性和人民性。因此，新时代的"共同富裕"不再是单纯的物质丰富范畴，而是包括政治、经济、文化、社会和生态福利的全面富裕。与此同时，习近平总书记指出"人类命运共同体"理念，把共同富裕包含的主体范围从中华民族共同体扩展到了人类命运共同体的共同富裕，充分体现了中华民族自古以来弘扬和传承的"天下大同"理念，实现了关于共同富裕群体的主体延伸。

习近平总书记针对我国社会主义初级阶段的基本国情和发展过程中不平衡、不充分的问题，科学地认识到共同富裕在实现时间、实现水准上的差异性，特别强调共同富裕不是整齐划一的平均主义，不同地区、不同群体在实现共同富裕的路上不可能齐头并进，实现共同富裕是一个长期的历史过程，是需要长期规划实施的重大战略目标，要充分估计其实现过程的长期性、艰巨性、复杂性，要以高质量发展为驱动，分阶段推进共同富裕，突出共同富裕的差异性、渐进性、整体性、实践性和历史性，使共同富裕内涵更具科学性、目标更具现实性。

（二）丰富和发展了新时代党的执政理念与治国方略

在实现"两个一百年"奋斗目标的历史交汇点上，习近平总书记综合考察和科学把握世情国情党情，面对世界百年未有之大变局，提出在高质量发展中促进共同富裕，提出了"两个阶段"建成社会主义现代化强国的战略。"两个阶段"目标战略是对邓小平同志"三步走"战略部署既一脉相承又根据实际适时调整的体现，坚持"两个毫不动摇"绝不能变的同时，为我国经济社会发展把脉定向、谋篇布局，设定了在新时代全面建成社会主义现代化强国的"任务书""时间表""路线图"，体现了习近平总书记在治国理政上的周密思考。

习近平总书记多次提到要全面深化改革，大力推进对经济体制和生态文明体制改革、民主法制领域改革、文化体制改革、社会体制改革、党的建设制度改革、纪律检查体制改革，体现了习近平总书记在改革中注重提高发展的平衡性、协调性和包容性，在体制机制与战略层面为共同富裕提供根本保障，为中国共产党在新的历史阶段扎实推进共同富裕提供了根本遵循。

进入新时代，人民"不仅对物质文化生活提出了更高要求，而且在民主、法治、公平、正义、安全、环境等方面的要求日益增长"[1]，对共同富裕的期盼更加迫切。习近平总书记深刻把握我国社会发展阶段的新变化，把逐步实现全体人民共同富裕摆在更加重要的位置上，关于共同富裕的重要论述中突出了以人民为中心的发展思想。习近平总书记强调在国家、社会和个人三个层面同时发力，坚持循序渐进的工作思路，尽力而为、量力而行。同时着力在高质量发展中解决老百姓急难愁盼问题，致力于增强人民创造财富的能力、畅通人民获得财富的通道，形成人人参与的发展环境，营造全社会谋

---

[1] 《习近平谈治国理政》第3卷，外文出版社2020年版，第9页。

求共同富裕的社会氛围。

习近平总书记关于共同富裕的重要论述是在指导新时代中国特色社会主义现代化建设中形成的富有现实性和前瞻性的执政理念和治国方略，为我国解决高质量发展中的各种问题以及社会主要矛盾提供科学指南，深刻回答了新时代中国人民实现共同富裕的重大理论和现实问题，丰富和发展了新时代党的执政理念与治国方略。

（三）是马克思主义中国化时代化最新理论成果的重要组成部分

共同富裕是中国共产党始终坚持马克思主义的政治立场和价值取向的重要表达。中国共产党坚持以马克思主义理论为指导，在持续推进马克思主义中国化的进程中不断推进对共同富裕的理论创新和实践探索，产生了一系列理论成果与科学理念。党的十八大以来，习近平总书记在实践中阐发了一系列关于共同富裕的重要论述，形成内容科学、逻辑严密的思想体系，是马克思主义中国化时代化最新理论成果的重要组成部分。

习近平总书记关于共同富裕重要论述在习近平新时代中国特色社会主义思想体系中占重要地位。党的十九大把习近平新时代中国特色社会主义思想确立为党必须长期坚持的指导思想并庄严地写入党章，实现了党的指导思想的与时俱进。其中，习近平总书记继承了中华优秀传统文化中"无处不均匀，无人不饱暖"的大同思想，以及"民为邦本，本固邦宁"的民本思想，并与马克思主义经典作家的共富观、公平观相结合，丰富和发展了新时代中国特色社会主义共同富裕的认识。习近平总书记将马克思主义理论与新时代中国实际相结合，明确把实现全体人民共同富裕作为社会主义的本质要求，并指出共同富裕是"我们党的重要使命"，是"中国式现代化的重要特征"，极大地丰富和发展了马克思主义。

在"两个大局"相互激荡的时空条件下，追求共同富裕是中国人民的美好愿望，是社会主义的本质要求，是中国特色社会主义现代化道路的重要内容，也是中国共产党矢志不渝的奋斗目标。习近平总书记关于共同富裕的重要论述是对中国现实问题的积极回应，也是运用马克思主义指导中国实践，并在实践中推进马克思主义中国化的集中体现。在向第二个百年奋斗目标迈进的新征程上，习近平总书记关于共同富裕的重要论述科学回答了当今中国和当代世界向何处去的问题，丰富和发展了新时代中国共产党执政理念与治国方略，拓展了共同富裕理论的内涵和外延，充满时代气息，具有深远的时代价值和理论创新意义。

二、习近平总书记关于共同富裕重要论述的实践意义

习近平总书记关于共同富裕的重要论述，丰富和发展了对共同富裕的规律性认识，指导我国脱贫攻坚、全面小康社会建设取得了重大胜利，并为全面建设社会主义现代化国家积势蓄能、固本强基。

（一）丰富和发展了关于共同富裕的规律性认识

实现共同富裕是中国共产党百年来的价值追求，但如何推进和实现共同富裕，则经历了一个不断成熟的发展过程。从新民主主义革命时期的"打土豪、分田地"运动到社会主义建设时期"在农村中消灭富农经济制度和个体经济制度，使全体农村人民共同富裕起来"①，再到改革开放提倡先富带后富、逐渐实现共同富裕的路径，中国共产党一直致力于消除贫困、改善民生，在革命、建设和改革的各个历史时期，注重总结历史经验，不断推动共同富裕实现新发展。进入新时代，习近平总书记关于共同富裕的重要论述丰富和发展了推进共同富裕实践的规律性认识。

习近平总书记强调，共同富裕的实现与人的全面发展是相统一的，共同富裕要坚持以人的自由而全面发展为目标导向，实现人的物质生活和精神生活的共同富裕。在脱贫攻坚工作中，习近平总书记一再强调："脱贫致富不仅要注意富口袋，更要注意富脑袋"②要让"人民有更多、更直接、更实在的获得感、幸福感、安全感，不断促进人的全面发展、全体人民共同富裕"③"实现中华民

---

① 《毛泽东文集》第6卷，人民出版社1999年版，第437页。
② 《习近平扶贫论述摘编》，中央文献出版社2018年版，第137页。
③ 《习近平谈治国理政》第3卷，外文出版社2020年版，第183页。

族伟大复兴的中国梦，物质财富要极大丰富，精神财富也要极大丰富。"①因此，要坚持以促进人的全面发展的理念推进全体人民共同富裕的实现。"强化社会主义核心价值观引领，加强爱国主义、集体主义、社会主义教育，发展公共文化事业，完善公共文化服务体系，不断满足人民群众多样化、多层次、多方面的精神文化需求"②，丰富人们的物质文化和精神文化生活，振奋人民群众的精神面貌，真正既"富口袋"又"富脑袋"，实现共同富裕和人的自由全面发展。

习近平总书记强调，要"作出更有效的制度安排，使全体人民朝着共同富裕方向稳步前进"③，实现共同富裕必须坚持有效的制度安排作为根本保障。首先，立足于社会主义初级阶段，坚持公有制为主体、多种所有制经济共同发展，坚持"两个毫不动摇"，为共同富裕提供经济制度保障。其次，在分配上，构建推动共同富裕实现的有效分配机制，实现公平正义目标，带领全体人民朝着共同富裕目标扎实推进。最后，坚持和完善民生保障制度，"建立科学的公共政策体系，形成人人享有的合理分配格局，同时统筹需要和可能，把保障和改善民生建立在经济发展和财力可持续的基础之上"④，坚持发展和改善民生，增进民生福祉，加强基础民生保障建设，推动全体人民共同富裕不断取得新进展。总之，中国特色社会主义制度安排具有独特优势，在统筹协调、组织安排等方面为实现全体人民共同富裕提供了根本的制度保障。

《中共中央 国务院关于支持浙江高质量发展建设共同富裕示范区的意见》提出："促进全体人民共同富裕是一项长期艰巨的任务，需要选取部分地区先行先试、作出示范"⑤，坚持从矛盾的特殊性中总结出具有普遍意义的经验和规律，然后再进一步推广到其他地区，逐步实现共同富裕。这就要求我们，

① 《习近平谈治国理政》第2卷，外文出版社2017年版，第323页。

② 习近平：《扎实推动共同富裕》，《求是》2021年第20期。

③ 习近平：《论把握新发展阶段、贯彻新发展理念、构建新发展格局》，中央文献出版社2021年版，第42页。

④ 《在高质量发展中促进共同富裕统筹做好重大金融风险防范化解工作》，《人民日报》2021年8月18日。

⑤ 《中共中央 国务院关于支持浙江高质量发展建设共同富裕示范区的意见》，《人民日报》2021年6月11日。

实现共同富裕必须坚持协同推进。目前我国发展中的问题主要表现为不平衡不充分的发展，城乡、区域发展和收入分配等方面还存在较大的差距，因而共同富裕的实现只能是长期的、渐进的。共同富裕是与社会主义现代化建设的历史进程相一致的，在现代化建设的不同阶段，共同富裕有不同的目标，不同地区共同富裕的实现程度、时间等还会存在一定差异。因而要坚持循序渐进，对共同富裕的长期性、艰巨性、复杂性有充分估计，鼓励各地因地制宜探索有效路径，总结经验，逐步推开。共同富裕的实现不是整齐划一、一蹴而就的，需要针对不同的阶段目标制定相应的行动纲领，提出切实可行的指标体系和考核方法，循序渐进解决城乡、区域发展的差异问题。

（二）为推动新时代中国特色社会主义发展提供了科学的实践指引

党的十八大以来，习近平总书记在多个场合具体地阐述了共同富裕的发展方向和战略安排，阐明了共同富裕的基本立场、基本理念、基本原则和基本路径，并且构建了一整套关于共同富裕的话语体系，唤起了中国人民关于共同富裕的集体意识与情感动力，在社会上得到了广泛认同，形成了先富带动后富的强大合力和社会舆论。这些重要论述澄清了一些党员干部和人民群众在共同富裕问题上存在的模糊认识甚至是错误认识，同时还有效克服了急于求成的激进心理或视为畏途的消极心理，在舆论场上起到了一锤定音的关键作用，促进了共同富裕集体共识的形成。

在社会主义现代化国家建设过程中，实现共同富裕是破解"历史周期率"的关键所在。习近平总书记指示了共同富裕与中国共产党长期执政的重要关系，指出："实现共同富裕不仅是经济问题，而且是关系党的执政基础的重大政治问题。"[①]不仅从价值层面上指出实现共同富裕的必然性，而且还从巩固党的领导地位和长期执政基础的现实角度突出了共同富裕的必要性。习近平总书记关于共同富裕的重要论述也是对全党和全国人民的庄严宣誓，能够提升党员干部的历史使命感，增强广大人民群众对中国共产党的信任，对于巩固中国共

---

① 习近平：《论把握新发展阶段、贯彻新发展理念、构建新发展格局》，中央文献出版社2021年版，第480页。

产党长期执政基础有着重要意义。

"共同富裕具有发展导向和目标约束的作用"①，共同富裕对于经济社会发展具有重大的推动作用，习近平总书记关于共同富裕的重要论述对中国经济社会稳定发展具有长期指导意义。习近平总书记指出，推动共同富裕是夯实高质量发展的"动力基础"②，这就明确了中国经济社会发展的根本性问题，为中国经济社会发展指明了方向。推动共同富裕，将发展成果与个人幸福联系起来，对于提升人民群众生产积极性、实现中国经济结构转型升级也有着重要意义。

（三）为推进中国式现代化积势蓄能、固本强基

习近平总书记指出，"我们建设的现代化必须是具有中国特色、符合中国实际的"③，即我国现代化是人口规模巨大、全体人民共同富裕、物质文明和精神文明相协调、人与自然和谐共生、走和平发展道路的现代化。可见，共同富裕与现代化建设是相互统合的，现代化建设中要突出社会主义因素，既做大"蛋糕"，保持经济持续稳定健康发展，又分好"蛋糕"，通过全面深化收入分配制度改革和社会保障制度改革，缩小东中西部之间、城乡之间、区域之间、行业之间的发展差距，解决好人民日益增长的美好生活需要和不平衡不充分的发展之间的矛盾，让高水平的公共服务与社会保障覆盖全体人口，全面建成社会主义现代化强国。

实现全体人民共同富裕是中国式现代化建设的根本目的，全面建设社会主义现代化国家必须坚持走共同富裕道路，努力推进全体人民共同富裕取得更为明显的实质性进展。因此，必须将全民共享、全面共享、共建共享与渐进共享的发展理念融入推动富强、民主、文明、和谐、美丽的社会主义现代化国家建设中。推进中国式现代化，必须更加注重共同富裕问题，这不仅是一个经济问题，而且是关系党的执政基础的重大政治问题。要自觉主动解决地区差距、城乡差距、收入差距等问题，推动社会全面进步和人的全面发展，促进社会公平

---

① 谷亚华：《论共同富裕的内涵、道路及重点》，《中州学刊》2012年第5期。

② 习近平：《扎实推动共同富裕》，《求是》2021年第20期。

③ 习近平：《论把握新发展阶段、贯彻新发展理念、构建新发展格局》，中央文献出版社2021年版，第473—474页。

正义，让发展成果更多更公平惠及全体人民，不断增强人民群众获得感、幸福感、安全感，让人民群众真真切切感受到共同富裕不仅仅是一个口号，而是看得见、摸得着、真实可感的事实。

共同富裕要在高质量发展中推进，中国式现代化必须以推动高质量发展为首要任务。推进共同富裕需要真正推动整个国民经济的高质量发展，落实质量第一、效益优先，切实转变发展方式，推动质量变革、效率变革、动力变革。总之，通过在高质量发展中推进共同富裕，为中国式现代化积势蓄能、固本强基。

三、习近平总书记关于共同富裕重要论述的世界意义

实现共同富裕不仅是全体中华儿女的梦想，也是全人类梦寐以求的理想。追求共同富裕，对上承接着中国古代大同世界的精神美学，对外连接着人类社会共同的理想追求。[①]中国共同富裕目标的实现，将会彻底改写现代化的世界版图，对人类社会产生深远影响。

（一）为发展中国家发展提供中国智慧与中国方案

20世纪六七十年代，拉美等发展中国家成为西方"新自由主义"的试验场，普遍接受了资本主义制度。然而，拉美等发展中国家按照这套制度换来的不是共同富裕，而是普通劳动者的普遍贫穷、巨大的贫富差距和"中等收入陷阱"，这是十分深刻的历史教训。习近平总书记指出，一些发达国家工业化搞了几百年，但由于社会制度原因，到现在共同富裕问题仍未解决，贫富悬殊问题反而越来越严重。[②]经过百年接续奋斗，中国逐渐走出了一条不同于西方的现代化道路，在较短时间内解决了绝对贫困人口的脱贫问题，提前10年实现《联合国2030年可持续发展议程》相关减贫目标，为世界减贫事业贡献了中国力量和中国智慧。习近平总书记指出："中国的社会生产力、综合国力实现了历史

---

① 唐任伍、孟娜、叶天希：《共同富裕思想演进、现实价值与实现路径》，《改革》2022年第1期。

② 习近平：《扎实推动共同富裕》，《求是》2021年第20期。

性跨越，人民生活实现了从贫困到温饱再到总体小康的历史性跨越。这不仅使中国彻底抛掉了'东亚病夫'的帽子，而且为人类战胜贫困、为发展中国家寻找发展道路提供了成功的实例。"[1]

习近平总书记关于共同富裕的重要论述深深根植于中国脱贫攻坚、全面建成小康社会和经济高质量发展的实践中，在理论、理念、方法和路径等方面都能为其他发展中国家提供有价值的经验。包括在国家层面制定推进共同富裕的长期规划，建立自上而下的完整的工作机构，符合国家实际的推进共同富裕的举措等等。中国作为世界上最大的发展中国家，也曾是世界上贫困人口最多的国家，人口众多、产业结构多样，这种在复杂国情中推进共同富裕所取得的理论成果和实践经验对发展中国家有极大的参考借鉴价值。习近平总书记关于共同富裕的重要论述，指出了西方国家两极分化的制度性原因，打破了西方所谓的"普世发展模式"的神话，为发展中国家探索适应本国国情的共同富裕道路提供了全新选择与理论借鉴。

（二）为解决贫富分化的世界性难题提供科学指引

环顾当今世界，一些国家贫富分化严重，全球贫困状况恶化。目前，全球仍有7亿多人口生活在极端贫困之中。皮凯蒂通过大量数据论证了全球财富的贫富悬殊状况，"自2010年以来全球财富不公平程度似乎与欧洲在1900~1910年的财富差距相似。最富的0.1%人群大约拥有全球财富总额的20%，最富的1%拥有约50%，而最富的10%则拥有总额的80%~90%"[2]。不少发达资本主义国家面临着因贫富差距拉大、社会阶层进一步固化而带来的尖锐社会矛盾，社会内部严重撕裂，甚至走向对立、动荡，民粹主义、民族主义抬头。

在资本主义框架下，为了缓解社会矛盾，减轻两极分化，应对20世纪30年代的大危机，国际垄断资本通过资本全球扩张，攫取发展中国家劳动人民的剩余价值，将本应由本国人民承担的贫穷转移给发展中国家。一方面，发达国家

---

[1]　中共中央文献研究室编：《十八大以来重要文献选编》（中），中央文献出版社2016年版，第80页。

[2]　［法］托马斯·皮凯蒂：《21世纪资本论》，巴曙松等译，中信出版社2014年版，第451页。

利用发展中国家廉价劳动力，在发展中国家投资设厂，将资源高消耗、环境高污染的制造部门转移到发展中国家，同时将高端产业链留在国内。长此以往，必然导致国际贫富分化。另一方面，发达国家内部由于产业空心化而造成大量蓝领工人失业，产生富者愈富、穷者愈穷的"马太效应"。因此，在资本主义私有制下，消除两极分化、实现共同富裕是不可能的。共同富裕是社会主义的本质要求，也是社会主义与资本主义的根本区别所在。

习近平总书记关于共同富裕的重要论述在新时代社会主要矛盾变化的背景下，紧紧围绕不平衡不充分发展的问题，坚持推进精准扶贫战略，取得明显成效，为缩小贫富差距指明方向。经过多年摸索，我国在推进共同富裕问题上有了科学的方法，在扎实推动共同富裕的实现路径上也进行了深入探索，形成了一套行之有效的方法体系。包括：加强顶层设计，把共同富裕摆在更重要的位置；夯实物质基础，推动生产力的高质量发展；守住小康底线，巩固拓展脱贫攻坚成效；彰显制度优势，完善收入分配制度体系；增进民生福祉，改善人民生活福祉；保障公平正义，优化社会保障体系；等等。这些方法体系必将能为解决贫富分化的世界性难题提供科学指引。

（三）为世界各国实现繁荣发展提供有益指引

对美好生活的向往不仅是中国人民的期待，也是世界各国人民的共同心愿。"各国一起发展才是真发展，大家共同富裕才是真富裕。"①中国人民历来把前途命运同各国人民紧密联系在一起，中国共产党始终把为人类作出新的更大贡献作为使命。新时代共同富裕不仅注重中国自身的发展，也强调携手各国一起实现共同富裕。习近平总书记反复强调共建共治共享的全球治理观，并呼吁"共同推动世界各国发展繁荣，共同消除许多国家民众依然面临的贫穷落后，共同为全球的孩子们营造衣食无忧的生活，让发展成果惠及世界各国，让人人享有富足安康。"②

---

① 习近平：《与世界相交 与时代相通 在可持续发展道路上阔步前行——在第二届联合国全球可持续交通大会开幕式上的主旨讲话》，人民出版社2021年版，第3页。

② 中共中央党史和文献研究院编：《十九大以来重要文献选编》（上），中央文献出版社2019年版，第111页。

　　随着共建高质量"一带一路"向纵深推进，人类命运共同体理念日渐深入人心，将成为人类共享共富行之有效的合作载体。世界各国在探索共同富裕道路上休戚相关、命运与共，任何一个国家都无法独立于世界体系之外而实现社会生产力的高度发达。尤其是在新一轮科技革命和产业变革下，提出生产力发展的更高要求，世界各国谋求减贫发展等多领域多层次合作，将奠定各国共同富裕的坚实物质基础，推动全人类实现共同发展。从这个意义上讲，习近平总书记关于共同富裕的重要论述将在引领世界经济发展、促使全球经济增长更加包容、促进有关国家实行联动发展、推动全球经济发展更加平衡等方面发挥重要的指引作用。

　　总之，习近平总书记关于共同富裕的重要论述，植根于马克思主义共同富裕思想，不仅将共同富裕作为中国式现代化新道路的重要目标与特征，还将"中国梦"与"世界梦"有机联系起来，在为中国人民谋幸福、为中华民族谋复兴的同时，为世界"谋大同"，为发展中国家的发展提供借鉴，为解决贫富分化的世界性难题、推动世界各国实现共同繁荣发展提供科学指引。

强化共同富裕的制度保障

从古至今，人们一直在上下求索，试图建立起实现共同富裕的制度机制。近代以来，为实现救亡图存，中国几乎探索实施了人类社会已知的各种社会制度，然而这些探索都以失败而告终。中国共产党自成立以来，在带领人民进行革命、建设和改革的历史进程中，科学总结借鉴世界各国推进民富国强的历史经验，深刻认识到只有在社会主义制度下才能实现共同富裕。经过百余年特别是改革开放以来40余年的不懈探索，终于找到了一条通过中国特色社会主义制度实现共同富裕的正确道路。进入新发展阶段，推进共同富裕需要解决的问题会越来越多样，面临的形势会越来越复杂，必须保持战略定力，进一步巩固和完善中国特色社会主义制度，为推动共同富裕取得更为明显的实质性进展提供坚强制度保障。本章重点关注党的领导根本制度、基本经济制度和社会保障制度这三个方面的制度。其中，党的领导根本制度，确保共同富裕始终沿着正确方向前进，"一张蓝图绘到底"，能够充分发挥党的集中统一领导优势，总揽全局、协调各方，实现"全国一盘棋"，有效防范化解重大风险挑战，是实现全体人民共同富裕的根本政治保证；公有制为主体、多种所有制经济共同发展，按劳分配为主体、多种分配方式并存，社会主义市场经济体制等社会主义基本经济制度，在充分调动各种生产要素所有者积极性、促进生产力发展的同时，也致力于促进社会公平正义，为实现共同富裕提供了重要的基础性经济制度保证；社会保障制度，有利于削减贫困、改善收入再分配状况、促进人的全面发展，是实现共同富裕的基础性制度安排。

<table>
<tr><td>第
一
节</td><td># 中国特色社会主义制度是实现
共同富裕的根本保障</td></tr>
</table>

第一节
中国特色社会主义制度是实现共同富裕的根本保障

制度是管根本、管长远的。实现共同富裕，就要不断提升国家治理的整体效能，发挥中国特色社会主义制度的显著优势。经过长期努力，我国已经形成以中国共产党领导制度为统领、凸显各方面体制优势、汇聚整体效能的科学制度体系，这一制度体系在推动共同富裕过程中发挥了极为重要的作用。其中，坚持和完善党的领导根本制度，发挥党的集中统一领导优势，统筹兼顾、协调各方，"全国一盘棋"，是实现全体人民共同富裕的政治保证；公有制为主体、多种所有制经济共同发展，按劳分配为主体、多种分配方式并存，社会主义市场经济体制等社会主义基本经济制度，既体现了社会主义制度优越性，又同我国社会主义初级阶段社会生产力发展水平相适应，为全体社会成员共同推动生产力发展、共同拥有社会财富提供了制度保证。

一、制度是关系党和国家事业发展的根本性、全局性、稳定性、长期性问题

制度为党和国家事业发展提供根本性的保障。所谓"制度"，主要指在政治、经济、法律、文化等方面形成的体制和体系以及要求全社会成员共同遵守的、按一定程序办事的规程或行动准则。制度具有其他治理方式所不具备的重要功能和特征：一是具有根本性和全局性。制度具有管方向、管大局、管长远的重要作用，致力于从系统和全局层面解决党和国家事业发展中的关键问题

和突出矛盾。二是具有指导性、规范性和约束性。制度把重要经验做法固化下来，以成文法形式保存、传递和再现经验，规定了相关机构和人员的权利、义务和行为方式及其边界，其产生、修改和废止均需要经过规范的程序，一经建立，就具有确定性、稳定性、权威性和强制性，不因领导人以及领导人看法和注意力的改变而改变。三是具有凝聚共识和协调利益关系的功能。制度能够凝聚共识、调节行为、规范关系，平衡处理好当前利益与长远利益、局部利益与整体利益等重大关系，凝聚全体人民的共识，反映全体人民最根本的利益诉求，能够促进全党全社会形成统一指导思想、共同理想信念、强大精神力量和基本道德规范，充分激发全国各族人民的力量和智慧，充分释放社会活力，汇聚起实现共同富裕的磅礴伟力。总之，在推进党和国家事业发展的伟大征程中，只有制度才能提供根本性的保障。

中国共产党向来重视发挥制度在国家治理中的重大作用。"凡将立国，制度不可不察也""经国序民，正其制度""小智治事，中智治人，大智治制"，都突出反映了中国古代先贤对制度的深刻思考。中国共产党始终高度注重制度建设，在领导人民进行革命、建设、改革的伟大历程中，始终把制度建设放在重要位置，强调通过调整体制机制、加强法规制度建设解决前进道路上遇到的突出问题和矛盾。早在新民主主义革命时期，我们党就对法律制度建设进行了初步探索。新中国成立后，建立了社会主义基本政治制度和基本经济制度，为实现中华民族伟大复兴奠定根本政治前提和制度基础。但在社会主义建设时期，受发展阶段以及特定政治、历史环境的影响，党和国家对制度建设的重大作用认识不够深刻，一度忽视了制度建设，一些重要制度建设滞后。改革开放以来，党对历史进行全面总结和深刻反思，提出加强社会主义民主和法制建设，对制度建设地位和作用的认识不断深化。党的十八大以来，以习近平同志为核心的党中央把制度建设摆在更加突出位置，坚持和完善中国特色社会主义制度，推进国家治理体系和治理能力现代化，深化各领域各方面体制机制改革，推动各方面制度更加成熟、更加定型，为党和国家兴旺发达、长治久安提供坚实的制度保障。

二、只有中国特色社会主义制度才能为实现共同富裕提供根本保障

党在领导人民进行百余年奋斗的历史进程中，探索形成了符合我国国情、具有强大生命力和巨大优越性的中国特色社会主义制度，这套科学的制度体系不仅是我国创造经济快速发展奇迹和社会长期稳定奇迹的重要原因，也是实现共同富裕的根本制度保证。

实现共同富裕是社会主义制度的根本追求。马克思和恩格斯认为，只有在社会主义制度下，才能避免两极分化，促进生产力发展和人的全面发展。离开了社会主义制度这个根本前提，就谈不上共同富裕。列宁也指出："只有社会主义才可能广泛推行和真正支配根据科学原则进行的产品的社会生产和分配，以便使所有劳动者过最美好的、最幸福的生活。只有社会主义才能实现这一点。而且我们知道，社会主义一定会实现这一点。"[1]可见，在马克思主义经典作家眼中，社会主义制度与共同富裕之间存在必然联系，具有高度的内在统一性。中国共产党自成立以来，始终把社会主义制度的建设与发展、实现全体人民的共同富裕作为一以贯之的追求。毛泽东强调，只有社会主义道路"是一条由穷变富的道路"[2]，"资本主义道路，也可增产，但时间要长，而且是痛苦的道路。我们不搞资本主义，这是定了的"[3]。进入改革开放时期，邓小平指出："社会主义的本质，是解放生产力，发展生产力，消灭剥削，消除两极分化，最终达到共同富裕。"我们不断探索完善社会主义制度，鼓励一部分人、一部分地区先富起来，以先富带后富，统筹处理好效率与公平之间的关系，积极创造条件推动解决地区差距、城乡差距和收入差距问题，不断把全体人民共同富裕事业推向前进。进入新时代，以习近平同志为核心的党中央在推进中国特色社会主义制度更加成熟、更加定型的过程中，坚持以人民为中心的发展思想，把满足人民对美好生活的向往、实现全体人民共同富裕作为我们党的奋斗目

---

① 《列宁选集》第3卷，人民出版社2012年版，第546页。

② 中共中央文献研究室编撰：《毛泽东年谱（1949—1976）》第2卷，中央文献出版社2013年版，第29页。

③ 《毛泽东文集》第6卷，人民出版社1999年版，第299页。

标。可见，我们党在团结带领人民推进共同富裕的历史进程中，深刻认识到只有锲而不舍始终推进共同富裕才能巩固和完善社会主义制度，只有在推进社会主义制度发展和完善的过程中才能逐步实现全体人民的共同富裕。

只有在中国特色社会主义制度支撑保障下才能实现共同富裕。在社会主义革命和建设时期，我们党从国情世情出发，探索建立了人民代表大会制度、中国共产党领导的多党合作和政治协商制度、社会主义基本经济制度等，为中华民族实现从站起来到富起来的伟大飞跃奠定了制度基础。改革开放以来，通过体制机制的改革创新，中国特色社会主义制度逐步走向完善，形成了一整套严密、完整、系统的制度体系，囊括党的领导制度体系、人民当家作主制度体系、中国特色社会主义法治体系、中国特色社会主义行政体制、社会主义基本经济制度、繁荣发展社会主义先进文化的制度、统筹城乡的民生保障制度、共建共治共享的社会治理制度、生态文明制度体系、党对人民军队的绝对领导制度、"一国两制"制度体系、独立自主的和平外交政策、党和国家监督体系等13个方面。[①]正是在这套科学制度体系的支撑保障下，我们党团结带领人民在中华大地上全面建成了小康社会，历史性地解决了绝对贫困问题，在推进共同富裕方面迈出了坚实步伐。习近平总书记强调："新中国70年取得的历史性成就充分证明，中国特色社会主义制度是当代中国发展进步的根本保证。"[②]当前，我国仍处于社会主义初级阶段，中国特色社会主义制度构成了实现共同富裕的强大社会制度基础，是新时代推进共同富裕的必然要求和根本遵循。

中国特色社会主义制度在实现共同富裕过程中发挥着不可替代的重要作用。中国特色社会主义制度是一个涵盖多个层次和领域的制度体系，与实现共同富裕均存在着或直接或间接的联系。中国特色社会主义制度体系由根本制度、基本制度和重要制度构成。其中，根本制度是在中国特色社会主义制度中起顶层决定性、全域覆盖性、全局指导性作用的制度，主要包括根本领导制度、根本政治制度、根本文化制度和根本军事制度，即党的领导制度、人民代

---

① 《中共中央关于坚持和完善中国特色社会主义制度　推进国家治理体系和治理能力现代化若干重大问题的决定》，人民出版社2019年版。

② 《中共中央关于坚持和完善中国特色社会主义制度　推进国家治理体系和治理能力现代化若干重大问题的决定》，人民出版社2019年版，第45—46页。

表大会制度、马克思主义在意识形态领域指导地位的制度和党对人民军队的绝对领导制度，具有统领地位的是党的领导制度；基本制度是通过贯彻和体现国家政治生活、经济生活的基本原则对国家经济社会发展等发挥重大影响的制度，包括中国共产党领导的多党合作和政治协商制度、民族区域自治制度、基层群众自治制度等基本政治制度以及"公有制为主体、多种所有制共同发展，按劳分配为主体、多种分配方式并存，社会主义市场经济体制"三大基本经济制度；重要制度是由根本制度和基本制度派生而来的、国家治理各领域各方面各环节的具体的主体性制度，包括经济、政治、文化、社会、生态、法治、党的建设等多方面的体制机制等，上接国家治理顶层，下连社会基层，涵盖社会生产生活的方方面面。党的领导制度体系特别是党的领导根本制度、人民当家作主制度体系、基本经济制度、统筹城乡的民生保障制度等在实现共同富裕中发挥了根本性、基础性保障作用。

三、不断发展完善中国特色社会主义制度为共同富裕提供更加有力的制度保障

进入新发展阶段，推进共同富裕的任务繁重，面临的风险挑战日益增多，必须进一步发展和完善中国特色社会主义制度，在改革创新中推动制度优势更好转化为治理效能，为共同富裕提供更加坚强有力的制度保障。

中国特色社会主义制度正是在不断发展完善中为实现共同富裕提供了可靠保障。制度的稳定连续和制度的发展完善是辩证统一的关系，制度稳定连续是制度发展完善的前提，只有不断通过改革创新促进制度的发展完善，才能更好保持制度的稳定连续。实现共同富裕是一个长期的、动态的历史过程，只有与时俱进推进中国特色社会主义制度创新发展才能为其提供动态的制度保障。新中国成立以来，党带领人民确立了根本制度和基本制度，坚持守正创新，在保持根本制度、基本制度不变的前提下，不断从重要制度、一般制度和体制机制等层面探索根本制度和基本制度的新的实现形式，推动根本制度和基本制度不断适应新的形势，不断走向完善。正因此，中国既没有走前苏联放弃社会主义根本制度和基本制度、改旗易帜的邪路，也没有继续走单一公有制主导的计划

经济老路，而是走出了一条符合国情、能够让中国人民走上共同富裕康庄大道的中国特色社会主义道路。

中国特色社会主义制度只有不断自我发展完善，才能在新征程上永葆推动共同富裕的生机活力。从世界历史进程看，社会主义制度作为一种新的社会制度，将长期处于实践和发展之中。党的十九届四中全会专门研究坚持和完善中国特色社会主义制度、推进国家治理体系和治理能力现代化问题，提出与时俱进完善和发展的前进方向和工作要求，强调："推进全面深化改革，既要保持中国特色社会主义制度和国家治理体系的稳定性和延续性，又要抓紧制定国家治理体系和治理能力现代化急需的制度、满足人民对美好生活新期待必备的制度，推动中国特色社会主义制度不断自我完善和发展、永葆生机活力。"[1]共同富裕是中国式现代化的重要特征和中国特色社会主义的根本原则，是我国全面建设社会主义现代化国家要实现的重要目标。进入新发展阶段，要推动共同富裕取得更为明显的实质性进展，不仅要保持中国特色社会主义制度和国家治理体系的稳定性和延续性，而且要结合我国生产力发展水平、发展阶段、环境条件变化和人民对美好生活的需要，不断增强其发展性和创新性，从体制机制、重要制度甚至是基本制度层面健全完善中国特色社会主义制度体系，推动中国特色社会主义制度更加成熟、更加定型，为扎实推动共同富裕提供一整套更完备、更稳定、更管用的制度体系。例如，近年来，我国在坚持和完善社会主义基本经济制度的同时，提出"构建初次分配、再分配、第三次分配协调配套的制度体系"，进一步丰富了"按劳分配为主体、多种分配方式并存"基本分配制度的实现形式，在分配领域进一步筑牢了实现共同富裕的制度基础。

---

① 《中共中央关于坚持和完善中国特色社会主义制度　推进国家治理体系和治理能力现代化若干重大问题的决定》，人民出版社2019年版，第44页。

第一节

坚持党的领导根本制度

党的十九届四中全会强调："中国共产党领导是中国特色社会主义最本质的特征，是中国特色社会主义制度的最大优势，党是最高政治领导力量。"[①]必须坚持党的领导根本制度不动摇，坚决维护党中央权威和集中统一领导，充分发挥党的领导政治优势，把党的领导落实到共同富裕各领域各方面各环节，使党成为全体人民实现共同富裕最可靠的主心骨，确保始终沿着正确方向前进，确保拥有团结奋斗的强大政治凝聚力、发展自信心，为实现共同富裕提供根本政治保证。

一、坚持党的领导根本制度，坚定不移走中国特色社会主义共同富裕道路

道路问题是关系党的事业兴衰成败第一位的问题。党的领导、中国特色社会主义和共同富裕三者具有高度的内在统一性，只有坚持党的领导根本制度，才能确保始终沿着中国特色社会主义共同富裕道路前进。

要深刻理解党的领导与坚持中国特色社会主义、实现共同富裕之间的内在统一性。中国共产党领导是中国特色社会主义固有的根本属性，是中国特色社

---

① 《中共中央关于坚持和完善中国特色社会主义制度　推进国家治理体系和治理能力现代化若干重大问题的决定》，人民出版社2019年版，第6页。

会主义最鲜明的标识。2022年3月，习近平总书记在参加十三届全国人大五次会议内蒙古代表团审议时提出了"五个必由之路"的重要论断，把"坚持党的全面领导是坚持和发展中国特色社会主义的必由之路"放在"五个必由之路"的首要位置，深刻揭示了党的领导与中国特色社会主义的关系。中国特色社会主义是社会主义，不是别的什么主义。究其根本，在于中国共产党的领导。中国共产党自成立以来，就始终践行"为中国人民谋幸福、为中华民族谋复兴"的初心使命，坚持科学社会主义的方向与原则，把共同富裕作为党长期追求的奋斗目标。在长期的革命、建设和改革实践中，我们党以伟大自我革命引领伟大社会革命，深刻总结正反两方面经验，历经千辛万苦，终于找到了中国特色社会主义道路这条适合我国当前发展阶段、符合我国国情、能够实现共同富裕的唯一正确道路。在这条道路的科学指引下，党领导人民组织实施了人类历史上规模最大、力度最强的脱贫攻坚战，历史性地解决了绝对贫困问题，在中华大地上全面建成了小康社会，党和国家事业取得历史性成就、发生历史性变革，为实现共同富裕奠定了坚实的物质基础，彰显了中国特色社会主义的强大生机活力。与此相反，世界上许多国家要么缺乏具有强大领导力、组织力和执行力的政党和国家力量，要么缺乏稳定可期的实现共同富裕的制度和政策，以致落入"贫困陷阱"或"中等收入陷阱"难以自拔，尤以前苏联和东欧国家最为典型。前苏联和东欧国家的激进式改革从根本上否定了原有的社会主义制度，试图通过移植西方的民主政治制度和市场经济体制来快速实现转型，以求尽快达到西方发达国家的发展水平，结果却彻底瓦解了党的领导能力和国家能力，造成了经济崩溃和社会混乱，更遑论出台具有稳定性和可预期性的让经济发展、人民富裕的制度和政策。历史和实践充分证明，只有坚持党的领导，才能坚持中国特色社会主义不变色、不变质，才能始终沿着中国特色社会主义共同富裕道路前进。

在新发展阶段，必须旗帜鲜明坚持和加强党的领导，牢记中国共产党是什么、要干什么这个根本问题，健全不忘初心、牢记使命的制度，完善坚定维护党中央权威和集中统一领导的各项制度，健全党的全面领导制度，健全为人民执政、靠人民执政各项制度，健全提高党的执政能力和领导水平制度，完善全面从严治党制度，通过制度和体制机制的完善不断巩固和加强党的领导，统一全党全社会推进共同富裕的认识和行动，坚决清除侵蚀党的领导根本制度、马克思主义在意识形态领域指导地位的根本制度等的错误思潮，坚持道不变、志不改，既不走封闭僵化的老路，也不走改旗易帜的邪路，进一步坚持和发展好中国特色社会主义，确保始终沿着中国特色社会主义共同富裕道路奋勇前行，决不在道路问题、根本性问题上犯颠覆性错误。[①]

二、坚持党的领导根本制度，在共同富裕道路上坚持"一张蓝图绘到底"

实现共同富裕是一个长期目标，不可能一蹴而就。只有坚持党的领导根本制度，才能确保在共同富裕道路上始终保持战略清醒和战略定力，以咬定青山不放松的执着奋力实现共同富裕的战略目标。

坚持党的领导是我国在推进共同富裕进程中能够始终坚持"一张蓝图绘到底"的根本原因。中国共产党始终代表中国最广大人民根本利益，统筹考虑当前利益同长远利益、局部利益同整体利益，有效整合社会各方面利益诉求，对推进共同富裕作出系统谋划和顶层设计，充分发挥强大的政治领导力、思想引领力、群众组织力、社会号召力，一以贯之地接续推进共同富裕事业。百余年来，我们党始终为实现民族独立、人民解放和国家富强、人民幸福而不懈奋斗，既谋划长远，又干在当下，一张蓝图绘到底，一茬接着一茬干。新中国成立之初，毛泽东同志就提出了我国发展富强的目标，指出"这个富，是共同的富，这个强，是共同的强，大家都有份"。我们党团结带领人民确立了社会主义根本政治制度，完成土地改革，进行社会主义改造，建立起社会主义经济制度，启动社会主义现代化建设，建立起一个独立的比较完整的工业体系和国民经济体系，为逐步实现共同富裕奠定了根本政治前提和制度基础。改革开放后，邓小平同志多次强调指出，"社会主义最大的优越性就是共同富裕"。党团结带领人民深刻总结新中国成立以来正反两方面经验，深刻揭示了社会主

---

① 《中共中央关于坚持和完善中国特色社会主义制度　推进国家治理体系和治理能力现代化若干重大问题的决定》，人民出版社2019年版，第6-9页。

义本质，确立了社会主义初级阶段基本路线，成功开创了中国特色社会主义道路。我们确立了社会主义初级阶段的基本经济制度，允许一部分人、一部分地区先富起来，通过先富带动后富，激发各方面活力，解放和发展社会生产力，为实现共同富裕奠定了雄厚的物质基础。①党的十八大以来，习近平总书记反复强调，共同富裕是中国特色社会主义的根本原则，实现共同富裕是我们党的重要使命；我们推动经济社会发展，归根结底是要实现全体人民共同富裕。在以习近平同志为核心的党中央坚强领导下，打赢脱贫攻坚战，在中华大地上全面建成了小康社会，创造了人类历史上的发展奇迹，为促进共同富裕创造了前所未有的条件。回望百余年历史，中国共产党在为人民谋幸福的伟大征程中，尽管每个阶段的工作重心、目标都有所不同，但实现共同富裕的初心使命和价值追求始终如一。历史和实践雄辩证明，只有坚持党的领导，宏大的战略擘画才能从蓝图变为现实，才能够始终一以贯之，不仅做到"一张蓝图绘到底"，还能做到"一张蓝图干到底"。

实现共同富裕是一项复杂性、艰巨性的战略任务，必须分阶段推进。党的十九大、十九届五中全会以及党的二十大，对新时代新阶段推进共同富裕作出重要战略部署，提出实现共同富裕的"三步走"战略：到"十四五"末，全体人民共同富裕迈出坚实步伐，居民收入和实际消费水平差距逐步缩小；到2035年，全体人民共同富裕取得更为明显的实质性进展，基本公共服务实现均等化；到本世纪中叶，全体人民共同富裕基本实现，居民收入和实际消费水平差距缩小到合理区间。站在新的历史方位，必须坚持党的领导根本制度，进一步完善组织体系、制度体系和工作体系，不断增强党的领导力、组织力和执行力，形成系统集成、精准施策、一抓到底推动共同富裕的工作格局，坚持"一张蓝图绘到底"，一步一个脚印，把新发展阶段我们党对共同富裕的战略擘画落到实处，如期实现共同富裕的战略目标。

---

① 《中共中央关于党的百年奋斗重大成就和历史经验的决议》，人民出版社2021年版，第15—16页。

三、坚持党的领导根本制度，在共同富裕道路上充分发挥中国特色社会主义制度优势

实现共同富裕，必须坚持党的领导根本制度，充分发挥中国特色社会主义制度优势，把各方面力量充分调动起来，不断提升国家治理的整体效能。

以党的领导为统领、充分发挥中国特色社会主义制度优势，是我们党破解发展难题、推进共同富裕取得重要进展的一条重要经验。中国共产党领导是中国特色社会主义制度的最大优势。我国国家制度和治理体系具有多方面的显著优势，其中，中国共产党领导是第一位的、首要的、起决定性作用的，统领着其他方面的优势，并贯穿于其他方面的优势中，是其他方面的优势存在和发挥作用的根本保证。离开了党的领导，其他显著优势都只能是无源之水、无本之木，都无法真正转化为国家治理效能。第一，在共同富裕道路上，只有坚持党的领导，对实现共同富裕的战略目标、实践途径、重大任务等进行顶层设计、系统布局，凝聚全党全国各族人民共识，统筹协调、整体推进重大工作部署，才能防止在涉及最广大人民根本利益的重大战略决策上久拖不决、局部利益相互掣肘。第二，只有坚持党的领导，才能发挥集中力量办大事的制度优势，充分调动各方面积极性，破解共同富裕面临的突出难题，实现先富带后富。面对地区差距、城乡差距、收入差距等发展不充分不平衡的问题，党中央能够宏观把握、统筹兼顾、协调各方，有效整合社会资源，组织和动员社会力量实施重大项目，实施城市反哺农村、区域发展援助、对口支援、扶助重点低收入群体等相关政策，实现"全国一盘棋"，采取措施逐步缓解三大差距，有效防止两极分化。第三，只有坚持党的领导，才能切实把人民当家作主政治制度、社会主义基本经济制度的优势充分发挥出来，调动政府、市场、社会等各方面力量，实现更具平衡性、协调性和包容性的高质量发展，在持续不断做大"蛋糕"的基础上分好"蛋糕"，促进社会公平正义，确保发展成果为全体人民所共享。

进入新发展阶段，要继续完善党的领导根本制度，全面加强党的领导，提高党把方向、谋大局、定政策、促改革的能力，确保充分发挥党总揽全局、协调各方的领导核心作用，以党的领导为统领，加快把中国特色社会主义制度优

势转化为国家治理效能。要坚持全国一盘棋，集中力量和资源，采取更加有力的举措统筹区域发展，构建以城市群、发展轴、经济区等为支撑的功能清晰、分工合理、各具特色、协同联动的区域发展新格局，建立更加有效的区域协调发展新机制，最终实现基本公共服务均等化、基础设施通达程度比较均衡、人民基本生活保障水平大体相当的目标，加快破解区域发展差距大的难题。"办好农村的事情，实现乡村振兴，关键在党。"要坚持和加强党对"三农"工作特别是乡村振兴工作的领导，坚持外力帮扶和激发内生动力、扶贫与"扶志""扶智"、"富口袋"与"富脑袋"相结合，充分发挥农民勤劳致富的积极性、主动性和创造性，扎实有序推进乡村发展、乡村建设、乡村治理重点工作，努力推动乡村振兴取得新进展、农业农村现代化迈出新步伐、农民共同富裕取得新进步，加快破解城乡发展差距大的难题。充分发挥党的领导和中国特色社会主义制度优势，建立完善推进共同富裕的基础性制度安排，特别是要完善分配制度，"限高、扩中、提低"，加快形成中间大、两头小的橄榄型分配结构，着力破解收入差距大的难题。

四、坚持党的领导根本制度，在共同富裕道路上有效防范化解重大风险挑战

实现共同富裕，必然要面对各种难以预料的重大挑战、重大风险、重大阻力、重大矛盾，必须坚持党的领导根本制度，统筹发展与安全，以制度建设的确定性应对发展的不确定性，有效防范化解重大风险挑战。

党的领导是有效应对共同富裕道路上各种风险挑战的根本保证。改革开放以来，我们不断加强党的领导，改进党的领导方式，始终保持战略清醒，不为任何风险所惧，不为任何干扰所惑，在坚持社会主义制度的根本前提下，探索公有制与市场经济相结合的方式，创造性提出构建社会主义市场经济体制，建设了一个世界上规模最大的社会保障体系，推动中国特色社会主义事业发展取得新成就；面对一部分人和一部分地区先富起来后导致地区差距、城乡差距、收入差距不断扩大的风险，党中央充分发挥党的领导和中国特色社会主义制度优势，先后果断启动实施西部大开发、东北全面振兴、中部地区崛起、城

乡统筹等发展战略。党的十八大以来，以习近平同志为核心的党中央先后部署实施京津冀协同发展、长江经济带发展、粤港澳大湾区建设、长三角一体化、黄河流域生态保护和高质量发展等国家区域重大战略，推进实施新型城镇化和乡村振兴战略，致力于缩小三大差距，对推动共同富裕作出重要战略部署；面对"中等收入陷阱"以及被发达国家围堵打压导致现代化进程可能被迟滞的风险，党中央加强党的集中统一领导，深入贯彻落实新发展理念，构建新发展格局，推动高质量发展，不断增强我国经济的生存力、竞争力、发展力、持续力，为实现共同富裕营造良好的战略环境和条件。实践充分证明，中国共产党的坚强领导，是中国人民战胜一切挑战、克服一切困难的根本保证，是风雨袭来时中国人民最可靠的主心骨。

当前，我国正处于实现中华民族伟大复兴的关键时期。实现共同富裕绝不是轻轻松松、敲锣打鼓就能实现的，前进道路上仍然存在可以预料和难以预料的各种风险挑战。世界进入新的动荡变革期，国内社会主要矛盾发生深刻变化，推进共同富裕面临"未富先老"、既得利益固化、新形式的贫富分化等风险挑战，涉及矛盾和问题之尖锐、斗争形势之复杂，都是前所未有的。越是形势复杂严峻，越要坚持党的领导根本制度，发挥好党的领导这个"定盘星"作用，统筹好国内国际两个大局，发扬斗争精神，树立底线思维，统筹发展与安全，防范化解实现共同富裕过程中的重大风险挑战，在实现更高质量、更有效率、更加公平、更可持续、更为安全的发展中推动共同富裕不断取得实质性进展。

<table>
<tr><td>第
三
节</td><td>

坚持公有制为主体、多种所有制经济共同发展的所有制制度

</td></tr>
</table>

公有制为主体、多种所有制经济共同发展的所有制制度，是中国特色社会主义制度的重要组成部分，是实现共同富裕的根本经济制度前提。实现共同富裕，必须毫不动摇巩固和发展公有制经济，毫不动摇鼓励、支持、引导非公有制经济发展。

一、毫不动摇巩固和发展公有制经济

公有制经济为实现高质量发展、维护全体人民共同利益和根本利益、避免社会两极分化提供了根本经济制度保障。实现共同富裕，必须毫不动摇巩固和发展公有制经济。

（一）公有制经济是实现共同富裕的根本经济制度前提

公有制经济为实现共同富裕提供了根本经济制度保障，离开公有制经济的经济制度基础，共同富裕就不可能实现。

首先，坚持公有制为主体的根本经济制度是解决分配不公、防止两极分化的根本性举措。只有毫不动摇巩固和发展公有制经济，才能从经济基础上保证实现共同富裕。实行生产资料的公有制是社会主义经济制度区别于资本主义经济制度的根本标志。所有制关系决定分配关系，生产资料归谁所有决定财富如何分配。只有毫不动摇巩固和发展公有制经济，才能保证生产资料、财产占有

的公有性质，才能从根源上消灭剥削、消除两极分化，从而达到共同富裕。迄今为止的人类社会历史一再印证，私有制是产生两极分化、阶级剥削、阶级对立的根源。资本主义私有制在快速推进生产力发展的同时，也造成了显著的两极分化，不改变生产资料和财产的私有性质，仅通过税收、转移支付等再分配手段和福利制度进行纠正，只能实现部分群体的富裕，而不能实现全体人民的共同富裕。即便在当今最发达的美国，贫富分化也是无法避免的。根据皮凯蒂的研究，2010年至2011年，美国最上层10%的人群占有美国财富的72%，而最底层的半数人口仅占美国财富的2%。[①]

其次，公有制经济是实现高质量发展的基础。只有大力发展生产力，才能不断巩固和完善社会主义制度，才能创造更多社会财富，满足人民对美好生活的向往，最终实现共同富裕。公有制经济特别是国有经济，经过多年的改革发展，已经成为中国先进生产力的代表，不仅掌握着规模巨大的优质资产，拥有一批高素质劳动者，而且还掌握着土地、资本、技术、数据等重要生产要素、重要能源资源和先进生产工具，不断推动着生产方式变革和高质量供给实现，在推动生产力发展、供给侧结构性改革方面扮演着重要角色。

最后，公有制经济是维护全体人民共同利益和根本利益、确保社会公平正义的根本依托。满足人民对美好生活的向往，实现好、维护好、发展好最广大人民根本利益是发展的根本目的。只有毫不动摇巩固和发展公有制经济，保持公有制经济的主体地位，才能确保国有经济在公益服务、基础设施、战略产业等领域有效投资和运营，充分发挥其在稳定和增加就业、保障社会福利和提供公共服务上的作用，增强国家进行收入再分配和转移支付的经济实力。只有公有制占主体地位，才能做到从全体人民共同利益和根本利益、长远利益出发，集中全社会的资源和力量，实施有效的宏观经济治理，"全国一盘棋"集中力量解决共同富裕道路上的重大问题。只有继续发展和完善集体经济，在不改变农村土地集体所有制的前提下，推进"三权分置"改革，才能不断激发农民勤劳致富的积极性，促进农民增收，加快迈向共同富裕。

---

① ［法］托马斯·皮凯蒂：《21世纪资本论》，巴曙松等译，中信出版社2014年版，第263—264页。

（二）毫不动摇巩固和发展公有制经济是党推进实现共同富裕的重要经验

新中国成立以来，我国公有制经济蓬勃发展，社会主义公有制的主体地位日益巩固，为实现共同富裕奠定了坚实的制度基础和经济基础。实践充分证明，实现共同富裕，必须毫不动摇巩固和发展公有制经济。

新中国成立后，我国通过社会主义改造确立了社会主义公有制，其实现形式在城市为国营经济和集体经济，在农村为集体性质的人民公社，在社会主义公有制的保障支持下，在短短二十几年时间里，我国就建立起初步的、比较完整的工业体系和国民经济体系，实现了从落后的农业国向初步的工业国的转变。但这种单一的公有制形式脱离了我国生产力总体水平较低的实际，同时也导致了资源配置效率的低下，抑制了经济主体的积极性，束缚了生产力的发展。改革开放后，党对社会主义公有制主体地位的认识不断深化，积极探索国家所有制、集体所有制、合作制、股份合作制、混合所有制等公有制实现形式。党的十八大以来，党探索公有制多种实现形式，推进国有经济布局优化和结构调整，发展混合所有制经济，增强国有经济竞争力、创新力、控制力、影响力、抗风险能力，做强做优做大国有资本；在农村进一步坚持和完善农村基本经营制度，扎实开展农村集体土地所有权、承包权、经营权"三权分置"改革，不断落实所有权、保护承包权、放活经营权。深化农村集体产权制度改革，发展农村集体经济，推动集体经济组织多元化发展，在广大农村地区避免了两极分化的产生。通过毫不动摇巩固和发展公有制经济，不断创新公有制实现形式，我们走出了一条不通过全盘私有化来培育多元市场主体的新途径，实现了公有制经济与市场经济的有效结合。公有制经济成为社会主义现代化建设的中坚力量，为推动高质量发展、改善人民生活、推动实现共同富裕作出了突出贡献，是实现广大人民群众根本利益和共同富裕的重要保证。

（三）新发展阶段要继续毫不动摇巩固和发展公有制经济

进入新发展阶段，必须立足我国仍处于社会主义初级阶段的实际，坚持毫不动摇巩固和发展公有制经济，充分发挥公有制经济在实现共同富裕中的重要作用。

　　理直气壮地发展壮大国有经济，扎实推动共同富裕。国有经济是社会主义公有制的重要形式，巩固公有制主体地位必须加快发展壮大国有经济，推动国有经济实现质与量的提升，这是巩固公有制主体地位、更好发挥社会主义公有制促进共同富裕优势的基础和前提。新发展阶段要发挥好国有经济在促进共同富裕中的重大作用：一是发挥好国有企业在高质量发展、财富创造中的作用。要做强做优做大国有资本和国有企业，适应市场化、国际化新形势，以规范经营决策、资产保值增值、公平参与竞争、提高企业效率、增强企业活力、承担社会责任为重点，进一步深化国资国企改革，推动国有企业加快贯彻新发展理念、推动高质量发展，进一步改进生产方式，加快转型发展和科技创新突破，强化科技自立自强，建设安全高效的现代化产业链供应链，为社会提供更多优质产品、创造更多优质财富，不断把"蛋糕"做大。二是发挥好国有企业在收入分配中的作用。国有企业要率先垂范，深化工资内部分配制度改革，完善市场化薪酬分配机制，普遍实行全员绩效管理，推动分配向作出突出贡献人才和一线关键岗位倾斜；要做好再分配改革，扩大征缴利润国有企业覆盖面，适度提高垄断性国有企业利润上缴比例，推动上缴利润更多进入公共财政；探索构建国有企业深度参与公益慈善的新机制，履行好新时代国企社会责任。三是发挥好国有企业在保障和改善民生中的作用。推动国有经济更多进入教育、医疗、住房、社保等公共民生领域，在就业、失业保障、安全防护、劳动者权益保护、生态文明建设等方面发挥主体作用，积极承担更多社会责任。四是发挥好国有企业在缩小城乡区域差距中的作用。推动国有经济布局优化和结构调整，加大对农村地区、中西部地区和革命老区、边疆地区、少数民族地区投资力度，通过带动就业、提供利税、增加收入等方式让农民、欠发达地区人民共享经济发展成果。

　　推进集体经济高质量发展，扎实推动共同富裕。共同富裕是全体人民的共同富裕，"促进共同富裕，最艰巨最繁重的任务仍然在农村"[1]。集体经济是社会主义公有制的重要组成部分，农村集体经济发展对于巩固公有制主体地位、

---

① 习近平：《扎实推动共同富裕》，《求是》2021年第20期。

解决农民就业和提高农民收入、促进广大农民共同富裕具有重要作用。要加强创新探索，以融合发展为主攻方向，因地制宜发展特色农业，培育发展一批龙头企业，推动农产品深加工和一二三产业融合发展，探索农村集体经济发展新路径，促进农民就近就业，为广大农民致富创造更多机会。要持续深化农村集体产权制度改革，大力推动农村"三变"改革，实现资源变资产、资金变股金、农民变股东，完善产权权能，将经营性资产量化到集体经济组织成员，有效盘活集体资产资源，发展壮大新型农村集体经济，不断拓宽农民增收渠道。鼓励农村集体经济组织与企业开展规模种养、乡村工业、产销合作、农产品加工、农旅融合、综合开发等多种类型的村企合作，引导企业、集体经济组织和农户完善利益联结机制，实现利益共享。鼓励农村集体经济组织领办创办各类合作社，推广"农村集体经济组织+合作社+农户"经营模式，带动新型经营主体、小农户共同发展，充分激发集体经济活力，把集体经济打造成为农民实现共同富裕的有效载体。

二、毫不动摇鼓励、支持、引导非公有制经济发展

非公有制经济作为社会主义经济制度的重要组成部分，在就业创造、技术创新、税收创造、民生改善等方面发挥着重大作用，是推动共同富裕的重要力量。实现共同富裕，必须毫不动摇鼓励、支持、引导非公有制经济发展。

（一）非公有制经济是实现共同富裕的重要力量

改革开放以来，以民营经济为主体的非公有制经济从无到有、从小到大、从弱到强，已成为国民经济的重要组成部分，是实现共同富裕的重要力量。首先，非公有制经济创造了大量就业岗位。就业是最大的民生，是劳动者勤劳致富、创造美好生活的重要途径。只有让更多的人实现稳定、高质量的就业，才能提高居民收入和劳动报酬在收入分配中的比重，才能打破阶层固化、实现社会流动，不断扩大中等收入群体，逐步实现共同富裕。非公有制经济市场主体多、覆盖面广、业态丰富、用工机制灵活，创造就业能力强，特别是提供了大量"三新"就业岗位，这是大多数人勤劳致富的基本途径。其次，非公有制经

济有利于解放和发展生产力、推动高质量发展。我国仍处于社会主义初级阶段，生产力水平还没有达到高度发达的状况，必须要发挥各种所有制经济的优势，让一切劳动、资本、土地、知识、技术、管理、数据等要素活力竞相迸发，让一切创造财富的源泉充分涌流。在一定的条件下，非公有制经济具有公有制经济不可替代的优势，如产权明晰、反应灵活、适应竞争能力强等。正因此，改革开放以来，非公有制经济得到长足发展，广泛分布于国民经济的各个领域，已成为经济增长的重要动力、社会财富的主要创造者。非公有制经济市场主体在市场竞争中发展壮大，创新意识强，经过多年发展，持续培育造就了一大批竞争能力强的龙头企业和创新型企业，已成为创新的重要载体和高质量发展的重要推动力量。2021年度中国500强企业中，民营企业数量达到235家，接近一半，共有31家民营企业入围世界500强。独角兽企业在科技创新和商业模式创新中发挥着独特而重要的作用，它们大多为民营企业。长城战略咨询发布的《2019年中国独角兽企业研究报告》显示，2019年我国独角兽企业218家，总估值7964亿美元，平均估值36.5亿美元，其中69家分布于新一代信息技术、医疗健康、新能源汽车、智能网联、新材料、新能源等前沿科技领域，拥有有效发明专利的独角兽企业113家。[①]最后，非公有制经济在收入分配中发挥着重要作用。非公有制经济在提供就业、为劳动者提供收入的同时，促进一部分人、一部分地区先富起来，发挥了示范效应；非公有制经济不断做大了"蛋糕"，创造了大量税收，为政府进行再分配提供了财力支撑；非公有制经济在推动脱贫攻坚、第三次分配中发挥了重要作用。全国工商联发布的《中国民营企业社会责任报告（2021）》显示，截至2020年底，进入"万企帮万村"精准扶贫行动台账管理的民营企业有12.7万家，精准帮扶13.91万个村、产业投入1105.9亿元、公益投入168.64亿元、安置就业90.04万人、技能培训130.55万人，共带动和惠及1803.85万建档立卡贫困人口。民营企业积极参加光彩行、南疆行等活动，累计投资金额达3727.17亿元。民营企业一直是我国慈善捐赠的主力军，2020年共捐赠630.84亿元，占总捐赠额的51.8%。总之，中国的非公有制经济是在中国特色社会主义市场经济的深厚土壤中成长起来的，民营经济贡献50%以上的税收、

---

① 胡家勇：《奠定高质量发展的所有制基础》，《南开经济研究》2021年第1期。

60%以上的GDP、70%以上的技术创新、80%以上的城镇劳动就业和90%以上的新增就业和企业数量。走向共同富裕，离不开非公有制经济的发展，离不开民营企业和民营企业家的参与。

（二）正确认识非公有制经济对共同富裕的促进作用

当前思想理论界对非公有制经济促进共同富裕的作用仍有一些错误的理解，需要加以注意。一是形而上学地看待非公有制经济的作用。一些人只看到了非公有制经济"善"的一面，主张非公有制经济比重越高越好，抛开社会主义基本经济制度谈论发展非公有制经济问题，没有认识到非公有制经济特别是生产资料的私人占有与生产社会化之间存在的矛盾，会不可避免地导致两极分化；另一些人则只看到了非公有制经济"恶"的一面，没有看到非公有制经济激发经济活力、提高经济效率、推动生产力发展的另一面，特别是没有看到非公有制经济和中小微企业已经成为集成技术、人力资本、知识、数据等要素的重要载体，在新业态和新商业模式中发挥着主力军作用这一基本事实。二是把国家对非公有制经济的合理合法引导视作是打压甚至是收割民营资本。近年来，随着平台经济的发展壮大，国家加强对平台企业的监管和反垄断、反不正当竞争执法，提出要为资本设置"红绿灯"，依法加强对资本的有效监管，防止资本野蛮生长，不断提升经济治理水平。一些人由此认为共同富裕是在"劫富济贫""收割民营资本"，甚至开始唱衰民营经济。这些观点没有认识到规范资本是社会主义市场经济发展的必然逻辑，任何现代市场经济国家都会依法对资本进行有效监管。一些企业热衷于搞负债经营，忽视产品质量和社会责任，存在制假售假、假冒伪劣、偷逃漏税等违法失信问题，严重危害市场秩序，侵害消费者和中小微企业利益；一些互联网平台企业利用监管漏洞，滥用市场支配地位，压制创新，限制市场竞争，套取超额垄断利润，还带来大数据"杀熟"、非法采集和贩卖用户数据信息、互联网欺诈等新型违规违法问题。及时对资本建规立制，不仅必要，而且正当其时。对资本的治理、对所有制的规范引导，针对的是各类违法失信和违规行为，对国有企业和民营企业等市场主体都是一视同仁的，最终目的是维护市场秩序、促进公平竞争、保障社会正义。三是把非公有制经济看作社会主义初级阶段经济发展的权宜之计。2018年下半年以来，社会上出现"民营经济离场论""新公私合营论"等一些否定、怀疑民营经济的言论。在2018年11月召开的民营企业座谈会上，习近平总书记强调："支持民营企业发展，是党中央的一贯方针，这一点丝毫不会动摇。"会议对"民营经济离场论""新公私合营论"以及认为"加强企业党建和工会工作是要对民营企业进行控制"的错误言论进行了批驳和澄清。发展民营经济是社会主义经济发展的长期方针，必须毫不动摇地鼓励、支持、引导非公有制经济发展。

（三）实现共同富裕要继续毫不动摇鼓励、支持、引导非公有制经济发展

习近平总书记强调，要"大力发挥公有制经济在促进共同富裕中的重要作用，同时要促进非公有制经济健康发展、非公有制经济人士健康成长"。在新发展阶段实现共同富裕，要始终坚持正确的发展方向，继续毫不动摇鼓励、支持、引导非公有制经济发展。

首先，要破除制约非公有制经济发展的体制机制障碍，为非公有制经济发展营造良好政策环境，继续发挥非公有制经济在解放和发展生产力中的重大作用。要以建立市场化法治化国际化营商环境为抓手，消除各种妨碍公平竞争的规定和做法，保障各种所有制经济和企业公平竞争，特别是要持续消除非公有制经济在市场准入以及经营发展过程中面临的各种显性和隐性壁垒，积极破除行政垄断、区域分割、地方保护主义，保障非公有制经济依法平等使用生产要素、公开公平公正参与市场竞争、同等受到法律保护的权利。要不断加大对民营企业和中小微企业的土地、财税、金融、人才等政策支持，切实降低企业经营成本，破解中小民营企业发展中面临的融资难融资贵、人才制约等突出问题。

其次，要鼓励、引导、支持非公有制经济加强改革创新，发挥其在高质量发展中的重大作用。支持非公有制经济特别是民营企业加快建立现代企业制度，面向世界科技前沿、面向经济主战场、面向国家重大需求、面向人民生命健康，聚焦主业、稳健发展，以高质量发展为主攻方向，加快转型升级，加快提升技术创新能力和核心竞争力。

再次，要构建"亲""清"新型政商关系，引导非公有制经济健康发展和非公有制经济人士健康成长。深化"放管服"改革，转变政府职能，提升政府服务意识和能力，构建政府与企业良性互动的协商机制，建立规范化机制化常态化政企沟通渠道，保持对非公有制经济特别是民营企业政策的可预期性、连续性和稳定性。注重加强对非公有制经济和非公有制经济人士的法治保障，以健全执法司法对民营企业的平等保护机制及保护民营企业和企业家合法财产为重点，着力完善法治制度，优化法治环境。要不断健全市场规则，强化反垄断、反不正当竞争与公平竞争执法，完善劳动者权益保障、消费者利益保护等社会制度，健全企业家诚信经营激励约束机制，为非公有制经济健康发展和非公有制经济人士健康成长营造良好环境。

最后，要着力破解制约非公有制经济参与共同富裕建设的体制机制障碍，引导非公有制经济特别是民营企业积极履行社会责任，构建和谐劳动关系、依法纳税、节约资源、保护生态、投身慈善事业，实现非公有制经济自身发展与共同富裕建设的有机统一，为实现共同富裕作出更大贡献。

三、促进公有制经济和非公有制经济融合共生发展

以公有制为主体、多种所有制经济共同发展是社会主义初级阶段所坚持的基本经济制度，坚持"两个毫不动摇"之间存在内在的逻辑联系，二者相辅相成、相互支持，统一于中国特色社会主义的伟大实践。实现共同富裕，必须促进公有制经济和非公有制经济融合共生发展。

（一）促进公有制经济和非公有制经济融合共生发展是实现共同富裕的重要前提

公有制经济与非公有制经济的共生发展是中国特色社会主义市场经济的重要特征，是实现共同富裕的重要前提。

首先，只有坚持公有制经济和非公有制经济融合共生发展，才能正确处理好效率与公平之间的关系。公有制经济和非公有制经济都是我国社会主义市场经济的重要组成部分，但二者发挥的作用不同。公有制经济的主体地位决定着

社会主义制度的性质，国有经济作为公有制经济的重要组成部分和国民经济的中坚力量，大多处于关系国民经济命脉的重要行业和关键领域及产业链的关键环节，这些重要行业和关键领域一般具有自然垄断、网络垄断或公共品性质，只有国有经济才能保证足额充分供给。国有经济占主导地位是坚持公有制经济主体地位的必然要求，对改善民生、遏制两极分化、促进共同富裕具有重大意义。而非公有制经济市场主体大多处于竞争性领域，大多以追求利润为目的，经营机制灵活，有利于解放和发展生产力、提高效率。公有制经济和非公有制经济合则两利、分则俱败，实现二者融合共生发展，有利于平衡处理好效率和公平之间的关系，调动各类生产要素所有者的积极性。

其次，公有制经济和非公有制经济融合共生发展是现代经济社会发展基本趋势，反映了生产社会化的一般规律。早在第二次世界大战之后，西方发达国家就出现了混合经济形态。不同所有制在产权层面上实现融合或混合是所有制演变的基本趋势。随着社会分工的不断深化和生产力水平的不断提升，现代社会的所有制形态从以"占有"为中心转变为以"使用"为中心，融合性特征日趋明显。特别是20世纪80年代以来，随着全球经济金融化进程的加快，所有权加速社会化，占有权、使用权、经营权、处分权、收益权随之分割，并由不同经济主体来行使。生产资料的实物形态日益转变为股权、债权、期权等以金融形态为载体的存在方式，促进了生产要素的流动、重组和配置。公有制和非公有制通过产权融合为一体，社会生产力由此得以大幅度提高。[1]改革开放以来，我国公有制经济和非公有制经济不断发展壮大，也在实践中形成了相互分工协作、相互交叉持股的混合所有制新形态，演变趋势与世界发展大趋势保持一致，反映了生产社会化的一般规律。

最后，只有公有制经济和非公有制经济融合共生发展，才能实现二者的协同并进，为实现共同富裕提供有力保障。经济系统发展到今天已经高度组织化，是一个复杂精巧的有机整体，公有制经济和非公有制经济已形成共生关系，互为对方发展的前提和基础，只有同时发展壮大，才能实现更高的生产力

---

[1]　刘尚希：《公有制与非公有制经济的共生是共同富裕的重要基础》，《秘书工作》2021年第12期。

水平和更均衡的财富分配。完全依赖单一的公有制经济，很容易造成效率低下、分配的平均主义和共同贫穷，已经被证明是走不通的老路；完全依赖非公有制经济，则会造成剥削和两极分化，只能实现少数人的富裕，不可能实现全体人民的共同富裕，也是走不通的邪路，这已为大多数西方国家的发展经验教训所证实。在坚持公有制经济为主体的同时，推动多种所有制经济共同发展，才能走出一条共同富裕的康庄大道。

（二）正确认识公有制经济和非公有制经济之间的关系

要辩证地而非形而上学地理解公有制经济与非公有制经济之间的关系。经过长期发展，公有制经济与非公有制经济、国有经济和民营经济已经形成了互补共生、协同共进的关系，而不是此消彼长、相互替代的关系。习近平总书记在多个重要场合频频强调"两个毫不动摇"，但社会上甚至理论界仍存在一些对公有制经济和非公有制经济关系的错误认识，如"民营经济离场论""国进民退"等，制约了"两个毫不动摇"的进一步推进落实。无论是"国进民退论""国退民进论"还是"民营经济离场论"，都认为公有制经济和非公有制经济特别是国有经济和民营经济是替代和对立关系。"国进民退论"没有具体分析国有经济挤出民营经济的背景和条件，认为只要国有经济进入市场，民营经济就只能退出市场，这种认识不仅错误，而且有害。"国退民进论"认为国有企业依赖政府行政力量垄断资源，对市场干预过多，导致了市场竞争不公平，主张国有企业应当退出竞争性或营利性领域，专门从事私营企业不愿参与或无法经营的公共产品供给，避免"与民争利"。①更有甚者，一些学者仅根据部分行业、局部领域、部分地区出现的"国进民退"现象，就武断地认为中国的社会主义市场经济体制改革出现了倒退。"国进民退论"和"国退民进论"，究其实质均把"国"与"民"、"公"与"非公"放在对立位置，根本目的是试图彻底否定公有制经济或者非公有制经济。实际上，公有制经济与非公有制经济、国有经济和民营经济已经形成互补共生关系，社会主义市场经济的发展壮大，依靠的是"国民共进"，既做大以国有经济为代表的公有制经

---

① 周文、司婧雯：《当前民营经济认识的误区与辨析》，《学术研究》2021年第5期。

济，又做大以民营经济为代表的非公有制经济。

（三）实现共同富裕要继续促进公有制经济和非公有制经济融合共生发展

新发展阶段实现共同富裕，要在继续坚持"两个毫不动摇"的同时，推动公有制经济和非公有制经济实现更高层次的融合共生发展。党的十八届三中全会提出"积极发展混合所有制经济"，并将其作为基本经济制度的重要实现形式。混合所有制经济是不同资本在企业或重要领域内的合作或融合，一方面，能够更好体现和坚持公有制主体地位，有利于放大国有资本功能，实现保值增值，提高国有经济竞争力；另一方面，把非公有资本引入国有经济内部，有利于国有企业建立现代公司制度，提高活力和竞争力。新发展阶段在巩固公有制主体地位的前提下积极发展公有资本主导的混合所有制经济，有利于发挥公有制经济对非公有制经济的带动作用，把公有制经济符合社会化大生产的制度优势与促进共同富裕的优势结合起来，引导非公有制经济更加聚焦共同富裕目标的实现。除关系国民经济命脉的重要行业和关键领域必须由国有独资外，要积极推进民间资本以直接出资入股、购买公有股权、公有股权与民间资本的置换等多种方式参股公有制企业，形成公有资本主导的、兼有民营资本的混合所有制经济。合理推进外资参与公有制改革，以海外并购、投融资合作、离岸金融等方式把外资引入公有制企业，发展公有资本主导的混合所有制经济，能够加快提升公有资本的全球竞争力，推动外资在扎实推动共同富裕中发挥作用、作出积极贡献。

第四节　坚持按劳分配为主体、多种分配方式并存的分配制度

　　分配制度是促进共同富裕的基础性制度。按劳分配为主体、多种分配方式并存是我国社会主义基本经济制度的重要内容，这一制度安排有利于调动生产要素所有者的面积极性，有利于实现效率和公平有机统一，有利于实现共同富裕。要深刻理解把握基本分配制度的内涵以及按劳分配为主体与多种分配方式并存之间的辩证关系。进入新发展阶段，必须坚持按劳分配为主体、多种分配方式并存的分配制度，不断创新其实现形式，不断缩小分配差距，促进社会公平正义，为实现共同富裕提供有力制度保障。

一、按劳分配为主体、多种分配方式并存的分配制度有利于实现共同富裕

　　实现共同富裕，分配问题是核心。明确基本分配制度及基础性分配制度安排，有利于稳定社会预期，推动解决分配中存在的突出问题，为实现共同富裕提供稳定性、长期性制度保障。

　　首先，坚持按劳分配为主体、多种分配方式并存的分配制度，有利于做大"蛋糕"。按照马克思的最初设想，在生产力水平还不够发达的社会主义社会，工农之间、城乡之间、脑力劳动和体力劳动之间还存在着差别，劳动还未成为人们生活的第一需要，只能实行按劳分配的原则，多劳多得、少劳少得。但在实践过程中，若单纯实行按劳分配制度，就无法调动资本、技术、管理等

生产要素拥有者的积极性，就会阻碍生产力的发展。改革开放以来，通过艰辛探索，我国逐步确立了按劳分配为主体、多种分配方式并存的分配制度，在实行按劳分配的同时，不断建立健全劳动和资本、土地、技术、知识、管理等生产要素共同参与分配的制度体系。这种分配制度也是我国现阶段发展"以公有制为主体、多种所有制共同发展"所有制结构的必然结果。党的十九届四中全会将"按劳分配为主体、多种分配方式并存"的分配制度与"公有制为主体、多种所有制经济共同发展""社会主义市场经济体制"并列，上升为社会主义基本经济制度。实践证明，坚持按劳分配为主体、多种分配方式并存的分配制度，既体现了社会主义制度的本质要求，又极大地调动了各类生产要素所有者的积极性，有利于解放和发展社会生产力，加快做大"蛋糕"，必须长期坚持。

其次，坚持按劳分配为主体、多种分配方式并存的分配制度，有利于实现效率和公平有机统一。劳动收入是广大人民群众的最主要收入来源。在现实社会中，劳动有复杂劳动和简单劳动之分，只有坚持按劳分配为主体，实行按劳取酬，才能保证广大人民群众共享改革发展的成果，防止收入分配两极分化，促进社会公平正义。在资本主义社会，实行按资分配为主体，必然导致资本所有者在收入分配中处于主导地位，随着资本的积累、集聚、集中、继承和发展，必然导致收入分配和财富占有的两极分化。但在社会主义初级阶段，生产力发展水平不够高，必须要在坚持按劳分配为主体的同时，健全劳动、资本、土地、知识、技术、管理、数据等生产要素由市场评价贡献、按贡献决定报酬的制度，充分调动生产要素所有者的积极性，提高要素配置效率和经济发展活力。实行按劳分配为主体、多种分配方式并存的分配制度，有利于多种分配方式、各种生产要素各展其长、各尽其用，实现效率与公平的高度统一。

最后，坚持按劳分配为主体、多种分配方式并存的分配制度，有利于解决分配中的突出问题，扎实推动共同富裕。近年来，我国城乡、区域和收入差距持续缩小，收入分配格局明显改善。城乡居民人均可支配收入之比由2012年的2.88∶1降到了2021年的2.5∶1，居民收入基尼系数由2012年的0.474降到了2021年的0.466。但总的来看，我国收入差距仍然较大，分配不平衡问题依然突出。

进入新时代，影响分配问题的因素日益增多，特别是新一代科技革命和产业变革的深入酝酿、数字经济的兴起等都在从深层次上改变甚至塑造分配格局。这就需要坚持发展和完善按劳分配为主体、多种分配方式并存的分配制度，进一步深化收入分配制度改革，在体制机制上作出更加科学、精细的安排。

二、深刻理解把握按劳分配为主体、多种分配方式并存的科学内涵

坚持发展和完善按劳分配为主体、多种分配方式并存的分配制度，需要进一步正本清源，澄清一些重要的理论问题，加快推进分配制度更加成熟完善，从分配环节为实现共同富裕提供坚强有力的制度保障。

首先，我国当前实行按劳分配为主体、多种分配方式并存的分配制度，是由我国的社会性质所决定的。马克思主义认为，分配是社会生产关系不可或缺的重要环节，它并非独立存在，而是受制于生产并反作用于生产。生产关系的性质决定了分配的性质。马克思坚决反对脱离生产关系研究分配关系的做法，否认单纯在分配数量公平、伦理正义等问题上寻求解决分配问题的资本主义社会改革方案。他提出："消费资料的任何一种分配，都不过是生产资料本身分配的结果。而生产资料的分配，则表现生产方式本身的性质。"[①]当前，我国处于社会主义初级阶段，实行公有制为主体、多种所有制共同发展的所有制制度，明确了我国的社会性质和生产关系性质，也决定了我国必然要实行按劳分配为主体、多种分配方式并存的分配制度。公有制为主体与按劳分配为主体之间、多种所有制共同发展与多种分配方式并存之间是相辅相成的关系。以公有制为主体，确保收益归全体人民共同所有和共同使用，是消除两极分化、最终实现共同富裕的根本制度基础。只有坚持公有制的主体地位，才能在分配环节保证按劳分配的主体地位，逐步提高劳动报酬在初次分配中的比重；同时，多种所有制共同发展、多种分配方式并存，有利于充分调动各方面特别是各类市场主体、各种生产要素所有者的积极性，不断推动生产力发展和高质量发展。

---

① 《马克思恩格斯全集》第25卷，人民出版社2001年版，第20页。

其次，坚持按劳分配为主体、多种分配方式并存的分配制度，在分配领域为实现共同富裕筑牢了制度基底。改革开放以来的实践充分证明，这一分配制度有力调动了各方面积极性，实现了效率和公平的有机统一。一些学者以现实中存在的巨大收入分配差距为由，试图否定这一制度的合理性。这一观点缺乏对中国收入分配差距产生根源的深刻分析，没有看到中国收入分配差距的扩大，既有一般国家共有的影响因素，还有中国作为转轨国家的特殊影响因素。实际上，自20世纪80年代以来，金融自由化进程加快，特别是随着新自由主义成为世界范围内的主导性意识形态，各主要发达国家福利制度受到巨大冲击，收入不平等程度大大加剧；前苏联和东欧国家以及拉美国家深受新自由主义影响，加快向现代市场经济体制转型，在此过程中因为转型失败国家陷入解体或落入"中等收入陷阱"，贫困人口显著增加。世界范围内的产业资本和金融资本的全球化再生产、再配置以及高强度竞争，深刻影响了与世界经济高度融合的中国经济，导致中国收入分配差距在一个较长时期内维持在较高水平。同时，中国的社会主义市场经济体制还未完全成熟定型，体制机制不健全、监管不到位等导致在初次分配中劳动的贡献和价值未得到充分体现，而生产要素的贡献被高估，进一步拉大了收入差距。只有进一步坚持和发展按劳分配为主体、多种分配方式并存的分配制度，深化收入分配制度改革，才能进一步缩小收入差距。

再次，按劳分配为主体、多种分配方式并存的分配制度是一个由不同层次制度构成的系统制度体系。党的十九届四中全会将按劳分配为主体、多种分配方式并存的分配制度上升为社会主义基本经济制度，并对初次分配、再分配以及第三次分配等作出重要部署。2021年8月，习近平总书记在中央财经委员会第十次会议上强调："构建初次分配、再分配、三次分配协调配套的基础性制度安排。"党的二十大报告再次强调："坚持按劳分配为主体、多种分配方式并存，构建初次分配、再分配、第三次分配协调配套的制度体系。"显然，构建各次分配协调配套的基础性制度体系是服务于基本分配制度的，是从重要制度层面完善基本分配制度的重要举措。当前，我国收入分配差距扩大，有初次分配制度改革不到位、未充分体现劳动的贡献和价值的原因；也有再分配领域"再分配效应"发挥不充分的原因，我国目前以间接税为主的税收体系客观上加重了工薪阶层的税负，税收未有效发挥收入分配调节功能，社会保障共济性功能亟需加强，城镇低收入人口、农村人口、农民工等人群保障待遇偏低；第三次分配调节力量微弱，相关的立法和激励约束机制尚未建立起来。构建初次分配、再分配、第三次分配协调配套的基础性制度体系，正是完善基本分配制度、解决分配领域存在的突出问题的重大举措。只有根据发展阶段变化、生产力发展水平、共同富裕目标任务的变化不断健全完善各个层次的分配制度，才能扎实推动共同富裕。

最后，要深化对"构建初次分配、再分配、第三次分配协调配套的制度体系"相关重要理论问题的认识。

一是初次分配、再分配、第三次分配在不同的环节和领域遵循着不同的原则，针对不同的主体发挥着各自的作用，是实现共同富裕的系统性分配制度安排。初次分配是基础，是进行再分配和第三次分配的源头，主要通过市场按效率优先原则来实现，但也要兼顾公平。一方面，政府要运用法律、经济、行政等手段，对初次分配中的分配制度、分配政策、分配措施以及分配行为中的不公平、不规范甚至侵害劳动者劳动报酬权益等错误状况和现象进行纠正、治理。另一方面，要正确处理政府与市场关系，切实推进要素市场化改革，真正营造一个能够让市场机制有效、自主地发挥决定性作用的环境。再分配是关键，政府通过税收、社保、转移支付等方式对收入分配格局进行调整，对由市场机制决定的初次分配体系所造成的失衡进行纠偏，具有强制性、兜底性、保障性特点，具有调节收入差距、促进社会整体公平和共同富裕的功能。第三次分配是配套和辅助补充，实施主体为企业、社会组织、家族、家庭和个人等，具有较强的公益性和自愿性，有利于缩小收入差距，有助于在自愿基础上形成广济善施、共济互助的社会道德理念，提高社会成员的凝聚力并弥合潜在的利益矛盾与冲突。在改善收入分配格局中，起主导作用的是初次分配和再分配，第三次分配是对初次分配和再分配的有益补充。只有各次分配协调配套，更好发挥市场、政府、社会在收入分配中的作用，形成点面结合的收入分配体系，才能有力促进共同富裕。

二是第三次分配不是"劫富济贫"。目前，有些人对近年来党中央加大对平台经济规范整治力度、引导资本规范发展的合理做法作出过度解读，强行将其与第三次分配联系起来，认为是在打压资本、强制资本参与推进共同富裕。这种认识是错误的：首先，没有认识到第三次分配的基本原则是自愿性而非强制性。其次，没有把"先富带后富"作为一个逻辑整体来理解，既要鼓励"先富"，切实保护劳动所得和合法致富，打击非法致富、垄断和不公平竞争等行为，促进各类资本规范健康发展，充分调动企业家积极性；也要鼓励"先富"带"后富"，鼓励高收入人群和企业家充分履行社会责任，更多回报社会。必须警惕并制止采用"逼捐""道德绑架式慈善"等方式强制高收入群体、企业家等参与"均贫富"的做法。

三是我国的第三次分配性质与西方国家存在根本区别。我国所采取的社会主义制度从根本上塑造、引领着第三次分配的发展，走的是一条中国共产党领导、符合我国国情和文化价值观、充分借鉴世界经验的具有中国特色的第三次分配之路。我国的第三次分配制度在消除贫困、实现共同富裕、促进社会和谐方面发挥着重要作用。西方的慈善事业是资本主义社会制度的重要组成部分，本质上是资本家维持社会地位、获取社会荣誉和扩大资本积累的重要途径。[①]

三、坚持发展和完善按劳分配为主体、多种分配方式并存的分配制度

在新发展阶段，要加快发展和完善按劳分配为主体、多种分配方式并存的分配制度，坚持初次分配、再分配、第三次分配协同发力、一体推进，加大收入分配调节力度，不断扩大中等收入群体规模，推动共同富裕取得更为明显的实质性进展。

（一）充分发挥市场决定性作用，进一步完善初次分配制度

改革开放以来我国初次分配收入差距的扩大，是发展市场经济的必然结果，在一定程度上有利于激发人们的积极性、提高社会活力和经济效率，但同时，我国初次收入分配中劳动报酬占比较低，仍然存在明显的城乡差距、地区

---

① 宫蒲光：《关于走中国特色慈善之路的思考》，《社会保障评论》2022年第1期。

差距和行业差距，某种程度上反映出我国的资源配置和要素流动仍然存在制度性分割和体制性障碍，这就要求我们要进一步推进市场化改革特别是要素市场化配置改革，更充分地发挥市场在资源配置中的决定性作用，以进一步促进初次分配的公平合理性。

首先，坚持多劳多得，提高劳动报酬在初次分配中的比重。生产活动离不开劳动力、资本、土地和技术等要素，随着我国社会主义市场经济的深入发展，这些要素所产生的资本性收入快速增长，与劳动性收入形成的落差越来越大。因此，必须高度重视劳动要素在收入分配中的重要作用，建立健全公正合理的收入分配秩序，使收入分配更多地向劳动倾斜，最大限度地调动广大劳动者的积极性、主动性和创造性。要进一步完善企业工资集体协商机制，完善反映市场供求关系和企业生产经营效益的工资决定机制、劳动报酬增长机制和薪酬支付保障机制，保障好劳动者合法权益。在初次分配中，虽然是市场机制起主要作用，但也要兼顾公平。要在高质量发展中强化就业优先导向，稳定和扩大就业，提升就业质量，加快发展包括职业教育和终身职业技能培训在内的各级各类教育，促进教育公平，普遍提高劳动者职业素质和技能水平，提升人力资本水平和人的发展能力。

其次，健全生产要素由市场评价贡献、按贡献决定报酬的机制。明确产权、保护产权是生产要素参与生产并获得收入的前提，生产要素参与收入分配实际上是收入在不同要素所有者之间的分配。要实行最严格的产权保护制度，完善相关法律法规，明确劳动、资本、土地、知识、技术、管理、数据等生产要素的产权归属，形成清晰界定所有、占有、支配、使用、收益、处置等产权权能的制度安排。[①]由市场评价要素的贡献意味着存在有效的要素市场体系。改革开放以来，我国基本形成了较为健全的商品市场体系，但要素市场发展较为滞后，仍存在城乡区域分割、价格扭曲、市场壁垒等现象。要充分发挥市场在要素配置中的决定性作用，深入推进要素市场化配置改革，加快清理废除妨碍统一市场和要素自由流动的各项规定和做法，完善反映市场供求关系、资源稀

---

① 中央党校（国家行政学院）习近平新时代中国特色社会主义思想研究中心：《健全和完善生产要素参与分配机制》，《经济日报》2020年3月5日。

缺程度的生产要素价格形成机制。如果只实行按劳分配，会影响知识、技术、管理、数据等要素所有者投入要素的积极性和主动性。要健全生产要素按贡献决定报酬的机制，注重运用改革创新的手段，进一步完善资本、土地、知识、管理、技术、数据等要素参与分配的机制。

（二）更好发挥政府作用，进一步完善再分配制度

再分配是实现共同富裕的关键环节。在初次分配制度不断健全完善的前提下，要更好发挥政府作用，推动完善再分配制度，为实现共同富裕打下坚实基础。

首先，要充分发挥税收在促进公平分配、平抑贫富差距中的作用。在我国以间接税为主的税收体系架构中，个人所得税主要是对工薪所得征税，一些财产税种缺失及财产方面的税收制度不合理使得高收入人群获得的财产性收入面临的税负较低，使得税负更容易被转嫁，难以起到分配调节作用。新发展阶段，要加快推进税收制度改革，从个人所得税、财产税、消费税等重要税种入手，完善相关制度设计，逐步提高直接税比重，规范收入分配秩序，规范财富积累机制，充分发挥税收对收入分配的调节作用。

其次，要健全完善更加公平更可持续的社会保障体系。社会保障制度是筑牢共同富裕经济根基、夯实共同富裕社会基础、促进人全面发展的基础性制度。新发展阶段，要不断扩大社会保障覆盖面，做到应保尽保；要建立健全合理兼顾各类人群需求的社会保障待遇确定和正常调整机制，做到更加公平合理；要完善筹资机制，建立合理的责任共担机制，并加强对中低收入群体的支持保障；要统筹城乡社会救助体系，完善最低生活保障制度，更好发挥兜底功能。

再次，改革转移支付制度，强化一般性转移支付的调节功能。专项财政转移支付项目所需配套条件较高，而一些经济欠发达地区、老少边穷地区财力有限，难以进行资金配套。要加大对欠发达地区的一般性转移支付力度，清理规范专项转移支付项目，降低地方财政资金配套压力。

最后，提高公共服务均等化水平。公共服务均等化是再分配调节的重要组成部分，有利于缩小收入分配差距、减少人力资本积累和未来就业机会的不平

等，是实现共同富裕的重要保障。要健全幼有所育、学有所教、劳有所得、病有所医、老有所养、住有所居、弱有所扶等国家基本公共服务制度体系，注重加强普惠性、基础性、兜底性民生建设，保障群众基本生活。

（三）充分发挥社会作用，建立完善第三次分配制度

在中国特色社会主义制度的引导规范下，我国第三次分配在促进共同富裕方面的空间还很大、效果会更加显著，关键是要加强改革创新，构建基础性第三次分配制度安排。

首先，要进一步健全推动第三次分配健康发展的法律和制度体系。要实现第三次分配健康发展、并促进共同富裕，需要营造良好的法律和制度环境。目前我国已经颁布出台《中华人民共和国红十字会法》《中华人民共和国公益事业捐赠法》《中华人民共和国慈善法》等与社会公益事业相关的法律，但还需要根据第三次分配的发展和共同富裕的需要进行进一步完善。如制定出台社会组织法，促进社会组织的发展；制定出台鼓励第三次分配的税收制度（如加大对个人捐赠、慈善信托的税收优惠力度等）、社会荣誉制度等，鼓励各收入主体参与公益活动、进行慈善捐赠；等等。

其次，大力发展以现代慈善组织为主要载体的慈善事业。只有通过持续的组织动员，第三次分配才能更加有效、更可持续。要理顺政府与社会组织的关系，加快培育发展专业化、规范化、法治化的慈善组织，建设覆盖城乡的慈善组织网络。要纠正把公益慈善看作单纯的志愿事业或不需要专业知识的事业等认知误区，提高公益慈善组织吸引力，吸引优秀、专业人才投身公益慈善事业。

最后，加强慈善教育，培育慈善文化。我国慈善捐赠存在个人捐赠比例低的结构性问题。提高个人捐赠比例，关键是普及慈善文化。政府要加大慈善宣传力度，鼓励支持慈善组织开展慈善教育活动。对个人捐赠占收入总额较高的公募慈善组织给予更大的政策优惠。充分认识数字公益的重大意义，大力发展互联网募捐平台，降低个人捐赠门槛，提高个人捐款的便捷性和捐赠资源使用信息的可获得性。

（四）扩大中等收入群体比重，形成稳定的橄榄型分配结构

习近平总书记在中央财经委员会第十次会议上强调："扩大中等收入群体比重，增加低收入群体收入，合理调节高收入，取缔非法收入，形成中间大、两头小的橄榄型分配结构。"[1]这一重要论述，明确了新发展阶段构建稳健合理分配结构的目标方向和实践路径。要围绕"调高、扩中、提低"，深入推进制度创新和实践创新，构建中间大、两头小的橄榄型分配新格局。

首先，要坚持规范整顿和支持合法两手抓，加强对高收入群体的收入调节。要清理规范不合理收入，加大对垄断行业和国有企业的收入分配管理，整顿收入分配秩序，清理借改革之名变相增加高管收入等分配乱象。要坚决取缔非法收入，坚决遏制权钱交易，坚决打击内幕交易、操纵股市、财务造假、偷税漏税等获取非法收入行为。通过完善税制合理调节过高收入，鼓励高收入人群和企业更多回报社会。要正确认识和把握资本的特性和行为规律，既要发挥资本作为生产要素的积极作用，又要有效控制其消极作用，依法加强对资本的有效监管，防止资本野蛮生长，支持和引导资本规范健康发展。[2]

其次，加快提升中等收入群体收入。中等收入群体持续扩大对形成强大国内市场、推动经济高质量发展、维护社会和谐稳定十分重要。要以高校毕业生、技术工人、中小企业主和个体工商户、进城农民工等群体为重点，实施更加精准的公共政策，着力提升其人力资本和就业技能，增加城乡居民住房、农村土地、金融资产等各类财产性收入，推动更多低收入人群迈入中等收入行列。

最后，提高低收入群体收入。要以提高农民收入为重点，大力推动乡村全面振兴，增加农民就业机会，提升工资性收入；持续推进土地制度改革，增加农民的财产性收入；推动城市公共服务加快向农村地区延伸，加大农村地区人力资本投入，提高农村教育质量。要针对城市中低收入群体出台更加有针对性的举措，扩大高质量就业岗位。要进一步完善社会保障制度，加强对没有劳动能力的人群、残疾人等的兜底保障。

---

[1]　习近平：《扎实推动共同富裕》，《求是》2021年第20期。

[2]　中共中央宣传部、国家发展和改革委员会：《习近平经济思想学习纲要》，人民出版社、学习出版社2022年版，第84—86页。

<table>
<tr><td>第五节</td><td></td></tr>
</table>

第五节 坚持社会主义市场经济体制

社会主义市场经济体制，是中国特色社会主义基本经济制度的重要组成部分，是实现共同富裕的重要制度保障。在新发展阶段，必须着力构建高水平社会主义市场经济体制，更好发挥有为政府和有效市场在推动共同富裕中的作用。

一、社会主义市场经济体制是实现共同富裕的体制基础

党的十九届四中全会把社会主义市场经济体制纳入基本经济制度范畴，强调包括社会主义市场经济体制在内的社会主义基本经济制度，"既体现了社会主义制度的优越性，又同我国社会主义初级阶段生产力发展水平相适应，是党和人民的伟大创造"。社会主义市场经济体制实现了有效市场和有为政府的有机结合，为实现共同富裕奠定了重要的体制基础。

强调充分发挥市场在资源配置中的决定性作用，有利于解放和发展生产力，在高质量发展中推动共同富裕。改革开放以来，在坚持中国共产党领导和社会主义制度的大前提下，党经过长期探索和实践，摆脱了把社会主义和市场经济对立起来的传统观点，提出建立社会主义市场经济体制的改革目标，成功实现了从高度集中的计划经济体制到充满活力的社会主义市场经济体制的历史性转变。这种转变符合世界范围内市场经济发展的一般规律，一方面还权于企业，让企业成为在市场中自主经营、自负盈亏、自担风险的真正市场主体，充分调动市场主体

的积极性，另一方面不断健全完善各类商品和要素市场体系，建立完善市场秩序。经过40余年的改革探索，市场在我国资源配置中从起基础性作用转变为起决定性作用，政府对微观经济活动的直接干预不断减少。正是因为在社会主义经济制度框架中引入市场经济要素，解决了计划经济体制下微观经营主体缺乏激励的问题，我国才能充分激发蕴含在市场主体和人民群众中的伟力，极大地促进了生产力发展，增强了党和国家的生机活力。截至2021年底，我国拥有各类市场主体1.54亿户，是经济的源头活水，更是吸纳就业、改善民生、实现共同富裕的关键。只有尊重市场决定资源配置的市场经济一般规律，充分发挥市场在资源配置中的决定性作用，才能充分激发市场主体活力，实现产权有效激励、要素自由流动、价格反应灵活、竞争公平有序、企业优胜劣汰，使一切有利于社会生产力发展的力量源泉充分涌流，在高质量发展中推动共同富裕。

强调更好发挥政府作用，保障全体人民的长远和共同利益，为实现共同富裕提供可靠政策支持。发挥社会主义制度优越性，集中力量办大事，一个重要方面是充分发挥政府强有力的宏观调控作用。在推进社会主义基本制度与市场经济结合的探索实践中，中国既充分发挥市场作用，同时也看到了市场经济的局限性，强调要更好发挥政府作用。例如，市场经济包含差异化的分异机制，导致"强者恒强、弱者恒弱"，不能自动促进收入和财富的公平分配，容易造成两极分化；市场经济是无脑和无心的，难以对总量、结构、比例等重大关系进行管理和协调，容易导致需求不足和生产过剩，造成宏观经济剧烈波动；市场还会因垄断、外部性、公共物品和不完全信息等因素出现失灵，现实经济社会生活中存在较多市场无法有效发挥作用的领域，等等。这就意味着市场经济不是万能的，一旦超出适用领域就很容易造成负面影响。习近平总书记指出："我们是在中国共产党领导和社会主义制度的大前提下发展市场经济，什么时候都不能忘了'社会主义'这个定语。"[1]我们党在长期探索实践中不断深化对社会主义市场经济建设规律的认识，深刻认识到要确保始终沿着社会主义市场经济改革方向前进，必须要充分发挥政府在保持宏观经济稳定、加强和优化

---

① 中共中央宣传部、国家发展和改革委员会编：《习近平经济思想学习纲要》，人民出版社、学习出版社2022年版，第78页。

公共服务、维护社会公平、弥补市场失灵中的作用，通过健全宏观经济治理体系来矫正市场经济的缺陷，确保全体人民的长远利益和共同利益得到体现和落实，为实现共同富裕提供政策保障。

二、深刻理解社会主义市场经济体制的科学内涵与实践要求

建设社会主义市场经济体制，是一项前无古人的伟大事业，是完善基本经济制度的一项重大制度安排。进一步健全完善社会主义市场经济体制，必须深刻理解把握其来龙去脉，深化对其科学内涵和实践要求的认识。

从基本经济制度角度看，社会主义市场经济体制是社会主义基本制度与市场经济相结合的产物。社会主义基本制度特别是公有制与市场经济的兼容或结合是社会主义市场经济建设中的关键问题。科学揭示社会主义市场经济的本质和发展规律，必须深入研究公有制与市场经济的结合问题。按照西方主流经济理论的观点，市场经济只能建立在私有制基础上，这一理论逻辑导致很多人在相当长一段时间里都认为市场经济与公有制是不可兼容的。改革开放以来，我们逐步确立了社会主义市场经济改革方向，在推进社会主义基本制度与市场经济相结合上下功夫，特别是随着国有企业改革被确立为经济体制改革的中心环节，公有制的体制机制和实现形式改革创新日益受到重视，强调要以国有企业改革为重点，加快形成与市场经济要求相适应的管理体制和经营机制。党的十八大以来，党中央强调，公有制为主体、多种所有制经济共同发展的基本经济制度，是中国特色社会主义制度的重要支柱，也是社会主义市场经济体制的根基。党的十九届四中全会进一步把社会主义市场经济体制纳入社会主义基本经济制度范畴。中国的实践充分证明，社会主义公有制与市场经济的兼容不仅可能，而且已经成为活生生的现实，在党的领导和社会主义制度下建设市场经济，不一定要实行私有化，实现了对传统经济理论和西方市场经济建设实践的超越。当前对于公有制与市场经济的关系问题还存在一些模糊乃至错误的认识，比如认为国有企业应避免"与民争利"，应从竞争性领域退出，只在私营企业和市场无法发挥作用的公共产品领域经营；认为国有企业的领导人只能按照政府官员标准领取薪酬，不能按照市场标准获取收入；认为公有制与市场经

济的结合是一个自然而然的过程，二者之间不存在矛盾冲突；等等。这些观点都是以一种形而上学而非辩证的思维来理解二者关系。实际上，中国的社会主义市场经济体制正是在消弭二者之间的矛盾冲突中，找到了破解社会主义与市场经济有机结合这道经济学上的世界性难题的方法。

从资源配置角度看，建设社会主义市场经济体制的核心是要处理好政府与市场关系。改革开放以来，我国在进行经济建设的过程中，不断突破以往把计划经济同商品经济对立起来的传统观念，为确立社会主义市场经济体制奠定了思想基础。进入20世纪90年代，特别是在邓小平南方谈话对于计划和市场关系的认识实现重大突破以后，我国社会主义市场经济体制建设开始破冰、加速推进，从最初如何处理计划与市场关系，转变为在市场经济条件下如何处理政府和市场的关系。随着我国商品市场体系的不断健全和要素市场化改革的不断推进，市场在微观资源配置领域发挥着基础性的作用，在宏观层面政府不断完善调控机制，功能作用不断拓展。党的十六大报告指出，"完善政府的经济调节、市场监管、社会管理和公共服务的职能"，对社会主义市场经济条件下政府的职能进行了总结概括。在建设社会主义市场经济的伟大实践中，我们日益深化了对政府与市场关系的认识，党的十八届三中全会把市场在资源配置中的"基础性作用"改为"决定性作用"，对政府和市场的关系进行了新的科学定位，明确了市场决定资源配置是市场经济的一般规律，对政府的职能作用进行了深化拓展，强调"政府的职责和作用主要是保持宏观经济稳定，加强和优化公共服务，保障公平竞争，加强市场监管，维护市场秩序，推动可持续发展，促进共同富裕，弥补市场失灵"，实现了对中国特色社会主义建设规律认识的新突破。政府与市场的关系属于经济运行机制层面的问题，服从并服务于社会主义基本制度。

辩证认识政府与市场的关系，推动有为政府和有效市场更好结合。市场在资源配置中起决定性作用，并不意味着起全部作用。市场起决定性作用，是从总体上讲的，不能盲目绝对地讲市场起决定性作用，有的领域如国防、基础研究等公共产品的供给，政府要起决定性作用。一些带有战略性的能源资源、基础设施、关键核心技术、产业链和供应链关键环节等，政府要牢牢掌控，但可以部分引入市场机制，提高资源配置效率。市场在资源配置中发挥决定性作用的前提是更好发挥政府作用，政府该管的不管、不该管的管起来都会影响市场决定性作用的发挥。习近平总书记深刻地指出，"在市场作用和政府作用的问题上，要讲辩证法、两点论。"①二者之间不是此消彼长、相互取代的关系，随着我国社会经济形态不断走向高级化复杂化，市场发挥决定性作用的领域不断扩大，更加需要发挥好政府作用，政府的职能作用及其边界还会随着经济社会的发展不断调整优化；平台经济和数字经济的深入发展，使得企业内部和企业间的协调变得更具有计划性，政府的宏观调控也更加精准、更有针对性，但依然不能取代甚至否定市场在资源配置特别是企业间横向协调中的决定性作用。要用好"看不见的手"和"看得见的手"，积极探索有为政府和有效市场更好结合的方式，不断彰显社会主义市场经济体制的优越性。

深刻认识把握资本的特性和行为规律，规范和引导资本发展。资本是社会主义市场经济的重要生产要素，是发展经济的重要方式和手段。资本具有极强的流动性、黏合性，对激活其他要素、形成要素组合发挥着"催化剂"的作用。资本所有者基于逐利动机进行的资本投资，在客观上起到了创造就业、推动技术创新、增加财政收入、促进经济增长的作用，但资本积极作用的发挥需要条件，若不加以规范和引导，资本自发运动将导致资本不断集中、集聚，促进资本有机构成不断提高，减少就业岗位，还会造成生产相对过剩和有效需求不足，导致收入和财富分配不平等加剧。资本逐利本性还会导致劳动的异化、经济脱实向虚、生态退化等突出问题。历史和实践充分证明，资本具有两面性，在充分发挥资本作为生产要素积极作用的同时，要依法加强对资本的有效监管，防止资本野蛮生长、无序扩张，有效遏制其消极效应。

三、加快完善社会主义市场经济体制

党的二十大报告强调："构建高水平社会主义市场经济体制。"进入新发展阶段，要坚持社会主义市场经济改革方向，加快推动社会主义市场经济体制

---

① 中共中央宣传部、国家发展和改革委员会编：《习近平经济思想学习纲要》，人民出版社、学习出版社2022年版，第79页。

更加完善、更加成熟定型，为共同富裕奠定更加扎实的体制基础。

培育更加活跃更有创造力的市场主体，壮大共同富裕根基。市场主体是经济发展的源头活水和力量载体，保市场主体就是保社会生产力，就是夯实共同富裕的根基。要深化国有企业改革，完善国有资产监管体制，规范有序开展混合所有制改革，做强做优做大国有资本和国有企业，充分发挥国有经济对实现共同富裕的支撑作用。要营造支持非公有制经济高质量发展的制度环境，在要素获取、准入许可、经营运行等方面对各类所有制企业一视同仁、平等对待，健全完善促进中小微企业和个体工商户发展的法律环境和政策体系，加快培育发展更多充满活力、具有竞争力的市场主体。

夯实市场经济基础性制度，构建更加完善的要素市场化配置体制机制。加快推进市场基础制度规则统一、推进市场设施高标准联通、打造统一的要素和资源市场、推进商品和服务市场高水平统一、推进市场监管公平统一，建设高效规范、公平竞争的国内统一大市场。实施高标准市场体系建设行动，健全归属清晰、权责明确、保护严格、流转顺畅的现代产权制度，全面实施市场准入负面清单制度，全面落实公平竞争审查制度，筑牢社会主义市场经济有效运行的体制基础。深化要素市场化配置改革，加快建立城乡统一的建设用地市场，着力提升农村土地财产性收入，促进农村共同富裕；全面深化金融业改革开放，加快完善金融市场体系，加强资本市场基础制度建设，深化利率市场化、汇率市场化形成机制改革，不断提升金融业服务实体经济能力，促进经济高质量发展；深化科技体制改革，建立技术创新市场导向机制，改革人才培养、评价和激励机制，加快全国技术交易平台建设，积极发展科技成果、专利等资产评估服务，健全促进科技成果转化的机制，不断增强经济高质量发展的动力；加快培育发展数据要素市场，完善数据权属界定、开放共享、交易流通等标准和措施，促进数据要素有序流动和价格合理形成。

创新政府管理和服务方式，完善宏观经济治理体系。科学的宏观调控、有效的政府治理，是发挥社会主义市场经济体制优势的内在要求。要创新宏观调控思路和方式，健全以国家发展规划为战略导向，以财政政策、货币政策为主要手段，就业、产业、投资、消费、环保、区域等政策紧密配合，目标优化、分工合理、高效协同的宏观经济治理体系。要以一流营商环境建设为牵引持续优化政府服务。深入推进"放管服"改革，深化行政审批制度改革，深入开展"互联网+政务服务"，建立健全运用互联网、大数据、人工智能等技术手段进行行政管理的制度规则，完善营商环境评价体系，加快打造市场化、法治化、国际化营商环境。构建适应高质量发展要求的社会信用体系，加强守信激励和失信惩戒联动机制建设。加强市场监管改革创新，健全以"双随机、一公开"监管为基本手段、以重点监管为补充、以信用监管为基础的新型监管机制。健全对新业态的包容审慎监管制度。通过创新政府管理和服务方式、完善宏观经济治理体系，发挥政府在增进人民福祉、增强全体人民在共建共享发展中的获得感、实现共同富裕方面的主导作用。

依法规范和引导资本健康发展，扎实推动共同富裕。坚持党的领导和社会主义制度，牢牢把握正确政治方向，坚持问题导向、系统思维，坚持疏堵结合、分类施策，聚焦资本要素配置的短板和不足，加快疏通资本配置渠道，毫不动摇巩固和发展公有制经济，毫不动摇鼓励、支持、引导非公有制经济发展，为不同类型所有制企业提供平等的市场机会；深化资本市场改革，加快资本市场基础性制度建设，打通工商资本下乡通道，破除企业、地区、行业获取资本要素的制度壁垒，提高资本配置效率；为资本设置"红绿灯"，健全资本发展的法律制度，形成框架完整、逻辑清晰、制度完备的规则体系，完善资本行为制度规则。依法加强对资本的有效监管，加强反垄断和反不正当竞争监管执法，依法打击滥用市场支配地位等垄断和不正当竞争行为，加大平台经济治理力度，加强资本领域反腐败，健全事前引导、事中防范、事后监管相衔接的全链条资本治理体系，全面提升资本治理效能。

第六节

坚持完善社会保障制度

习近平总书记强调："社会保障是保障和改善民生、维护社会公平、增进人民福祉的基本制度保障。"①社会保障在推进共同富裕中担当重要职责，是国家反贫困的基础性制度安排，也是国民收入再分配的重要途径。实现共同富裕，必须推动社会保障制度进一步健全完善。

一、社会保障制度是实现共同富裕的基础性制度安排

社会保障制度是促进经济社会发展、实现广大人民群众共享改革发展成果的重要制度安排，发挥着民生保障安全网、收入分配调节器、经济运行减震器的作用。只有加强社会保障制度建设，才能解决人民的后顾之忧，推动人民更好共享改革发展成果，为共同富裕奠定坚实基础。

（一）社会保障是国家反贫困的基础性制度安排

消除贫困是实现富裕的第一步。合理而有效的社会保障制度能够为社会成员提供有效的风险保障，促进社会财富不断积累。现代社会是风险社会，疾病、失业、职业伤害、年老、失能、自然灾害等风险发生后，个体单靠自身无

---

① 习近平：《促进我国社会保障事业高质量发展、可持续发展》，《求是》2022年第8期。

法应对，很容易陷入生活绝境或贫困无依的境地，需要国家力量的介入来确保个体生存或渡过难关。社会保障制度自诞生之日起，事实上就发挥着防止或缓解贫困的兜底功能。政府对社会成员面临的基本风险提供兜底性保障，让人民群众免于对贫困的恐惧，就能为共同富裕奠定坚实的基础。反贫困是现代社会保障制度的首要功能，也是最基础的功能。在我国，社会保障制度作为重大的民生保障制度安排，在削减贫困中发挥了重大作用。以下以农村老年人养老、医疗保险为例进行说明。我国自2009年开始建立农村社会养老保险制度，所有年满60周岁的农村老年人可以领取一笔稳定可靠的收入，最初仅有人月均55元的基础养老金，但伴随基础养老金的多次提升和个人账户养老金的增长，居民养老金最低人月均水平在2021年达到179元，人年均养老金达2148元，为2021年农村人均可支配收入的12.2%，养老金收入对农村老年人及其家庭生计的影响重大。另外，疾病也一直是致贫的主要因素，我国医疗保险自2009年以来快速覆盖全民，近年来参保率稳定在95%以上。2020年全国职工医保政策范围内住院费用基金支付85.2%，其中二级、一级以下医疗机构政策范围内住院费用基金支付分别为86.9%、88.7%；居民医保政策范围内住院费用基金支付70.0%，其中二级及以下医疗机构政策范围内基金支付74.6%。[①]由此可见，社会保障制度不仅能够有效减少贫困现象，还成为全体人民共享改革发展成果的基本途径。

（二）社会保障是改善收入再分配的有效手段

社会保障具有公共性、福利性、公平性和互助性，是国民收入再分配的重要工具和有效途径。政府运用社会保障的资源和机制，扶弱济困，应对解决各类风险，保障人民群众的基本生存尊严；运用社会保障的财政转移支付机制和社会保障的资金筹集与待遇支付机制，对弱者和贫困人口进行直接帮助，实现不同人群之间的收入分配调节。实际上，社会保障无论是在资金筹集还是在资金给付上都与收入再分配相联系，低收入群体获得的帮助超过其对社会保障

---

① 国家医疗保障局：《2020年全国医疗保障事业发展统计公报》，国家医疗保障局网站2021年6月8日。

基金的贡献。其中，社会保险通过权利与义务关系的非对称性进行资金筹集与待遇给付；社会福利和社会救助由于存在显著的福利性，其收入分配调节作用更加明显和突出。社会保障制度具有多重维度的、显著的收入再分配效应，社会保障制度越完善、财政投入力度越大、结构越合理，收入再分配效果就越显著。国际经验表明，社会保障调节收入分配的作用在一定程度上要大于其他措施。在瑞典和德国，社会保障制度在调节收入分配中发挥的作用比税收更为显著，美国调节收入分配差距更多依赖于税收，但社会保障制度所起的作用也非常突出。在我国，养老保障、医疗保障、最低生活保障以及失业、工伤、生育保险制度建设取得了显著进步，建成世界上规模最大的社会保障体系，随着社会保障待遇水平的不断提升，社会保障的收入再分配效应也日益显著。

（三）社会保障是促进人的全面发展的重要制度安排

经过长期努力，我国的社会保障制度已经从建立初期的应急性制度安排转化为促进经济社会发展、实现人民共享改革发展成果的重要制度安排。我国的社会保障项目内容日益精细化，有面向全体劳动者的养老、医疗、失业、工伤、生育等社会保险项目；有涵盖最低生活保障、特困人员供养的基本生活救助，医疗、教育、住房、就业等专项分类救助，以及临时应急救助项目；有为未成年人、妇女、老年人、残疾人等特殊群体提供帮扶，为全体社会成员提供文化、教育等设施，丰富民众精神生活的社会福利项目；还有针对军人及其家属的具有优待抚恤性质的社会优抚项目等，有力推动了不同群体、不同区域、不同行业之间的共享。社会保障项目实现从"补缺"到"普惠"的转变，从最初的保障民众物质生活到协同推进物质保障、精神保障和服务保障的转变，社会保障目标从建立初期追求"满足人民的基本生活需求"转变为"全面提升人民群众的获得感、幸福感和安全感"，呈现出制度安排公平统一、保障体系结构完整、覆盖范围应保尽保、权责匹配清晰合理、筹资机制可持续、待遇适度稳步提升、经办服务便捷规范等特征。[①]可见，社会保障制度除了发挥兜底功能

---

① 金红磊：《高质量社会保障体系推进共同富裕：多维一致性与实现路径》，《社会主义研究》2022年第1期。

外，公平性、福利性、普惠性特征越来越明显，已经成为促进机会均等、促进人的全面发展的重要制度安排。

二、进一步健全中国特色社会保障制度的科学内涵和原则要求

2021年2月26日，习近平总书记在十九届中央政治局第二十八次集体学习时发表重要讲话，强调"促进我国社会保障事业高质量发展、可持续发展"。2022年3月6日，习近平总书记在看望参加全国政协十三届五次会议的农业界、社会福利和社会保障界委员时强调，"要在推动社会保障事业高质量发展上持续用力"。进一步健全中国特色社会保障制度、推进社会保障事业高质量发展是经济社会高质量发展的必然要求，必须充分理解和把握其科学内涵和原则要求。

一是推动社会保障事业高质量发展，就是要解决社会保障事业发展不平衡不充分问题，在制度统一规范、待遇稳步提高、确保按时足额精准发放、提供高效经办服务、保障基金安全等方面持续用力。我国虽然已建成世界上规模最大的社会保障体系，为人民创造美好生活奠定了坚实基础，但也要看到，随着我国社会主要矛盾发生变化和城镇化、人口老龄化、就业方式多样化加快发展，我国社会保障体系仍存在制度整合不到位、覆盖面不足、市场主体和社会力量承担的补充保障发育不够、社会保障统筹层次有待提高等问题。进入新发展阶段，必须在统筹推进"五位一体"总体布局、协调推进"四个全面"战略布局中思考和谋划社会保障事业发展，着力解决社会保障事业发展中的不平衡不充分问题，进一步强化制度引领，围绕全覆盖、保基本、多层次、可持续等目标加强社会保障体系建设，推动社会保障事业发展与我国经济社会发展水平、与人民对美好生活的新期待相适应。

二是推动社会保障事业高质量发展，必须始终立足保基本、兜底线。党的十八大以来，习近平总书记就民生和社会保障事业发展作出一系列重要论述，"保基本、兜底线"始终是总书记强调的重要内容。在2013年底召开的中央经济工作会议上，习近平总书记强调："要根据经济发展和财力状况逐步提

高人民生活水平，政府主要是保基本，不要做过多过高的承诺，多做雪中送炭的重点民生工作，引导和鼓励广大群众通过勤劳致富改善生活，政府不能包打天下。"在2015年底召开的中央经济工作会议上，习近平总书记再次强调，"社会政策要托底，就是要守住民生底线。要更好发挥社会保障的社会稳定器作用，把重点放在兜底上，保障群众基本生活，保障基本公共服务。"2016年1月，习近平总书记在重庆调研时强调，"要从解决群众最关心最直接最现实的利益问题入手，做好普惠性、基础性、兜底性民生建设，全面提高公共服务共建能力和共享水平，满足老百姓多样化的民生需求，织就密实的民生保障网"。①2022年3月6日，习近平总书记在看望参加全国政协十三届五次会议的农业界、社会福利和社会保障界委员时，强调"要在推动社会保障事业高质量发展上持续用力，织密社会保障安全网，为人民生活安康托底"。"保基本、兜底线"既是社会保障制度的基本职能，也是我国建成中国特色社会保障制度的一条重要经验，只有保住人民群众基本生活，努力兜住底线，才能在此基础上进一步兜准底、兜好底，推动社会保障事业高质量发展。

三是推动社会保障事业高质量发展，必须始终坚持和贯彻落实可持续原则。坚持尽力而为、量力而行，促进社会保障事业发展和经济社会发展水平相适应，是推动社会保障事业高质量发展必须坚持的一项重大原则。政府既要切实担当起保障和改善民生的职责，又要实事求是、量力而行，充分考虑我国仍处于并将长期处于社会主义初级阶段的基本国情这个最大的实际，把提高社会保障水平建立在经济和财力可持续增长的基础之上，不做超越发展阶段和财力水平的事情。特别是要增强风险意识，分析研判未来较长历史时期内我国人口老龄化、人均预期寿命提升、受教育年限增加、劳动力结构变化等发展趋势对社会保障制度的影响，深刻汲取国外社会保障发展经验教训，既避免像一些拉美国家那样盲目进行"福利赶超"而落入"中等收入陷阱"，又避免像一些北欧国家那样实行"泛福利化"而导致社会活力不足。要始终立足保基本，从基本权益做起，循序渐进、积少成多，在做大"蛋糕"的同时分好"蛋糕"。正如习近平总书记所强调的："什么时候都不能忘记一个道理，经济发展和社

---

①　习近平：《在重庆调研时的讲话》，《人民日报》2016年1月7日。

会保障是水涨船高的关系，水浅行小舟，水深走大船，违背规律就会搁浅或翻船。"①

三、进一步健全完善覆盖全民、统筹城乡、公平统一、安全规范、可持续的社会保障体系

进入新发展阶段，要着力解决社会保障制度发展不平衡不充分问题，强化社会保障互助共济功能，把更多人纳入社会保障体系，为广大人民群众提供更可靠更充分的保障，不断满足人民群众多层次多样化需求，完善覆盖全民、统筹城乡、公平统一、安全规范、可持续的多层次社会保障体系，进一步织密社会保障安全网，为推动全体人民共同富裕取得更为明显的实质性进展奠定坚实制度保障。

一是坚持问题导向和全面深化改革，构建更加完善的社会保障制度体系。当前，我国社会保障体系仍存在不足，部分农民工、灵活就业人员、新业态就业人员等人群没有纳入社会保障，存在"漏保""脱保""断保"的情况；政府主导并负责管理的基本保障"一枝独大"，而市场主体和社会力量承担的补充保障发育不够；社会保障统筹层次有待提高，平衡地区收支矛盾压力较大。要加快发展多层次、多支柱养老保险体系，健全基本养老、基本医疗保险筹资和待遇调整机制，扩大年金制度覆盖范围，规范发展第三支柱养老保险，积极发展商业医疗保险，更好满足人民群众多样化需求。社会保障遵循大数法则，统筹层次越高，制度越安全可靠。要在健全养老保险基金中央调剂制度、实现省级统筹基础上，加快推进养老保险全国统筹，着力推动基本医疗保险、失业保险、工伤保险省级统筹，进一步明确中央与地方事权和支出责任。精准实施全民参保计划，健全农民工、灵活就业人员、新业态就业人员参加社会保险制度，健全退役军人保障制度，健全老年人关爱服务体系，完善帮扶残疾人、孤儿等社会福利制度，推动实现最广泛的覆盖。促进中小微企业和重点群体积极

---

① 习近平：《促进我国社会保障事业高质量发展、可持续发展》，《求是》2022年第8期。

参保、持续缴费，引导更多的人员长期持续参保。

二是稳步提高社会保障待遇，托住人民生活安康底线。经济发展和社会保障是水涨船高的关系，要建立与经济发展水平和财力相适应的社会保障体系，强化政策宣传，合理引导预期。综合考虑物价变动、职工平均工资增长、基金承受能力以及财力状况等因素，完善职工基本养老保险、工伤保险待遇水平调整机制，完善失业保险保障标准与物价上涨挂钩联动机制。围绕实现共同富裕、实施乡村振兴战略，落实城乡居民养老保险基础养老金正常调整机制，鼓励支持有条件的地区开展农村集体经济补助试点工作，多措并举提高城乡居民养老保险待遇水平。要对标新发展阶段困难群体和边缘群体的现实需求，着力解决社会救助覆盖范围不够广、社会救助对象识别不够精准、社会救助方式比较单一等突出问题，把低保边缘人口和支出型困难人口纳入救助范围，稳步提高低保、特困供养救助水平；强化监测预警能力建设，实现精准识别和动态救助；推动救助形式从单一货币形式的生存性救助转向多种形式并举的发展性救助，提高救助对象的自我发展能力。以老年人、儿童、残疾人等特殊人群为重点保障对象，加大投入、提高补贴水平，建立健全社会化照料服务体系，推动实现"老有所养""幼有所育""残有所助"。

三是紧盯群众办事的痛点难点堵点，提升社会保障精细化管理和服务水平。适应人口大规模流动、就业快速变动的趋势，满足人民群众对高效贴心服务的需求，强化社会保障精细化管理和服务，着力提升社会保障治理效能。拓展全国统一的社会保险公共服务平台功能，打通上下、横纵联系，着力完善中央、省、市、县、乡镇（街道）五级社会保障管理体系和服务网络，充分利用互联网、大数据、云计算等信息技术创新服务模式，深入推进社保经办数字化转型，实现"数据多跑路，群众少跑腿"。积极推动社会保障服务向基层延伸，向老少边穷地区延伸，使人民享受更加方便、快捷、优质的服务。坚持传统服务方式和智能化服务创新并行，针对老年人、残疾人等群体的特点，提供更加贴心暖心的社会保障服务。充分发挥大数据在社会保障信息化建设、基金监管、保障对象识别等方面的作用，确保各类保障项目资金按时足额精准发放，努力提高社会保障科学化水平。

第五章

扎实推进共同富裕的关键路径

经过新中国成立以来特别是改革开放以来的不懈奋斗，我国经济实力、科技实力、综合国力和人民生活水平跃上了新的大台阶，全面建成小康社会取得伟大历史成果，解决困扰中华民族几千年的绝对贫困问题取得历史性成就，我国发展站在了新的历史起点上，到了扎实推进共同富裕的历史阶段。在2021年8月17日召开的中央财经委员会第十次会议上，习近平总书记对扎实推动共同富裕作出了系统论述和重大部署；2021年12月召开的中央经济工作会议强调，要正确认识和把握实现共同富裕的战略目标和实践途径，为我们理解把握实现共同富裕的关键路径指明了方向。开启全面建设社会主义现代化国家新征程，必须把促进全体人民共同富裕摆在更加重要的位置，聚焦关键领域，积极探索实现共同富裕的实践路径，推动共同富裕不断取得新成效。

第
一
节

在高质量发展中推进实现共同富裕

高质量发展①是实现共同富裕的前提和基础。只有坚持不懈推进高质量发展，才能不断做大"蛋糕"，为实现共同富裕提供丰厚的物质基础和充分的动力保障。进入新发展阶段，必须毫不动摇坚持发展是硬道理、发展应该是科学发展和高质量发展的战略思想，以经济建设为中心，不断推进高质量发展，夯实实现共同富裕的物质基础。

一、正确认识高质量发展和共同富裕的关系

习近平总书记强调："坚持以人民为中心的发展思想，在高质量发展中促进共同富裕"。②这一重要论述具有深刻的理论内涵，体现了生产决定分配、生产力决定生产关系的马克思主义基本原理，阐明了高质量发展和共同富裕之间的辩证统一关系。科学理解把握高质量发展与共同富裕之间的关系，是以高质量发展推进实现共同富裕的必然要求，在理论和实践上都具有重大意义。

高质量发展是做大"蛋糕"、实现共同富裕的根本前提和重要路径。党的

---

①　高质量发展是新时代推进社会主义现代化建设的首要任务，涉及贯彻新发展理念、推进生产和分配等领域制度的改革创新等众多内容，本节更多的是将其作为实现共同富裕的原则要求和总体路径来展开论述，此节内容与本章其他内容（分别聚焦缩小城乡、区域和收入三大差距）是总分关系，特此说明。

②　习近平：《扎实推动共同富裕》，《求是》2021年第20期。

十九大作出"我国经济已由高速增长阶段转向高质量发展阶段"的重大判断。习近平总书记在《关于〈中共中央关于制定国民经济和社会发展第十四个五年规划和二〇三五年远景目标的建议〉的说明》中强调："新时代新阶段的发展必须贯彻新发展理念，必须是高质量发展。"党的二十大把实现高质量发展、实现全体人民共同富裕作为中国式现代化本质要求的主要内容。我国处于并将长期处于社会主义初级阶段的基本国情没有改变，世界最大发展中国家的国际地位没有改变，决定了必须坚持以经济建设为中心不动摇，深入贯彻落实新发展理念，持续推进高质量发展，不断提高发展质量和效益，推动生产力更好更快发展，更好创造和积累社会财富，把可供分配的"蛋糕"不断做大，使全社会富裕的基础更加宽广、动力更加强劲，否则实现共同富裕就会成为无源之水。可见，高质量发展是实现共同富裕的前提，是解决逐步实现共同富裕一切问题的关键。

实现共同富裕是高质量发展的根本目的。高质量发展的目的是为了改变粗放的经济发展方式，提高经济发展质量和效益，由过去解决"有没有"的问题转为解决"好不好"的问题，满足人民群众日益增长的美好生活需要。人民对生活质量的要求提高，对缩小发展差距、实现共同富裕充满期待。高质量发展就是要回应人民的需求和期待，推动物质文明和精神文明协调发展、区域和城乡协调发展、行业协调发展以及金融、房地产同实体经济协调发展，不断增强发展的平衡性、协调性和包容性，推动实现全体人民共同富裕。若发展偏离了共同富裕的方向，造成了少部分人富有、一部分地区富有，产生了两极分化，就会影响人民群众推动发展的积极性、主动性和创造性，这种发展就不是高质量的发展。因此，实现共同富裕是高质量发展的题中应有之义。

高质量发展和共同富裕具有内在统一性。高质量发展是新发展阶段全面建设社会主义现代化国家的主题，贯穿于经济社会发展的方方面面；实现共同富裕是一个长期的历史过程，不仅贯穿社会主义初级阶段全过程，而且也贯穿社会主义社会向共产主义社会过渡的整个历史进程。在新发展阶段，推动共同富裕以高质量发展为基础和前提，高质量发展以推动实现共同富裕为根本目的，高质量发展和推动实现共同富裕具有内在统一性，均需要以新发展理念为指导，均以促进人的全面发展和社会全面进步为最终价值旨归，二者高度统一于全面建设社会主义现代化国家、实现中华民族伟大复兴的伟大实践中。

二、当前以高质量发展推进实现共同富裕存在的突出问题

以共同富裕为导向的高质量发展，必然是以"创新成为第一动力、协调成为内生特点、绿色成为普遍形态、开放成为必由之路、共享成为根本目的"的发展。当前，发展不平衡不充分的问题依然突出，发展的质量和效益有待提高，居民生活品质还需进一步改善，社会创造财富能力还需进一步提升，城乡和区域发展差距仍然较大，影响了共同富裕的推进实现。

新动能对经济发展的支撑不足，实现共同富裕亟需源动力支持。无论是从理论还是从实践看，科技创新、产业升级都是新动能的最重要来源。党的十八大以来，我国创新发展取得新的历史性成就，但与此同时，关键核心技术依赖于人的状况尚未得到根本扭转，很多关键零部件、元器材和关键材料自给率还不够高，特别是中美贸易摩擦爆发以来，美西方加大对我国的围堵打压力度，技术封锁、极限施压措施频出，关键核心技术"卡脖子"问题更加凸显，科技自立自强水平亟待提升。企业重技术引进轻消化吸收，自主创新能力与高质量发展的要求还存在较大差距。产业是推动经济增长、推进现代化、实现共同富裕的重要支撑。经过长期积累和发展，中国已经成为产业大国，不少产业已在数量规模上实现了对发达国家的赶超，部分产业或产业领域已经接近或赶上国际领先水平，但整体仍处于产业链、价值链中低端，核心竞争力不强，与发达国家差距依然明显。

发展的平衡性和协调性不强，制约实现共同富裕的进程。发展失衡主要体现在物质文明和精神文明建设的关系、城乡关系、区域关系、行业关系、企业关系等多个方面。共同富裕是物质和精神都富裕，精神文明建设在实践中仍然存在一些不容忽视的问题，马克思主义的指导地位有待进一步巩固和加强，文化建设中仍存在盲目崇洋、有些文化产品内容浅薄、历史虚无主义思潮沉渣泛起等问题，社会上仍存在道德失范、诚信缺失等现象，与人民对美好生活的需要相比，还存在诸多短板和差距。城乡发展差距依然较大，农村经济发展仍存在基础薄弱、设施不完善、公共服务水平较低、人才流失严重等突出问题，

农村已成为全面建设社会主义现代化国家、高质量发展的最大短板。区域发展失衡状况仍未得到根本扭转，区域经济发展分化态势明显，经济增速"南快北慢"、经济份额"南升北降"态势持续，在东西南北四大板块之间、板块内部之间、省区内部之间均出现不同程度的分化，如东北地区经济总量占全国的比重从2016年的5.7%下降至2021年的4.9%。从行业关系看，发展失衡最突出的表现就是实体经济和虚拟经济之间的失衡，房地产、金融等存在脱实向虚的倾向，中国金融业增加值占GDP比重从2013年的6.95%上升至2021年的7.97%，在全球经济大国中位于前列，金融业的繁荣发展与实体经济低迷形成鲜明反差。这种失衡还体现在从业人员收入上，金融、房地产业员工收入水平远高于实体经济各行业员工收入水平。城镇非私营单位金融业人均工资长期高于制造业人均工资，2019年前者为后者的1.7倍。[①]从企业关系看，不同类型企业之间的关系不对等，发展失衡，小型企业数量最多，但大型企业在资产、营业收入、利润总额等方面远远高于小型企业，大中小企业协同发展水平不够，尚未形成大企业带动中小企业发展、中小企业为大企业注入活力的融通发展格局。

"蛋糕"分配不够合理，影响实现共同富裕的成色。以高质量发展促进共同富裕，分好"蛋糕"非常重要。建立有效的收入分配制度是分好"蛋糕"的前提。当前，我国收入分配领域还存在一些比较突出的问题。2020年，我国居民收入的基尼系数虽然相对2015年的高点有所下降，但仍然高达0.468。一是从宏观层面看，政府、企业和住户部门（居民）之间的收入分配格局还不太合理，居民收入还有提升空间。根据国家统计局提供的资金流量表数据，2000年至2008年，我国居民收入占比总体处于下降趋势，且降幅较大，下降8.49个百分点，2008年以来有所回升，2020年达到62.0%，比2008年提高3.34个百分点，但仍未恢复到历史高点。[②]二是劳动报酬份额仍有较大提升空间。劳动收入是绝大多数人的主要收入来源。2000年以来，劳动报酬在初次分配中的份额总体呈现先下降后上升趋势，从2000年的52.7%下降到2011年的46.8%再上升至2019年

① 黄群慧：《在协调发展中扎实推进共同富裕》，《光明日报》2022年1月4日。

② 邓曲恒、孙婧芳：《优化宏观分配格局促进共同富裕》，《中国银行业》2021年第12期。2020年数据来自国家统计局：《经济结构不断优化协调发展成效显著——党的十八大以来经济社会发展成就系列报告之十一》，国家统计局网站2022年9月27日。

的52.03%，其中企业部门是劳动报酬的主要来源，但2019年企业部门劳动报酬占比仅为41.76%，还有相当大的提升空间。三是再分配对收入分配的调节作用有待加强。2000年以来，住户部门可支配收入（经过再分配环节）变化趋势与初次分配基本相同，住户部门在可支配收入中的份额从2000年的67.54%下降到2008年的58.28%，再回升至2019年的62.25%。经过再分配后，住户部门可支配收入占比变化不大，说明再分配未能有效发挥收入分配调节作用。

三、以高质量发展推进共同富裕

迈上全面建设社会主义现代化国家新征程，必须坚持"发展是党执政兴国的第一要务"，坚持以推动高质量发展为主题，推动经济实现质的有效提升和量的合理增长，扎实推动共同富裕取得更为明显的实质性进展。

增强新动能对经济发展的支撑。坚持创新是第一动力、人才是第一资源的理念，实施创新驱动发展战略，加强国家战略科技力量建设，完善国家创新体系，集聚力量开展科技攻关，打好关键核心技术攻坚战，加快实现高水平科技自立自强，加强企业主导的产学研深度融合，提高企业自主创新能力，为经济社会发展打造新引擎。坚持把发展经济的着力点放在实体经济上，推动传统优势产业高端化、智能化、绿色化发展，加快培育发展战略性新兴产业，推动制造业和服务业深度融合发展，促进数字经济和实体经济深度融合，支持企业加快技术积累、产品质量提升、品牌培育、市场开拓等，打造一批具有全球竞争力的世界一流产业集群和一流企业。

提升发展的平衡性和协调性。一是促进物质文明与精神文明协调发展。要以更大力度推动精神文明建设，建设具有强大凝聚力和引领力的社会主义意识形态，广泛践行社会主义核心价值观，通过加强思想道德建设、推动文明培育和文明实践、诚信文化建设等方式提高社会文明程度，繁荣发展文化事业和文化产业，让人民群众享有更多文化发展成果，在精神层面有更多的获得感，推动实现精神的共同富裕。二是通过增强城乡区域发展的平衡性缩小城乡和区域差距。全面推进乡村振兴，坚持农业农村优先发展，坚持城乡融合发展，扎实推动乡村产业、人才、文化、生态、组织振兴，增强农村内生发展动力。深入实施区域协调发展战略、区域重大战略、主体功能区战略、新型城镇化战略，加快形成各区域主体功能明显、优势互补、高质量发展的区域经济布局，缩小区域发展差距。三是着力解决实体经济发展成本居高不下的问题，不断优化实体经济营商环境，引导要素资源在各行业间合理流动和高效配置，提升实体经济吸引力，推动金融、房地产等行业同实体经济协调发展。深入推进要素配置市场化改革，完善市场竞争机制，消除扭曲收入分配关系的制度基础。培育壮大各类市场主体，进一步激发企业的创新创造活力，不断提高企业的竞争力。四是平等对待各类市场主体，为民营企业和中小微企业发展营造更加公平的竞争环境，支持各类企业通过供应链、创新链和产业链合作等方式加强协作融合，构建大中小企业相互依存、相互促进的企业发展生态。

以提升劳动者素质和优化分配制度为核心，加快改善收入分配格局。在高质量发展中促进共同富裕，需要高质量的就业和高素质的劳动者队伍。强化就业优先政策，壮大实体经济，发挥好中小微企业就业主渠道作用，支持创新创业，完善高校毕业生、农民工、脱贫劳动者、城市困难人员等重点群体就业支持体系，健全就业公共服务体系，通过加大人力资本投入、加强职业教育和技能培训等方式提高受教育程度和劳动者素质，实现就业量的扩大和质的提升，多渠道增加居民劳动收入和财产性收入。通过优化营商环境和促进中小企业发展，提升企业盈利能力，适度降低政府生产税净额在初次分配中的比例，提高居民在初次分配中的比例，持续优化政府、企业、居民三大部门分配格局。坚持按劳分配为主体、多种分配方式并存的基本分配制度，通过健全市场配置要素资源的体制机制、深化工资制度改革、消除政府不当干预、鼓励合法和取缔非法等方式提高劳动报酬份额。增强再分配的收入分配调节功能，大力推进基本公共服务均等化，完善以税收、社会保障、转移支付为主要手段的再分配调节框架。充分发挥第三次分配的补充作用，大力发展慈善事业，鼓励高收入人群和企业更多回报社会。

在优化收入分配结构中推进共同富裕

　　完善收入分配制度、优化收入分配结构是分好"蛋糕"、实现共同富裕的重要路径。我国已打赢脱贫攻坚战，在中华大地上全面建成小康社会，站到了新的历史起点上。但与此同时，受分配制度不完善、市场秩序不够健全等多种因素的影响，我国收入分配结构不够合理，贫富差距仍然较大，基尼系数始终高于国际公认的0.4的警戒线水平。进入新发展阶段，必须采取有力措施，加快完善收入分配制度，不断优化收入分配结构，逐步缩小收入差距，朝着实现共同富裕的目标不断奋进。

一、优化收入分配结构对推进实现共同富裕具有重要意义

　　收入分配是民生之源，是改善民生、实现发展成果由人民共享最重要最直接的方式，改善收入分配结构，对"蛋糕"进行公平合理的分配，是实现共同富裕的重要基础，对推进实现共同富裕具有重要意义。

　　优化收入分配结构有利于稳固共同富裕的社会基础。优化收入分配结构，加快扩大中等收入群体比重，形成中间大、两头小的橄榄型分配结构，有利于凝聚社会共识、打造稳定的社会结构，巩固共同富裕的社会基础。第二次世界大战以来，众多国家在追求和实现现代化的过程中，留下许多深刻教训。这些教训一再证明，当生产力发展到一定阶段，若不重视公平发展和收入（财富）的合理分配，最终会落入"中等收入陷阱"，即使是已经实现了现代化成为

发达国家，如果收入分配不够合理，也依然会导致两极分化和"丰裕中的贫困"①。中国正处于从中等收入经济体向高收入经济体迈进的关键阶段，必须高度重视解决收入分配差距过大的问题，要从巩固党的执政基础、实现人民对美好生活的向往的高度看待优化收入分配结构的重要性及紧迫性。

优化收入分配结构有利于调动人民群众追求共同富裕的积极性。在计划经济时期，我国过度追求以结果公平为中心的分配方式，"干多干少一个样，干好干坏一个样"，难以有效激发劳动者提高生产率的积极性。改革开放以来，我国逐步建立了按劳分配为主体，多种分配方式并存的基本分配制度，提高了各类生产要素所有者的积极性，但由于市场体制不健全、分配机制不完善、政府不当干预等，我国收入分配结构不够合理，还存在较大的优化改进空间。优化收入分配结构，建立与贡献相匹配的收益分配与利益共享机制，促进社会公平正义，确保向上流动通道畅通，营造勤劳致富、积极创富的良好社会氛围和环境，能够充分激发人民群众推动生产率提升、推动实现共同富裕的积极性、主动性和创造性，避免"内卷"和"躺平"。

优化收入分配结构是扩大内需、提高人民生活水平的重要举措。扩大内需特别是提振消费的关键是提高收入水平。优化收入分配结构，推动收入分配更加公平合理，通过创造高质量就业、基本公共服务均等化、加强社会保障等举措，持续提高低收入群体收入，扩大中等收入群体，有助于从收入、成本两端共同发力提振居民消费意愿和能力，有利于扩大有效需求，激活国内消费市场，推动构建新发展格局。人民生活水平是衡量共同富裕的重要指标，优化收入分配结构，提高中低收入群体收入，增加可支配收入，使人民掌握更多生存资料、发展资料和享受资料，更加有能力提高生活质量、满足对美好生活的向往。

---

① 此概念最早由约翰·梅纳德·凯恩斯在《就业、利息和货币通论》中提出。经过许多学者的发展和演绎，目前该概念用于描述下述现象：随着经济的发展，一些国家、地区和社会阶层福利水平提高的同时，另一些国家、地区和社会阶层的贫困状况不但没有好转，反而更加恶化了。

二、当前我国收入分配结构存在的问题与症结

经过多年的改革探索和发展，我国的收入分配结构不断改善，建立了较为完善的初次分配和再分配制度，以公益慈善为主的第三次分配制度也逐步建立完善起来，对培育形成数量达4亿多的中等收入群体、推动共同富裕发挥了重要作用。但当前我国收入分配差距依然较大，在世界各主要经济体中处于前列，收入分配制度还不够完善，收入分配结构还不够合理，一定程度上抑制了人民群众勤劳致富的内生动力。

初次分配中劳动报酬占比偏低，且不同产业分配存在巨大的结构性差异。一是从要素分配格局看，劳动报酬占比偏低。受资源垄断性、市场供求不平衡、产业结构错配、政府不当干预等诸多因素影响，劳动、土地、资本、技术、管理、数据等各类生产要素收益回报差异巨大，一线劳动者劳动报酬占比偏低、劳动要素报酬增长缓慢。具体表现为国民收入初次分配中劳动报酬占比持续下降并反复震荡[1][2]；劳动报酬增长率低于劳动生产率增长率[3]；从国际比较来看，国民收入初次分配中劳动报酬占比处于世界较低水平[4]。二是从产业层面看，第一产业分配与第二、三产业分配存在巨大差距。第一产业具有生产周期长、环境影响大、投资回报慢、不确定性强等天然弱质性，在现实中也不是完全按照市场效率原则运作的，各国政府均采取财政扶持、信贷支持、价格保护、农业保险、生态产品与服务补偿等政策对农业进行支持和保护。多年来，第一产业对土地等资源的利用效率是比较高的，增加值率比第二产业高出一倍多，但是由于人多地少，全员劳动生产率却比较低，人均增加值按从业人员计算只有3.6万多元，仅相当于第二产业的20%，在分配上处于弱势地位。三是农

---

① 白重恩、钱震杰：《谁在挤占居民的收入——中国国民收入分配格局分析》，《中国社会科学》2009年第5期。

② 蓝嘉俊等：《就业结构、刘易斯转折点与劳动收入份额：理论与经验研究》，《世界经济》2019年第6期。

③ 胡莹、郑礼肖：《改革开放以来我国劳动报酬的变动分析——基于以人民为中心发展思想的视角》，《经济学家》2019年第7期。

④ 郑猛、田永晓：《拉美六国要素替代弹性与收入分配研究》，《拉丁美洲研究》2019年第2期。

村居民劳动报酬长期低于城市居民。劳动报酬主要由货币工资、实物工资以及社会保险三部分组成。农村居民从农业经营活动中获取的收入，很大部分属于自产自用的实物性收入，难以准确估价并在劳动报酬中得到全面反映，且农村居民享受的养老保险、失业保险等各种福利及地区补贴、国家政策性补贴等补贴水平都远低于城市居民；农村居民收入还有一部分来自务工等非农业活动，受农村转移劳动力身份转换滞后、技能水平相对不足等因素影响，进城务工人员在劳动力市场上始终处于弱势地位，其劳动报酬也普遍低于城市及非农部门原有劳动力。

再分配未能有效发挥收入分配调节作用。初次分配是基础，但也存在局限性，如无法解决禀赋差异问题、未涵盖非劳动者（老龄人口、丧失劳动能力者等）、难以应对突发变故（自然灾害、风险等）导致收入骤减的问题，单纯依靠初次分配不能解决收入差距过大问题，需要通过财税、社会保障、转移支付等再分配手段加以调节。一般而言，一个国家的再分配由收支两方面构成：一方面，国家对企业和居民通过初次分配获得的收入征收具有收入调节性质的税费；另一方面，国家通过转移支付、建立社会保障体系和发展各种福利事业，增加一些地区和社会成员的收入。2020年我国再分配总额按经常转移计算达20.76万亿元，其中所得税和财产税占22.98%，社会保险缴款占30.86%，社会福利和补助等占46.16%。①再分配是我国调节贫富差距的重要手段，虽然我国再分配制度总体上比较健全，但部分政策的实际调节效应有限。如作为政府调节收入分配重要工具的个人所得税，本应担当缩小居民收入差距的重要职能，但实证研究结果显示，其对城镇居民收入分配调节效果甚微，甚至在一些年份中出现逆向调节效应。②

第三次分配加快发展，但与实现共同富裕的要求相比还存在较大差距。第三次分配是在道德、文化、习俗等影响下，社会力量自愿通过民间捐赠、慈善事业、志愿行动等方式开展的济困扶弱行为，是对再分配的有益补充。③第三次

---

① 数据来源：2021年《中国统计年鉴》，表3-15"资金流量表"。

② 李士梅、李安：《我国个人所得税收入分配调节效应分析》，《税务与经济》2017年第5期。

③ 刘鹤：《坚持和完善社会主义基本经济制度》，《人民日报》2019年11月22日。

分配本质上是社会机制调节的资源分配，有助于激发共同富裕的内生动力。随着经济社会的发展、文明的进步，第三次分配在调节贫富差距、促进共同富裕方面，发挥着日益重要的作用。改革开放以来，社会组织蓬勃发展，我国越来越多的社会成员富裕起来，不少人自愿捐献出大量财富，帮助和带动其他人走向共同富裕。民政部数据显示，截至2021年底，我国共有社会组织90.2万个，其中社会团体37.1万个，民办非企业单位52.2万个，基金会8877个；全国共有经常性社会捐赠工作站、点和慈善超市1.4万个，全国社会组织捐赠收入1192.5亿元。[1]然而，当前我国慈善事业的发展与社会财富量级、第三次分配的地位不相匹配，与新发展阶段的要求还有很大差距。慈善捐赠是第三次分配的重要来源，但无论是规模还是结构都面临着较大挑战。从规模看，我国慈善捐赠增长幅度明显慢于GDP增长幅度。2019年我国慈善捐赠占GDP的比重仅为0.15%，同年美国为2.1%。从来源结构看，个人捐赠占比过低。2019年中国企业捐赠款物占捐赠总量的61.7%，个人捐赠占26.4%；美国个人捐赠占比约为70%，企业捐赠仅占5%。[2]我国的这一比例不仅远低于美国、英国等发达国家，甚至还低于新兴的金砖国家。[3]随着互联网公益的发展，2014年以来我国个人捐赠占比呈上升趋势，但个人捐赠比例仍然严重偏低，制约了慈善捐赠在第三次分配中作用的发挥。

三、从分配制度入手着力优化收入分配结构

在促进全体人民共同富裕的进程中，要不断改进和完善分配制度，构建初次分配、再分配、第三次分配协调配套的基础性制度安排，推动三种分配方式协调联动，实现整体发力、优势互补、相互促进，在相辅相成、相得益彰中发挥最大效用，努力构建与新发展阶段要求相适应的收入分配结构。

---

[1]　数据来源：《2021年民政事业发展统计公报》，民政部网站。

[2]　马晨晨：《专访国务院参事汤敏：三次分配是补充》，《第一财经日报》2021年9月3日。

[3]　江亚洲、郁建兴：《第三次分配推动共同富裕的作用与机制》，《浙江社会科学》2021年第9期。

（一）坚持有效市场和有为政府相结合，改善初次分配状况

一是采取有效措施缩小第一产业分配与第二、三产业分配差距。首先，通过加大对农业生产的投入、实施再分配补贴以及发展农村金融、保险和担保等举措，尽可能保持农用生产资料和农副产品价格稳定，让农民的劳动成果能够转化为稳定合理的收入。其次，通过大力发展以生产标准化、经营规模化、产品加工化、服务社会化、交易网络化为显著特征的现代农业，推动一二三产业融合发展，延伸产业链、提升价值链、完善利益链，大幅提高广大农民和现代农业经营主体的收入。再次，不断优化劳动要素供给的政策环境，深化农村集体产权制度改革，探索"三权分置"多种实现形式，着力拓宽农民增收渠道。

二是健全监管体系，调节第二、三产业中的不合理收入差距。首先，要处理好劳动收入和资本收入、普通员工与企业高管收入之间的关系，适当提高劳动报酬在增加值中的比例，逐步缩小普通员工与企业高管之间的收入倍差。其次，完善技术参与分配的机制，鼓励科研人员通过科技成果转化获得合理收入，建立健全对科研人员实施股权、期权和分红激励的机制。再次，防范外资转移利润。在保证外资企业和内资企业作为市场主体平等地位的同时，要设法防止一些外资企业通过高价进口原材料和低价出口制成品向外转移利润。

三是多措并举，切实增加国民收入初次分配中一线劳动者的劳动所得份额。在宏观层面，要坚持公有制和按劳分配为主体不动摇，不断提高劳动报酬在国民收入初次分配中的占比。资本与劳动的关系是现代社会关系的轴心，在微观层面要鼓励各类组织积极探索、多措并举、寻求突破，切实增加国民收入初次分配中一线劳动者的劳动所得份额。重视并推广实践探索中出现的一些增加劳动报酬的新形式，如深圳华为公司员工100%持股的私营企业虚拟受限股权，凭借劳动贡献获得增量股权及其剩余分配模式等初次分配原则和模式创新为平衡劳动和资本的利益关系提供了思路借鉴。[①]此外，要采取有效措施预防和应对新技术新领域出现的新问题。如针对近年来平台垄断程度逐步加深，造成初次分配行业间差距的不断扩大，应适时完善平台经济领域反垄断政策。

---

① 张广科、王景圣：《初次分配中的劳动报酬占比：演变、困境与突破》，《中州学刊》2021年第3期。

（二）优化经常转移收支结构，完善再分配制度

一是适当提高所得税对超高收入的累进级差，适时开征遗产税等新税种。所得税款可用于设立面向中低收入群体创业专项资助基金或直接对中低收入家庭和群体提供收入补贴。对国内财富向国外单向转移实行必要监控和调节，可考虑征收大额财产转移出境税，防止国民财富非正常外流。

二是分阶段逐步全面实行社会保险省级统筹。我国城镇养老、医疗、失业保险是由就业人员和企业分别按工资一定比例缴款，就业人员缴款属于应发工资的一部分，具有初次分配性质；企业缴款不属于中间消耗，与盈利之间具有此消彼长的关系，带有再分配性质。社会保险缴款不仅最终会发放给从业人员，而且部分发生代际转移，即后代的社会保险缴款被用来支付前代的养老金，就其支出来看也属于再分配。目前社会保险存在较大的地区差距和城乡差距，应当分阶段逐步全面实行省级统筹，争取在21世纪中叶过渡到全国城乡统筹。[1]

三是充分发挥社会福利和补贴的应有作用。全面优化现行社会福利制度安排，不仅要提高覆盖面，大力推动基本公共服务项目向农村社区延伸，还要根据经济发展水平和财政能力进行动态调整，提高福利水平，特别是要加大对幼儿、妇女及残疾人的福利供给，发展专业化服务项目，最终逐步消除城乡社会福利的制度分割，实现城乡社会福利均衡发展。进一步优化生活补贴和生产补贴制度，做到精准、有效。

（三）加强引导和规范，推动第三次分配健康发展

一是探索各类新型捐赠渠道、模式和方式，完善第三次分配推动共同富裕的创新机制。首先，应用区块链、人工智能等技术降低参与公益慈善活动的成本，对网络慈善的适用边界、权利义务、募捐流程、操作办法和法律责任等进行系统规范，从人才、技术和资金等方面予以支持，不断完善配套制度和支撑体系。其次，通过政府购买等方式，引导专业化社会组织提供社会救助、养老服务、儿童福利、残疾人福利和社区治理等服务。再次，探索创建以共同富

---

[1] 危旭芳、郑志国：《改进和完善我国分配制度探析》，《理论视野》2022年第6期。

裕冠名的慈善组织或慈善活动，探索技术、技能、股权等新型捐赠方式，创新推动社区、社会工作者、社区志愿者、社区社会组织、社区公益慈善资源共同参与的"五社联动"慈善模式。最后，支持慈善组织、信托公司等针对当地在乡村产业发展、基础设施建设、教育医疗服务等方面的薄弱环节，积极探索与开发合法、高效的慈善信托产品模式，创新设计慈善信托模式，精准助力乡村振兴。

二是建立健全第三次分配回报社会的激励机制，充分激发社会力量的捐赠热情。首先，加快普及慈善教育和培育慈善文化，激发慈善组织的内生动力。如对个人捐赠占收入总额50%以上的公募慈善组织，给予更大的政策优惠，引导慈善组织开展慈善教育和培育慈善文化；支持和鼓励以捐赠者名字命名捐建的学校和医院等公共建筑、设立的奖学金或科技研发基金，彰显社会示范效应。其次，将互联网平台个人募捐项目纳入个人所得税捐赠扣除范围，细化非货币性资产捐赠规定，落实非货币捐赠减免流转税的政策优惠，进一步规范临时性、应急性慈善捐赠税收政策，简化慈善捐赠所得税收减免程序，使税收优惠申请渠道实现便捷化、畅通化。最后，针对长期以来公众对慈善组织的信任危机以及慈善行业缺乏吸引力问题，要从激励相容原则出发，建立透明慈善、实现阳光募捐，优化慈善组织内部治理机制①，健全慈善从业人员能力素质和职业评价体系，提高慈善从业者的社会地位，增加慈善行业的吸引力。

---

① 柴振国：《我国慈善组织信息公开机制研究——以激励相容为视角》，《广东社会科学》2017年第3期。

第三节

在推动区域协调发展中推进共同富裕

区域发展差异巨大、发展不平衡是我国的基本国情。解决好区域协调发展问题，缩小区域发展差距，关系到国家的长远发展、关系到共同富裕目标的实现。实现全体人民共同富裕，虽然"不是所有人都同时富裕，也不是所有地区同时达到一个富裕水准，不同人群不仅实现富裕的程度有高有低，时间上也会有先有后"①，但一个地区都不能少、都不能掉队，推进区域协调发展是推进实现共同富裕的题中应有之义。进入新发展阶段，必须深入推进区域协调发展战略，采取有力措施缩小东中西部地区差距、南北差距，在区域协调发展中推动共同富裕取得更为明显的实质性进展。

一、正确认识区域协调发展与共同富裕之间的关系

中国共产党高度重视推进区域协调发展，也深刻认识到了区域协调发展和共同富裕之间的内在联系，在各个历史阶段均量力而行、尽力而为推进区域协调发展。习近平总书记强调，实现共同富裕，"要增强区域发展的平衡性，实施区域重大战略和区域协调发展战略"②。推动区域协调发展，为实现共同富裕奠定坚实基础，是实现共同富裕的重要抓手。

---

① 习近平：《扎实推动共同富裕》，《求是》2021年第20期。

② 习近平：《扎实推动共同富裕》，《求是》2021年第20期。

推进区域协调发展有助于缩小区域发展差距，为实现共同富裕奠定坚实基础。实现共同富裕，是全部地区共同的富，不是少部分地区的富裕。自改革开放以来，党中央采取让一部分人、一部分地区先富起来的措施，推动东部地区率先崛起、加快融入世界经济体系。自20世纪后期以来，为避免地区差距扩大，先后组织实施西部大开发战略、东北振兴发展战略、中部崛起战略等，取得了明显成效。党的十八大以来，以习近平同志为核心的党中央聚焦区域发展不平衡不充分问题，先后部署实施京津冀协同发展、长江经济带发展、粤港澳大湾区建设、长三角一体化发展、黄河流域生态保护和高质量发展等区域重大战略，与西部大开发、东北振兴、中部崛起和东部率先发展四大板块形成协同联动的叠加效应，推动全国区域发展形势稳中向好，发展平衡性、协调性持续增强，为推动实现共同富裕奠定了坚实基础。

推进区域协调发展有助于打通经济循环堵点，消除实现共同富裕的体制机制障碍。实现共同富裕，要求有效规范初次分配，避免因影响公平竞争的政策或机制等因素造成收入分配不公和收入分配差距过大。推进区域协调发展，要求着眼长远和发展全局，突破地方利益分割和固化的既有藩篱，破除地方保护和区域壁垒，清理废除各地区妨碍统一市场和公平竞争的各项政策，破除限制资本、技术、人才、劳动力等生产要素自由流动和优化配置的体制机制障碍，使市场在资源配置中起决定性作用，不仅能够打通生产、流通、消费、分配四个环节的堵点，有效扩大内需，提高要素配置效率，而且能够充分发挥我国超大规模市场优势，并将其转化为经济增长、人民收入水平提高的强大动能，有利于推动实现共同富裕。

推动区域协调发展和共同富裕在价值追求上具有一致性。推动区域协调发展、实现共同富裕是社会主义现代化建设的重要内容。党的十九大明确分"两步走"在本世纪中叶建成富强民主文明和谐美丽的社会主义现代化强国的战略目标。其中，第一阶段即从2020年到2035年的发展目标之一是实现"城乡区域发展差距和居民生活水平差距显著缩小……全体人民共同富裕迈出坚实步伐"，第二阶段即从2035年到本世纪中叶的发展目标之一是"全体人民共同富裕基本实现"。党的二十大进一步明确了"两步走"战略目标，提出到2035年，人民生活更加幸福美好，人的全面发展、全体人民共同富裕取得更为明显的实质性进展；到本世纪中叶把我国建设成为综合国力和国际影响力领先的社会主义现代化强国。显然，实现区域协调发展，最终就是为了推动实现共同富裕，二者具有共同的价值追求，即促进人的自由全面发展。

二、当前以区域协调发展推动实现共同富裕存在的问题

经过新中国成立以来特别是改革开放40多年的不懈奋斗，我国发展站在了新的历史起点上，已经拥有开启新征程、实现新的更高目标的雄厚物质基础。发展中的重大关系进一步理顺，区域协调发展取得历史性成就。但与此同时，我国区域发展不平衡不充分问题依然突出且呈现新的特征，影响了实现共同富裕的进程。

区域经济发展南北分化态势明显，部分区域发展面临较大困难。进入新时代，我国区域发展取得显著成就，区域发展相对差距持续缩小。2021年，中部和西部地区生产总值占全国的比重分别由2012年的21.3%、19.6%提高到2021年的22%、21.1%。中西部地区经济增速连续多年高于东部地区。东部与中西部人均地区生产总值比分别从2012年的1.69、1.87下降至2021年的1.53、1.68，东西差距持续缩小，区域发展的协调性逐步增强。但与此同时，一些区域在发展动能转换上明显滞后，区域经济发展加快分化，呈现经济增速"南快北慢"、经济份额"南升北降"态势。东北地区发展相对滞后，2016年至2021年，东北地区经济总量占全国的比重从5.7%下降到4.9%，下降了0.8个百分点，且短期内趋势难以逆转。

发展动力极化现象日益突出，各城市群发展不平衡不充分问题依然突出。随着新型城镇化的加快推进，经济和人口向大城市及城市群集聚的趋势比较明显，形成了一批推动高质量发展的区域增长极。目前我国19个城市群集聚了全国70%以上的人口和80%以上的经济总量，已经成为支撑我国经济高质量发展、参与国际竞争合作的重要平台。与此同时，城市群之间及城市群内部各城市发展不均衡问题凸显。19个城市群处在不同发展阶段，京津冀、粤港澳大湾区和长三角城市群发展已较为成熟，其他城市群还处在快速发育阶段，这些城市群均围绕一批大型甚至是特大、超大型城市形成，成为国家经济发展发动机，但

由于这些城市的发展过分拘泥于主城区边界和城市行政辖区的限制，不仅导致主城区过度拥挤和发展强度、密度过高，引发"大城市病"，还放大了大中小城市间的差距。还有一些资源枯竭型城市、传统工矿区城市发展活力不足，转型发展面临较大困难。

发展环境发生深刻变化，出现了一些拉大区域发展差距的新情况新问题。近年来，新一轮科技革命和产业变革深入酝酿和发展，以人工智能、大数据、物联网、云计算、区块链、虚拟现实、移动互联网等为代表的新一代信息技术迅猛发展，不断催生新业态新产业。数字技术创新和迭代速度明显加快，成为集聚创新要素最多、应用前景最广、辐射带动作用最强的技术创新领域，人类社会正在进入以数字化为主要标志的新阶段。新技术的应用以及数字经济的发展，催生了一大批领军企业，平台经济得到快速发展，加快了数字化基础设施较好、具有区位优势的地区的发展，进一步加大了区域发展的"数字鸿沟"，由此引发的区域发展差距拉大现象应引起高度重视。

三、加快在推动区域协调发展中推进实现共同富裕

没有全国各地区的协调发展，就没有全体人民的共同富裕。迈上全面建设社会主义现代化国家新征程，要更加注重弥补经济社会发展领域中的薄弱环节，更加注重发展的木桶效应和整体效能，更加注重从拓宽发展空间中寻求发展后劲，更加注重从实现资源均衡配置中获得全方位的协调发展；要深入实施区域协调发展战略、区域重大战略、主体功能区战略、新型城镇化战略，优化重大生产力布局，着力构建优势互补、高质量发展的区域经济布局，在区域更加协调发展中扎实推进共同富裕。

一是要细化完善主体功能区制度，优化国土空间发展格局。进一步细化实施主体功能区制度、优化国土空间布局，是发挥各地区比较优势、推动区域协调发展的前提。要立足资源环境承载能力，顺应空间结构变化趋势，发挥各地区比较优势，优化重大基础设施、重大生产力和公共资源布局，促进各类要素合理流动和高效集聚，逐步形成城市化地区、农产品主产区、生态功能区三大空间格局。进一步细化主体功能区划分，对重点开发地区、生态脆弱地区、能

源资源富集地区等制定差异化政策，分类精准施策。

二是打造高质量发展动力源，在发展中促进相对平衡。根据各地区的条件，走合理分工、优化发展的路子，形成几个能够带动全国高质量发展的新动力源。推进京津冀协同发展、长江经济带发展、粤港澳大湾区建设、长三角一体化、黄河流域生态保护和高质量发展，高标准、高质量建设雄安新区，推动成渝地区双城经济圈建设。以中心城市和城市群等经济发展优势区域为重点，加快推动京津冀、长三角、粤港澳大湾区等城市群高质量发展，构建大中小城市协调发展格局。深入推进西部大开发、东北全面振兴、中部地区崛起、东部率先发展，支持特殊类型地区加快发展，牵引带动全国区域高质量协调发展。打造高质量发展的动力源，推动区域协调发展，要以强化区域产业合作为主攻方向，统筹考虑特大城市、超大城市、大城市、中小城市、农村地区的产业链供应链布局，着力提升中西部地区、农村地区产业承接能力，构建东中西产业链供应链梯次分布新格局，增强产业链供应链韧性。

三是全面推进区域基本公共服务均等化，实现人民基本生活保障水平大体相当。推动城乡义务教育优质均衡发展，扩大欠发达地区普惠性学前教育资源供给，提高规范化幼儿园覆盖率，加大发达地区对欠发达地区的对口帮扶力度，扩大优质教育资源覆盖面。继续加强义务教育标准化学校建设，全面改善欠发达地区薄弱学校基本办学条件。结合区域产业布局，在欠发达地区建设高水平职业院校和专业，打造当地支柱产业急需的重点学科和创新平台，加大应用人才培养力度。推进公共卫生服务均等化，逐步提高基本医保和大病保险保障水平，扩大异地就医直接结算范围，继续提高欠发达地区基本公共卫生服务经费人均财政补助标准。加强欠发达地区全科医生及儿科、产科、精神科等医生队伍建设，加快推进分级诊疗服务。组建跨区域医疗联合体，充分发挥发达地区著名医院在品牌、技术、专家等方面的优势，通过专家互派、远程会诊等方式，提升欠发达地区医疗服务水平。加强县域医疗服务能力和社区、乡镇基层首诊能力建设。支持欠发达地区中医药事业传承创新发展。加大对欠发达地区和农村地区文化体育设施建设的投入力度，完善现代公共文化体育服务体系。稳步提高欠发达地区社会救助、城乡居民基本养老保险基础养老金等标准，进一步扩大各项社会保险覆盖面。

四是健全区域协调发展体制机制，激发各地区协调发展内生动力。首先，健全市场一体化发展机制。按照建设统一、开放、竞争、有序的市场体系要求，加快探索建立规划制度统一、发展模式共推、治理方式一致、区域市场联动的区域市场一体化发展新机制，着力破除行政区划壁垒，促进城乡区域要素自由流动。落实公平竞争审查制度，完善区域交易平台和制度，培育发展各类产权交易平台，完善区域性碳排放权和股权交易市场。推进水电气、土地、融资、流通等重点领域改革，加快建设公平统一高效的市场环境。其次，创新区域政策调控机制。实行差别化的区域政策，充分考虑区域特点，发挥区域比较优势，加大对中西部等欠发达地区和东北地区等老工业基地的财政、产业、土地、环保、人才等政策支持力度，提高政策的精准性和有效性，因地制宜培育和激发区域发展动能。建立区域均衡的财政转移支付制度，根据地区间财力差异状况，加大中央对地方的均衡性转移支付力度，省级政府通过调整收入划分、加大转移支付力度，增强省以下政府区域协调发展经费保障能力。建立健全区域政策与其他宏观调控政策联动机制，围绕区域规划和区域政策导向，完善相关的财政、货币、投资和产业政策。再次，深化区域合作机制。深化京津冀地区、长江经济带、粤港澳大湾区等合作，提升合作层次和水平。充分发挥政府、企业、行业商协会、社会中介组织等作用，鼓励组建跨地区跨行业产业、技术、创新、人才等合作平台，推动城市间产业分工、基础设施、公共服务、环境治理、对外开放、改革创新等协调联动。加快推进长江经济带、珠江–西江经济带、淮河生态经济带、汉江生态经济带等重点流域经济带上下游间合作发展，建立规划对接机制、重大事项协商合作机制，加强流域生态环境共建共治、产业共建共享。支持晋陕豫黄河金三角、粤桂、湘赣、川渝等省际交界地区合作发展，探索建立统一规划、统一管理、合作共建、利益共享的合作新机制。支持沿海、沿边地区积极参与共建"一带一路"高质量发展，提升对内对外开放层次和水平。最后，要健全区际利益补偿和区域对口帮扶协作机制。强化政府统筹责任，完善多元化横向生态补偿机制，鼓励生态受益地区与生态保护地区、流域下游与流域上游通过资金补偿、对口协作、产业转移、人才培训、共建园区等方式建立横向补偿关系。统筹发达地区和欠发达地区发展，坚持"输血"和"造血"相结合，以产业共建和民生社会事业为工作重点，积极探索扶持共建、股份合作、托管建设等产业合作模式，完善共建园区GDP核算、税收分成等制度，形成责任共担、利益共享、合作共赢的长效机制。[1]

① 《中共中央　国务院关于建立更加有效的区域协调发展新机制的意见》，新华社2018年11月29日。

第四节 在全面推进乡村振兴中实现共同富裕

习近平总书记强调："促进共同富裕，最艰巨最繁重的任务仍然在农村。农村共同富裕工作要抓紧，但不宜像脱贫攻坚那样提出统一的量化指标。"[1]乡村振兴是共同富裕的一盘先手棋，解决了农业的现代化问题，全面建设社会主义现代化国家的目标就能实现；解决了农民的富裕问题，共同富裕的宏伟目标才能完成。迈上新征程，要坚持农业农村优先发展，坚持城乡融合发展，畅通城乡要素流动，扎实推动乡村产业、人才、文化、生态、组织振兴，推动农业农村现代化迈出新步伐，切实缩小城乡发展差距，补齐实现共同富裕的短板。

一、推动乡村全面振兴对实现共同富裕具有重大意义

实现共同富裕的重点在乡村，难点也在乡村。2021年我国常住人口城镇化率达64.72%，但农村人口仍然有5.56亿人。没有农村的现代化，农村居民没有实现富裕，就不可能实现全体人民共同富裕。推动乡村全面振兴，不仅是经济问题，更是重大的政治、社会问题，对实现共同富裕具有重大意义。

推动乡村振兴与共同富裕在目标导向、价值追求上具有一致性。推动乡村全面振兴与推动共同富裕的目标都指向实现中华民族伟大复兴。民族要复兴，乡村必振兴；共同富裕要实现，乡村必富裕。"三农"问题是关系国计民生的

---

① 习近平：《扎实推进共同富裕》，《求是》2021年第20期。

根本性问题，中国共产党自成立以来始终将"三农"问题作为革命和建设的首要问题，从新民主主义革命时期的打土豪分田地、减租减息，到新中国成立后开展的土地改革、农村社会主义改造，到改革开放新时期实施的家庭联产承包责任制改革、新农村建设，再到新时代实施的脱贫攻坚、乡村振兴战略等，目的都在于实现农民富裕、农业农村现代化，实现中华民族伟大复兴，这与共同富裕的目标导向是一致的。实施乡村振兴战略，推进乡村产业、人才、文化、生态、组织等全面振兴，顺应了我国社会主要矛盾的变化，满足农民对更高物质生活水平、更美好环境、更高水平安全等的美好生活需要，不断丰富农民物质和精神生活。可见，推进乡村振兴和共同富裕，都是为了满足人民对美好生活的需要，都是以实现人的全面发展为根本价值取向。

推动乡村振兴是实现共同富裕的必然要求。农为邦本，本固邦宁。中国要强，农业必须强；中国要美，农村必须美；中国要富，农民必须富。农业基础巩固，农村和谐稳定，农民安居乐业，广大乡村就能更好发挥"压舱石"作用，整个发展大局就更有保障。随着新型城镇化的推进，农村人口必然逐步减少，有些乡村甚至会因为各种原因而逐步消失，但这是一个自然的渐进历史过程。乡村在经济、社会、文化、生态等方面与城市功能不同，与城市功能存在互补关系。即便中国基本实现城镇化，仍然有4亿多人口生活在农村，农村居民对美好生活的向往、对实现共同富裕的期待也必须得到满足。没有乡村的现代化，没有农民的富裕，就没有全国的现代化和全体人民的共同富裕。要把推动乡村全面振兴摆在重中之重的位置来抓，确保农民在实现共同富裕的进程中不掉队。

推动乡村振兴是实现共同富裕的基础和前提。党中央明确提出坚持以产业兴旺、生态宜居、乡风文明、治理有效、生活富裕为总要求，全面推进乡村产业、人才、文化、生态和组织振兴，实现农业强、农民富、农村美的现代化发展目标，为实现中华民族伟大复兴提供更加坚实的物质基础和更为主动的精神力量。党和国家对乡村振兴的统筹布局，内含"五位一体"和"四个全面"的布局要求，其中，产业兴旺是乡村振兴的关键，推动现代农业发展，确保粮食安全供给，为做大做好共同富裕"蛋糕"提供了坚实保障；生态宜居是乡村振兴质量的重要体现，建设望得见山、看得见水、记得住乡愁的美丽乡村，实现人与自然和谐共生，夯实共同富裕的底色；乡风文明是乡村振兴的灵魂，良好乡风是乡村繁荣发展、繁衍生息的文化根基，乡村振兴致力于提升农村居民的思想道德水平，提高乡村社会文明程度，建设与社会主义核心价值观要求相适应的新时代乡土文明，为实现农民共同富裕提供强大精神动力；治理有效是乡村振兴追求的重要目标，通过推进乡村治理能力和治理水平现代化，实现乡村安定有序、农民安居乐业，为农民实现共同富裕提供政治保障；生活富裕是乡村振兴的归宿，通过实施乡村振兴战略，不断丰富农民的物质生活和精神生活，彰显了共同富裕的成色。可见，推动乡村振兴是实现共同富裕的必由之路。

二、当前推动乡村全面振兴、实现农民共同富裕存在的问题

乡村已经成为我国现代化建设、实现共同富裕的最大短板。实现农民共同富裕的前提是精准把握当前推进乡村振兴的问题与症结所在。当前，我国城乡发展不平衡问题相当突出，乡村的价值创造和积累机制还不够健全，导致农民创造收入和财富的内生动力难以充分发挥出来。

城乡发展不平衡问题突出，城乡差距巨大。我国城镇化发展路径不同于其他国家，在转型发展过程中城乡发展极不平衡，城乡差距巨大。从收入差距看，2021年我国城乡居民人均可支配收入之比为2.50（农村居民收入=1），比2012年下降0.38，城乡居民收入相对差距持续缩小。无论是与发达国家相比，还是与发展中国家相比，我国的城乡居民收入比都是在高位运行的。从公共服务差距看，城乡二元制度性分割造成的城乡劳动力的身份差别，仍然在深刻影响着农民和城市居民的社会权利，导致农村居民享受的公共服务与城市居民存在巨大差距。2018年我国城市人均教育投入、人均医疗投入、人均养老退休保障金分别是农村的1.79、1.68、8.59倍。[①]公共服务投入不足实际上意味着乡村积累不足。农村居民收入偏低，对教育、人力资本投入不足，以及农村基本公共服务投

---

① 李实、陈基平、滕阳川：《共同富裕路上的乡村振兴的问题、挑战与建议》，《兰州大学学报》（社会科学版）2021年第3期。

入不足，都对缩小城乡差距造成了较大挑战，不利于我国共同富裕目标的实现。

农业现代化水平偏低，农民增收缺乏强大产业基础支撑。农业产业链条短，现代设施装备支撑不足，农业现代化水平偏低。从农业劳动生产率看，2020年我国农业劳动力生产率仅为44047.92元/人，第二、三产业的劳动生产率则分别高达178045.03元/人和154156.76元/人，分别是农业劳动生产率的4倍和3.5倍。2020年，中国第一产业增加值占GDP的比重为7.7%，就业人员占全部就业人员的比重为23.6%，显然中国农业劳动生产率较低是与农业就业比重高、农民普遍兼业以及小规模分散经营等紧密联系在一起的。[①]从农业的产业组织过程看，依靠劳动力投入进行小规模经营仍是农业经营的重要方式，务农收益偏低，未实现或难以实现农业的规模化和机械化生产，经营主体市场竞争能力不强。

农村集中了较多低收入人口，仍存在返贫或增收困难的问题。我国消除了绝对贫困问题，实现现行贫困标准下农村贫困人口的全面脱贫。若提高贫困标准，处于更高标准贫困线以下的人口就会大量增加，相对贫困发生率就会大大提高，即便不改变贫困标准，部分脱贫人口仍存在返贫风险。根据研究，当前农村贫困家庭收入构成中，来自政府补贴的转移性收入占比达到42%。[②]一旦停止政府补贴，或缺乏外力帮扶，部分低收入人口可能就会因为缺乏内生发展动力而返贫或陷入增收困难的窘境。这也是党和国家提出巩固拓展脱贫攻坚成果同乡村振兴有效衔接要求的原因所在。

农村生产配套条件落后，缺乏高质量生产要素支撑。推进乡村全面振兴不仅需要市场，还需要有配套生产条件和高质量生产要素。首先，软硬件基础设施建设滞后，限制了农村生产力的扩张和市场的扩展。需要在加快补齐传统基础设施短板的基础上，加快农业水利设施、仓储物流设施、产品配送设施、新型信息基础设施等建设。2021年我国互联网普及率为73.0%，农村地区互联网普及率仅为57.6%，还有较大提升空间。此外，年轻人口和高素质人才的流失是乡

---

① 魏后凯、崔凯：《面向2035年的中国农业现代化战略》，《China Economist》2021年第1期。

② 魏后凯、崔凯：《面向2035年的中国农业现代化战略》，《China Economist》2021年第1期。

村振兴面临的突出问题。根据第三次全国农业普查数据，从事农业生产经营的人员中，35岁以下的只占19.2%，55岁以上的高达33.6%；且学历普遍偏低，初中及以下学历的比例超过90%，大专及以上比例仅为1.2%。资本要素对乡村振兴支持不足，主要体现在两个方面：一是资本下乡仍面临体制机制障碍，需要加强顶层设计，确保资本能够获取一定的收益率；二是"三农"面临较多融资约束，仍存在融资难、融资贵问题。

农村土地制度改革滞后，农民缺乏财产性收入。农村土地制度改革牵一发而动全身，应当稳妥推进，经过前期试点和推动，农村土地制度改革取得了一系列重要成果，但仍面临较多问题，影响了农民财产性收入的增加，主要体现在：村集体产权制度改革已经实现了"还权于民"，但"还权"后的"赋能"还不到位，多数地区在进行集体股权抵押、担保、继承、流转、退出等权能拓展时因缺乏金融机构的参与，呈现出权能不全的状况，集体资产效能未能有效发挥；集体经营性建设用地入市亟需深入，需要在土地增值收益分配、抵押融资机制、开发利用监管机制等方面加大探索力度；土地经营权权利性质的界定是发挥权利效力与有效保障权利的基础，但目前土地经营权性质不确定，影响了"三权分置"改革的深入推行；宅基地的保障属性与财产属性冲突，宅基地闲置问题严重。

三、以乡村全面振兴推动实现农民共同富裕的思路举措

进入新发展阶段，我国站到了新的历史起点上，必须稳住农业基本盘、守好"三农"基础，更好发挥"压舱石"作用，按照"产业兴旺、生态宜居、乡风文明、治理有效、生活富裕"总要求，协同推进全面脱贫与乡村振兴有效衔接，坚持走好城乡融合发展之路，扎实推进乡村建设，以更有力的举措、汇聚更强大的力量，推动乡村全面振兴取得新进展、农业农村现代化迈出新步伐，加快实现农业强起来、农村美起来、农民富起来。

全面推进产业振兴，提高农业现代化水平。持续强化农业基础地位，以高质量发展为导向，深化农业供给侧结构性改革，不断壮大农业经营主体，推动乡村产业振兴。一是推动农业向价值链中高端跃升。严守18亿亩耕地红线和

确保粮食安全底线，完善农业科技创新体系，推动大中型、智能化、复合型农业机械研发应用，加强种质资源保护利用和种子库建设，加快推进农业良种技术攻关和生物育种产业化应用，创新农技推广服务方式，建设智慧农业；推进农村一二三产业融合发展，推动农业与旅游、休闲文化、民宿、电子商务等产业融合发展，延长农业产业链条，发展各具特色的现代乡村富民产业；加快物流配送、检验检测认证等设施及服务体系建设，着力解决产品标准化、生产现代化、发展规模化、营销网络化中存在的问题。以农业的自立自强、信息化和智能化程度的提高、产业链的延伸来提高农业附加值，提高农业现代化水平。二是以提高竞争力为重点培育壮大各类市场主体。加快培育一批竞争力强、带动力强的新型农业经营主体和服务主体，创新各类市场主体与农户有效联结的利益分配机制，通过"资源变资产、资金变股金、农民变股东"，让农民更多分享产业增值收益。三是完善农业社会化服务体系。聚焦关键薄弱环节和小农户，加快发展农业社会化服务，支持农业服务公司、农民合作社、农村集体经济组织、基层供销合作社等各类主体大力发展单环节、多环节、全程生产托管服务，开展生产托管、订单农业、加工物流、产品营销、代耕代种、农机维修、粮食烘干等社会服务，提高种粮综合效益。四是优化农业产业布局。细化落实主体功能区制度，进一步引导特色农产品向优势区集聚，充分发挥农产品加工业、休闲农业、农村电商等新产业的集聚功能，加快农业产业集群发展，促进现代农业生产布局的调整优化。

全面推进生态振兴，建设宜居宜业和美乡村。良好的生态环境，是农村的最大优势和宝贵财富。把乡村建设摆在社会主义现代化建设的重要位置，优化生产生活生态空间，持续改善村容村貌和人居环境，建设人与自然和谐共生的现代化乡村。一是统筹县域城镇和村庄规划建设，通盘考虑土地利用、产业发展、居民点建设、人居环境整治、生态保护、防灾减灾和历史文化传承，保护传统村落、民族村寨和乡村风貌，优化乡村生产生活生态空间。二是着力提升乡村基础设施和公共服务水平，加快补齐软硬件基础设施建设的短板。强化县城综合服务能力和乡镇服务农民功能，推动市政公用设施向郊区乡村和规模较大中心镇延伸，完善乡村水、电、路、气、信息、物流等基础设施。推进城乡基本公共服务标准统一、制度并轨，广泛筹集资金着力增加农村教育、医疗、养老、文化等服务供给，鼓励社会力量兴办农村公益事业。三是开展农村人居环境整治提升行动，深入推进"厕所革命"，稳步解决"垃圾围村"和乡村黑臭水体等突出环境问题，加快改善村容村貌。四是要守好乡村绿色发展的底线，牢固树立并始终践行"绿水青山就是金山银山"的理念，坚持绿色发展，加快形成现代农业绿色生产方式，增加优质生态产品和服务供给，着力将乡村资源优势、生态优势转化为经济优势、发展优势，将生态美丽和生活富裕有机融合，让农民吃上"生态饭"，实现生态美与百姓富的统一。

全面推进文化振兴，扎实推动农民精神富裕。要坚持物质文明建设和精神文明建设并重，"富口袋"和"富脑袋"并举，全面推进乡村文化振兴，全面提高农村社会文明程度，在推动农民精神富裕上迈出坚实步伐。一是弘扬和践行社会主义核心价值观。把培育和践行社会主义核心价值观的根本要求贯穿乡村振兴全过程，注重村庄现代化与村民现代化并行，通过教育引导、舆论宣传、文化熏陶、道德教化、实践养成和制度保障，全面推进社会主义核心价值观融入乡村发展、融入农民日常生活。二是推动乡村文化传承发展。借鉴国内外乡村文明优秀成果，传承发扬中华优秀传统文化和农耕文明，加强历史文化名村、民族村寨、文物古迹、古驿道、红色遗址、农耕遗迹、灌溉工程遗产等修复保护和活化利用。整合文化惠民活动资源，支持农民自发组织开展村歌、"村晚"、广场舞、趣味运动会等体现农耕农趣农味的文化体育活动。培育乡村文化品牌，让有形的乡土文化留下来，让活态的民俗文化传下去。三是加强乡村文化产业发展。依托乡村历史、文化、旅游等资源禀赋，加快推进乡村文化产业化，激活乡村文化的生命力和创新力。四是加强重点领域改革和治理，培育文明乡风、良好家风、淳朴民风。有效发挥村规民约、家庭家教家风作用，推进农村婚俗改革试点和殡葬习俗改革，开展高价彩礼、大操大办等移风易俗重点领域突出问题专项治理，焕发乡村文明新气象。

全面推进人才振兴，强化乡村振兴的人才支撑。乡村振兴，关键在于人才振兴。要坚持把乡村人力资本开发放在首要位置，坚持内育与外引并举，打通人才双向流动通道，吸引各类人才在乡村振兴中建功立业，培养造就一支懂农业、爱农村、爱农民的"三农"工作队伍，为全面推进乡村振兴、加快农业农村现代化提供有力人才支撑。一是激发农民勤劳致富的内生动力，实施现代农民培育计划，支持开展农村创新创业，培养一批家庭农场经营者、农民合作社带头人、乡村工匠、农村创新创业带头人、电商人才等。二是加大乡村教师、卫生健康、文体旅游、规划建设、科技创新等方面的人才队伍建设，加快培养一批乡村公共服务人才。三是深化乡村人才培养、引进、管理、使用、流动、激励等制度改革，健全完善农村工作干部培养锻炼、乡村人才培养、各类人才定期服务乡村、人才向艰苦地区和基层一线流动激励、县域专业人才统筹使用、乡村高技能人才职业技能、乡村人才分级分类评价认定等制度，完善人才服务乡村激励机制。通过育才与引智相结合，打造良好的育才留人平台和氛围，让有号召力的"带头人"、有行动力的"追梦人"、懂技术的"土专家""田秀才"、善经营的"新农人""农创客"等八方英才大显身手、施展才华，在乡村振兴伟业中书写新时代人生华章。

深入推进农村土地制度改革，激活乡村发展动能。乡村全面振兴不仅要解决"人"的问题，还要解决"地"的问题，必须充分释放"地"的潜力和价值。巩固完善农村基本经营制度，落实第二轮土地承包到期后再延长30年政策。深化农村集体产权制度改革，完善产权权能，将经营性资产量化到集体经济组织成员，发展壮大新型农村集体，探索金融机构参与集体股权抵押、担保、继承、流转、退出等权能拓展的新路径。明确土地经营权性质，深入推进农村"三权分置"改革，进一步放活经营权。深化"三块地"改革，探索推进农村宅基地制度改革，探索宅基地所有权、资格权、使用权分置实现形式；积极探索实施农村集体经营性建设用地入市制度，在土地增值收益分配、抵押融资机制、开发利用监管机制等方面加大改革探索力度，推动建立城乡统一的建设用地市场；建立土地征收公共利益认定机制，缩小土地征收范围。

全面推进组织振兴，提高乡村治理效能。乡村善治是推动乡村振兴的基础和固本之策。要进一步完善党委领导、政府负责、民主协商、社会协同、公众参与、法治保障、科技支撑的社会治理体系，打造共建共治共享的社会治理格局。要完善基层党组织领导下自治、法治、德治"三治结合"的乡村治理体系，扎实推进抓党建促乡村振兴，建立健全以党的基层组织为核心、村民自治和村务监督组织为基础、集体经济组织和农民合作组织为纽带、各种经济社会服务组织为补充的农村组织体系，实现党领导下的多元主体协同共治，解决条块化和碎片化问题，提升整体治理效能。要顺应信息化、智能化发展趋势，利用新一代信息技术推动"智慧乡村""数字乡村"建设，提升乡村治理现代化水平，切实打通服务群众"最后一公里"。要依托信息技术和网络平台以及公共服务平台，建立以德治为引领、自治为前提、法治为保障的复合治理模式，实施网格化管理和精细化服务，学习借鉴和创新发展新时代"枫桥经验"，解决好人民群众的"操心事""烦心事""揪心事"，提高矛盾纠纷化解工作水平，建设平安法治和美乡村。

辩证认识推进共同富裕中的若干重大关系

党的十九届五中全会为我国未来发展擘画了蓝图，要求"人民生活更加美好，人的全面发展、全体人民共同富裕取得更为明显的实质性进展"。实现全体人民共同富裕受到了社会和学界的广泛关注。当前思想舆论界对共同富裕的科学内涵、原则要求、战略目标、实践途径等的理解有着不同的声音。习近平总书记强调："要加强促进共同富裕舆论引导，澄清各种模糊认识，防止急于求成和畏难情绪，为促进共同富裕提供良好舆论环境。"[1]在扎实推进共同富裕过程中，深刻把握好做大"蛋糕"与分好"蛋糕"、效率与公平、物质富裕与精神富裕、城市与乡村、用好外力与激发内力、尽力而为与量力而行等六大关系，澄清一些模糊甚至是错误的认识，统一思想、凝聚共识，对于加快推动共同富裕取得更为明显的实质性进展具有重要的理论和现实意义。

---

　　① 习近平：《扎实推动共同富裕》，《求是》2021年第20期。

第一节 **正确处理做大"蛋糕"与分好"蛋糕"的关系**

做大"蛋糕"和分好"蛋糕"的辩证关系是新时代中国社会主要矛盾的具体体现，处理好二者关系是百年未有之大变局下把握社会主要矛盾、营造和谐稳定社会环境、提供持久不竭的发展动力的必要举措。习近平总书记指出："实现共同富裕的目标，首先要通过全国人民共同奋斗把'蛋糕'做大做好，然后通过合理的制度安排正确处理增长和分配关系，把'蛋糕'切好分好。"[①]正确认识并处理做大"蛋糕"与分好"蛋糕"的关系是新发展阶段实现共同富裕的基础性问题。

一、正确处理做大"蛋糕"与分好"蛋糕"的辩证关系的重大意义

在处理做大"蛋糕"和分好"蛋糕"的关系上，人们存在不同的见解。有的强调先做大"蛋糕"，有的强调先分好"蛋糕"，甚至还有一部分极端观点，只强调做大"蛋糕"而不注意分好"蛋糕"，或者只一味强调分好"蛋糕"而忽视做大"蛋糕"。能否正确认识做大"蛋糕"与分好"蛋糕"的辩证关系，关系到共同富裕能否顺利推进，具有重大意义。

正确处理做大"蛋糕"和分好"蛋糕"的关系是社会主义经济建设的重

---

① 《习近平谈治国理政》第4卷，外文出版社2022年版，第210页。

要经验。做大"蛋糕"和分好"蛋糕"的本质是生产与分配的关系，正确处理二者的关系是一个长期探索的历史过程。新中国成立后，我们党确立了社会主义基本制度，实现了中国历史上的伟大社会变革，但由于社会主义建设初期我国底子薄，加之忽视社会生产条件而片面强调分配的绝对平等，出现了"共同贫穷"的现象。改革开放后，我们党深刻总结过去正反两方面的经验，认识到贫穷不是社会主义，邓小平指出，"搞社会主义，一定要使生产力发达，贫穷不是社会主义。我们坚持社会主义，要建设对资本主义具有优越性的社会主义，首先必须摆脱贫穷。"①我们党带领全体人民打破传统体制对社会生产力的束缚，推动一部分人、一部分地区先富起来，但由于忽视分好"蛋糕"的重要性，地区差距、城乡差距、收入分配差距拉大等问题随着经济社会发展而逐渐显露出来。我们党对生产与分配的侧重是根据各个时期社会主要矛盾科学分析和把握中得出的，在一定时期产生了积极作用。但从长远来看，要实现共同富裕必须把握和处理好生产与分配之间的辩证关系，不可厚此薄彼甚至顾此失彼，忽略二者任一方面，都会与实现共同富裕的目标相偏离。

正确处理做大"蛋糕"和分好"蛋糕"的关系是社会主义制度优越性的重要体现。"国之称富者，在乎丰民"。古今中外都需要处理好财富创造和分配问题。一些西方国家在社会财富不断积累的同时，贫富悬殊、两极分化问题长期存在并日趋严峻；一些拉美国家在社会收入偏低的同时，还存在分配差距拉大、社会动荡等一系列问题。马克思所提到的社会主义社会中"生产将以所有人的富裕为目的"。邓小平指出，社会主义的本质是"解放生产力，发展生产力，消除两极分化，最终达到共同富裕"。习近平总书记指出，"共同富裕是社会主义的本质要求，是中国式现代化的重要特征"②，并强调"在我国社会主义制度下，既要不断解放和发展社会生产力，不断创造和积累社会财富，又要防止两极分化，切实推动人的全面发展、全体人民共同富裕取得更为明显的实质性进展"③。共同富裕是社会主义区别于资本主义的重要标志。社会主义应该

---

① 《邓小平文选》第3卷，人民出版社1993年版，第225页。
② 《习近平谈治国理政》第4卷，外文出版社2022年版，第142页。
③ 《习近平谈治国理政》第4卷，外文出版社2022年版，第209页。

是做大"蛋糕"和分好"蛋糕"的统一，既要发展比资本主义更高的生产力，又要形成比资本主义更公平的社会形态。正确认识处理二者之间的辩证关系是体现社会主义制度优越性、推进共同富裕的重要工作。

正确处理做大"蛋糕"和分好"蛋糕"的关系是高质量发展的内在要求。党的十九大报告提出"我国经济已由高速增长阶段转向高质量发展阶段"这一重要论断。高质量发展不仅强调经济社会进步的速度，同时也强调解决发展不平衡不充分的问题，以满足人民日益增长的美好生活需要，这正是促进共同富裕的内在要求。在中央财经委员会第十次会议上，习近平总书记强调："要坚持以人民为中心的发展思想，在高质量发展中促进共同富裕"[1]。一方面，高质量发展要求国家财富的"蛋糕"不仅体积要更大，分量还要更足，通过质量变革、效率变革、动力变革，解决发展中的质量和效益问题，持续释放巨大内需潜能，为我国发展提供持久动力。另一方面，高质量发展始终坚持以人民为中心的发展思想，不仅要把"蛋糕"做大做优，同时还要把"蛋糕"切好分好，真正实现发展成果惠及全体人民，实现每个人自由而全面发展。解放和发展生产力，把"蛋糕"做得更大，把"蛋糕"分得更好，实现社会的公平正义，是我们跨越"中等收入陷阱"，在高质量发展中实现共同富裕的必要之举。

二、正确理解做大"蛋糕"与分好"蛋糕"的关系

从共同富裕概念来看，"富裕"意味着要把"蛋糕"做大，"共同"则要求把"蛋糕"分好，二者是紧密联系、不可分割的有机统一整体。要正确把握共同富裕的科学内涵、破除错误观念，必须厘清二者之间的辩证关系。

做大"蛋糕"是分好"蛋糕"的首要前提。以经济建设为中心，推动经济高质量发展是中国做大发展"蛋糕"的成功经验。邓小平同志曾深切指出："贫穷不是社会主义，更不是共产主义。"[2]改革开放后，经过长期不懈的努力，我国社会生产力不断发展，经济总量迅速增长，成为世界第二大经济体。

---

① 《习近平谈治国理政》第4卷，外文出版社2022年版，第144页。

② 《邓小平文选》第3卷，人民出版社1993年版，第64页。

在巨大成就之下，不同观点日渐兴起且争论愈演愈烈，一些观点认为当今中国发展的重心可以不再以经济建设为中心，应该把党和国家的工作重心改为"以提高民众的生活质量和水平为中心"或"以协调发展为中心"。针对错误观念，习近平总书记明确强调："发展是党执政兴国的第一要务，是解决中国所有问题的关键。"①因此，实现共同富裕的必要条件是生产力发展和物质财富积累。马克思主义基本原理指出，生产决定分配。一方面，做"蛋糕"决定了分"蛋糕"的份额。"大河有水小河满"，一个国家的财富分配水平，根本取决于生产力发展水平决定的财富总量，当经济发展"蛋糕"越做越大，每个人的收入水平和生活水平才能得到相当程度的提升。我国仍处于社会主义初级阶段，位于发展中国家行列，经济社会发展与发达国家相比还存在差距，未来我们面临的发展问题将更加复杂、严峻。无论从大国竞争需要出发还是从推进共同富裕来看，将发展"蛋糕"做大仍然是解决中国一切问题的基础和关键。另一方面，生产方式决定了分配方式。资本主义的生产所决定的分配方式是按资本占有的多寡来进行分配的；社会主义生产所决定的分配方式是按劳动量付出的多少来进行分配的。贫富不均的根源在于生产方式的差异，如果只就分配谈分配，必然不能抓住问题的根本。贫富不均现象的根源没有消除，共同富裕的问题要解决起来就会有着不小的难度，甚至会存在不小的障碍。

分好"蛋糕"是做大"蛋糕"的重要动力。古代先贤孔子在《论语·季氏》中提出"闻有国有家者，不患寡而患不均，不患贫而患不安"②，揭示了平均对社会稳定的重要性。习近平总书记更是强调："'蛋糕'不断做大了，同时还要把'蛋糕'分好。"③放眼全球，一些发展中国家也因忽略分配问题而付出了惨痛代价，社会财富的失衡造成民族、地区、阶级矛盾频出，社会动荡不安，最终堕入"中等收入陷阱"。古今中外的经验和教训都证明了分好"蛋糕"的重要性。当前，分好"蛋糕"的重要性与必要性已经成为全社会的共识，但也产生了一些错误观念，如将分好"蛋糕"简单等同于"同等富裕"

---

① 《习近平谈治国理政》第2卷，外文出版社2017年版，第38页。
② 孔祥骅：《孔子新传》，华东师范大学出版社2021年版，145页。
③ 《习近平谈治国理政》第1卷，外文出版社2018年版，第97页。

和"均等富裕"。习近平总书记明确强调："中国要实现共同富裕，但不是搞平均主义"①。分好"蛋糕"不是"劫富济贫"，更不是"逼捐""诱捐"，而是在注重公平、承认差别的基础上，调动人们的生产积极性，创造源源不断的财富，形成合理的分配结构。一方面，分好"蛋糕"是做大"蛋糕"的落脚点。邓小平同志指出："社会主义的目的就是要全国人民共同富裕，不是两极分化。如果我们的政策导致两极分化，我们就失败了；如果产生了什么新的资产阶级，那我们就真是走了邪路了。"②分好"蛋糕"就是实现全国人民共同富裕、避免导致两极分化的重要保障，只有切实让人民群众享受到发展的成果，才能充分体现社会主义制度的优越性。另一方面，分配反向作用于生产。如何分好"蛋糕"，分配过程是否公平，分配手段是否合理，分配结果是否正义，直接关系到是否能调动劳动者和要素所有者的积极性、主动性与创造性，直接关系到是否能促进经济发展，把"蛋糕"做得更大更优。从现实来看，收入分配差距较大、分配格局不合理已成为影响我国经济社会的可持续发展的重要因素。分好"蛋糕"是解决这一系列问题、激发新一轮经济活力的有效方式。

做大"蛋糕"与分好"蛋糕"是共同富裕的一体两面。在处理做大"蛋糕"和分好"蛋糕"的关系选择上，容易走入两个极端。一是只强调生产，忽视分配，最终导致社会差距逐步拉大，影响民众持续做"蛋糕"的积极性，甚至失去原有"蛋糕"份额。二是过度强调分配，忽略生产，陷入平均主义"大锅饭"的困境，最终导致无"蛋糕"可分的窘境，最终导致共同贫穷。应该如何正确处理做大"蛋糕"和分好"蛋糕"的关系？习近平总书记指出了明确方向："中国要实现共同富裕，但不是搞平均主义，而是要先把'蛋糕'做大，然后通过合理的制度安排把'蛋糕'分好，水涨船高、各得其所，让发展成果更多更公平惠及全体人民。"③我们要实现共同富裕，在要素上，要满足创造财富和分配财富这两个必要条件；在顺序上，首先是创造财富，然后才是分配财

---

① 习近平：《坚定信心　勇毅前行　共创后疫情时代美好世界——在2022年世界经济论坛视频会议的演讲》（2022年1月17日），人民出版社2022年版，第9页。

② 《邓小平文选》第3卷，人民出版社1993年版，第110–111页。

③ 习近平：《坚定信心　勇毅前行　共创后疫情时代美好世界——在2022年世界经济论坛视频会议的演讲》（2022年1月17日），人民出版社2022年版，第9页。

富。作为社会主义国家，我们有可能也应该始终将两者统一起来，既创造比资本主义更高的生产力，又实现资本主义难以达到的社会公正，既不任由收入差距不断拉大，又不实行绝对的平均主义。任何片面见解都是有悖于社会主义本质要求的。

三、做大"蛋糕"与分好"蛋糕"的实践要求

进入新时代，人们对美好生活的需要日益增长，对解决不平衡不充分的愿望日趋强烈。分好"蛋糕"意味着由全体人民享有发展成果，是满足人民对美好生活需要的重要手段；做大"蛋糕"意味着经济社会高质量发展，是解决不平衡不充分发展的必要途径。进入新发展阶段，经济社会发展面临的问题更为特殊、复杂，对如何正确处理做大"蛋糕"与分好"蛋糕"的关系提出了新要求。

要在高质量发展的基础上做大"蛋糕"。始终坚持以经济建设为中心不动摇，要完整、准确、全面贯彻新发展理念，以理论、科技、机制、发展方式、分配方式的创新形成发展的强大驱动力，以经济社会全面发展打破只注重经济增长的局限性思维，为人的全面发展打好物质基础。要加快形成以国内大循环为主体、国内国际双循环相互促进的新发展格局，打通要素流动的堵点痛点，畅通不同人群勤劳致富的渠道，推动我国国内经济顺畅循环和经济增长潜力的进一步释放。要充分发挥国内超大市场规模优势，充分发挥市场在资源配置中的决定性作用，最大限度地创造更多就业岗位，实现充分就业与高质量就业。

要通过合理的制度安排分好"蛋糕"。要坚持公有制为主体、多种所有制经济共同发展，按劳分配为主体、多种分配方式并存，社会主义市场经济体制等，既有助于经济高质量发展又有利于分配格局形成的基本经济制度。要进一步协调完善好三次分配制度，凸显初次分配中市场的主导作用，统一生产要素市场制度规则，形成合理的要素收入结构。在再分配中发挥政府作用，合理运用收税、财政支出、转移支付等政策手段，提高再分配的精准性。以社会力量驱动第三次分配，以社会成员自觉自愿的行动为基础，鼓励社会成员自愿捐赠等慈善公益事业的方式进行社会救济和社会互助，杜绝"劫富济贫""逼

捐""诱捐"等现象，要加快推进基本公共服务均等化。不仅要重点加强基础性、普惠性、兜底性民生保障建设，而且要把保障和改善民生建立在经济发展和财力可持续的基础上。注重在民生短板上下功夫，完善兜底救助体系、住房供应和保障体系、优先推进公共服务的普遍覆盖，以社会公平正义作为基本公共服务的出发点和落脚点。

要发挥好政府与市场在做大分好"蛋糕"中的协同作用。推进共同富裕离不开政府、市场和社会各方的共同作用。政府要设计好推进共同富裕的"施工图""路线图"，创造公平竞争的社会环境，让一切要素的活力竞相迸发，使低收入群体劳动报酬和劳动生产率同步提高；制定扩大中等收入群体实施方案，增加低收入群体向上流动的机会；充分发挥社会保障体系和社会救助制度对低收入群体的兜底保障功能。要充分发挥市场的决定性作用，借助市场力量促进发展，破除市场中阻碍资源有效配置、生产资料顺利流通的信息、区域壁垒，破除垄断对市场秩序的侵扰，多渠道拓展劳动者合法收入，激发劳动者积极性和创造力；通过创新驱动发展，提高产品供给能力和效率，满足人民对消费产品更高的需求。

正确处理效率与公平的关系

效率与公平这对动态关系是随着社会发展、生产力进步而不断变化的，追求二者的理想定位是经济社会发展绕不开的话题。中央财经委员会第十次会议强调："在高质量发展中促进共同富裕，正确处理效率和公平的关系。"①推动实现共同富裕的过程，亦是促使社会经济中的效率与公平趋向均衡的过程。正确处理效率与公平之间的关系是新发展阶段实现共同富裕的本质性问题。

一、正确处理效率与公平的辩证关系的重大意义

从共同富裕的内涵出发，"共同"是公平的体现，"富裕"是效率的彰显，效率与公平关系的处理是一个历久弥新的话题。在推进共同富裕目标下探讨效率与公平问题，对于我们科学认识效率与公平的矛盾关系，推进二者走向统一，彰显社会主义制度的优越性，有着重要意义。

正确处理效率与公平的关系是社会主义的必然要求。从生产效率和社会制度关系来看，人类社会总是在生产效率提高的同时，不断追求一种更合理的社会关系与社会制度，达到效率与公平的统一。从奴隶社会、封建社会到资本主义社会，生产效率不断提高，但由于制度本身的局限，贫富差距和两极分化在

---

① 《在高质量发展中促进共同富裕 统筹做好重大金融风险防范化解工作》，《人民日报》2021年8月18日。

所难免，更遑论效率与公平的统一了。但仍有一部分人被西方资本主义国家的福利政策、健全的社会保障机制蒙蔽双眼，认为西方国家更为公平，更加接近"共同富裕"。殊不知与资本主义制度相比，社会主义制度才能实现真正意义上的效率与公平相统一。一方面，西方资本主义国家所践行的福利社会，仅在分配领域进行制度改善，更具有根源性的私有制并未被触及，这就注定了资本主义国家不可能达到真正意义上的公平和效率。而社会主义制度确立了公有制的主体地位，从制度上保证了发展生产力与公平的兼顾，消灭了剥削和压迫。邓小平同志强调："社会主义的本质，是解放生产力，发展生产力，消灭剥削，消除两极分化，最终达到共同富裕。"[①]其中"解放生产力，发展生产力"从提高效率的角度来强调了社会主义的本质特征，"消灭剥削，消除两极分化，最终达到共同富裕"则从实现社会公平的角度来彰显社会主义的另一本质特征。在社会主义制度下效率与公平才得以达到有机统一。另一方面，资本主义以资本为中心，其价值目标是追求剩余价值和个体利益最大化，资本主义所说的公平其实质是经济效率上的机会公平。而社会主义制度是以人为中心，在公有制基础上强调满足人的全面自由发展，我们党坚持"人民至上"的理念，统筹当前利益与长远利益、局部利益与整体利益，保证在追求经济效率之上实现过程、结果公平，为实现共同富裕奠定坚实基础。

妥善处理效率与公平的关系是社会主义建设过程中的必答题。从历史演进来看，中国对于共同富裕目标的追求体现为对效率和公平的总体兼顾与阶段性侧重，经历了由"公平优先""效率优先，兼顾公平""效率优先，更加注重公平"到"效率和公平并重"的转变过程。新中国成立初期，我国确立社会主义制度，实行以单一公有制为主体的计划经济，在分配制度上实行公平优先原则，但现实证明，在生产力低下、经济发展落后和人民生活困苦的环境下一味强调公平优先，不但没有解决人民群众的温饱问题，反而陷入了共同贫穷的困境。改革开放后，我国吸取经验教训，从实际出发，将工作重心转移到经济建设上来，形成了以发展生产力、提升效率为中心，先富带动后富、最后实现共同富裕的具体路径。党的十五大报告进一步强调"把按劳分配和按生产要素分

---

① 《邓小平文选》第3卷，人民出版社1993年版，第373页。

配结合起来，坚持效率优先、兼顾公平"①。随着现代化进程的推进和社会主义市场经济体制完善，将效率置于公平之前的原则带来一系列的负面影响，如区域发展失衡、贫富差距逐渐拉大等。世纪之交，针对提升效率所带来的社会公平问题，我们逐渐认识到公平是社会和谐发展、建设和谐社会的重要因素，因此更加注重社会公平的问题，提出"在经济发展的基础上，更加注重社会公平"②。党的十八大以来，我们党对效率与公平关系的把握日趋深刻，更加突出公平在社会主义市场经济建设中的重要地位，提出"初次分配和再分配都要兼顾效率与公平，再分配更加注重公平"。兼顾效率与公平原则与之前的区别在于，二者不是谁先谁后的关系，而是认为效率与公平并重，这是中国共产党在处理效率与公平问题上的一次成功飞跃。追溯历史可以清楚地看到，效率与公平关系并非一成不变的，我们党始终坚持从现实情况出发，不断调整效率与公平的侧重点。

正确处理效率与公平的关系是促进共同富裕的关键。中央财经委员会第十次会议强调，要"在高质量发展中促进共同富裕，正确处理效率和公平的关系"③。效率与公平问题仍然是现代社会亟须解决的重大问题，也是贯彻新发展理念，实现高质量发展，促进共同富裕的关键。一方面，推动共同富裕作为一个全局性的问题，不仅要考虑不同地区、城乡、行业、个体之间的分配差异问题，还要贯穿生产、分配、交换和消费全过程。发展高效、分配公平是共同富裕的本质要求，单纯就分配或者效率一个维度进行考量，必定无法把握住共同富裕的全貌。推进共同富裕必须着眼全局、综合施策，统筹效率与公平。另一方面，进入新发展阶段，我们面临的发展任务更加艰巨，面对的国内外形势更加严峻，特别是受到疫情冲击和国际复杂形势的交织，不稳定、不确定和不安全因素日益突出。效率与公平二者之间的关系是根据实际情况动态变化的，在效率问题没有得到根本提升，公平问题日趋凸显的形势下，亟须重新审视效率与公平的关系，不断深化对二者关系的认识，并用于指导新时代扎实推动共同

---

① 《江泽民文选》第2卷，人民出版社2006年版，第22页。
② 《胡锦涛文选》第2卷，人民出版社2016年版，第483页。
③ 《在高质量发展中促进共同富裕　统筹做好重大金融风险防范化解工作》，《人民日报》2021年8月18日。

富裕的实践。

二、效率与公平的辩证关系

学界与社会上对效率与公平的探讨源远流长，正确处理二者关系更是一个重大实践难题。从短期来看，二者是此消彼长的矛盾关系，提升效率可能需要牺牲一部分公平，追求公平则需要以牺牲效率为代价。但从历史发展的视角来看，效率与公平存在内在统一性，效率为公平提供物质基础，公平为效率提供有力保障，必须全面、宏观地分析和处理两者关系。

效率的实现为追求公平创造物质基础。先进的生产关系要建立在物质充分发展的基础上。在社会主义建设初始阶段，传统僵化的经济体制使国民经济发展缓慢，当时迫切需要解决经济发展的低效问题。改革开放后，邓小平从实际出发，提出"先富带后富"，打破了长期以来经济社会发展效率低下困境。邓小平在1992年南方谈话中强调："不坚持社会主义，不改革开放，不发展经济，不改善人民生活，只能是死路一条。"①对效率的重视极大地促进了中国经济腾飞，改革开放40年间，我国GDP增长33.5倍，年均增长9.5%。发展始终是党执政兴国第一要务，过去是，未来更是。习近平总书记在党的二十大报告中强调："没有坚实的物质技术基础，就不可能全面建成社会主义现代化强国。"②正是因为经济社会高速发展、社会财富快速增加，社会保障事业才能不断发展，实现了从单一到多元的转变，覆盖范围也从城市延伸到农村，人民生活水平不断提升，社会公平正义逐渐凸显，形成了将改革发展成果惠及全体人民的物质基础。若没有生产力的发展、财富的增进和效率的提高，公平就成了无源之水、无本之木。

公平的存在为实现效率提供了保证。公平不仅是社会主义核心价值观的重要组成部分，更是人类社会永恒追求的理想目标。习近平总书记指出："我们

---

① 《邓小平文选》第3卷，人民出版社1993年版，第370页。

② 习近平：《高举中国特色社会主义伟大旗帜　为全面建设社会主义现代化国家而团结奋斗——在中国共产党第二十次全国代表大会上的讲话》，人民出版社2017年版，第28页。

追求的发展是造福人民的发展，我们追求的富裕是全体人民共同富裕。"①共同富裕的"共同"强调的就是全体人民群众共享改革发展成果，这就是公平原则的生动体现。从理论角度来看，不公平的生产关系最终会阻碍效率。以资本主义为例，资本主义在初始阶段虽然具有极高效率，但由于资本的不断扩张，资本家通过剥削工人的剩余价值不断积累财富，随着时间推移，这种狭隘的生产关系逐步容纳不了生产力的进步和它所生产出的财富。而在社会主义制度条件下，生产资料由全体劳动者共同占有，劳动者不再将劳动力作为商品出卖，劳动成果也最终由全体劳动者享有，成为名副其实的自己的主人，劳动积极性被充分调动。从现实角度来看，公平的缺位最终将会导向贫富差距、两极分化以及社会动荡。古今中外国家兴衰、政权更迭不断印证，良好的分配状况与经济发展之间存在共进性，牺牲公平的效率难以为继。经济发展中如果大部分财富被少数人吞噬，广大群众就会陷于贫穷之中，享受不到社会财富积累的好处，必然影响广大劳动者的积极性，进而影响整个社会经济发展。更极端的是，当劳动者的收入长期明显偏低，甚至出现两极分化，社会阶层固化，势必会导致社会动荡，经济社会发展将完全丧失效率。

效率与公平是辩证统一的关系。实现共同富裕的过程就是效率与公平趋向统一的过程。习近平总书记对共同富裕的重要论述就蕴含了二者的辩证关系，"坚持共享发展，就是要坚持发展为了人民、发展依靠人民、发展成果由人民共享，使全体人民在共建共享发展中有更多获得感，朝着共同富裕方向稳步前进"②。既要依靠人民提升经济发展效率，又要明确提高效率的目的是人民能更为公平地享受发展成果，二者在推进共同富裕目标的道路上密不可分，互为因果。效率与公平的关系呈现出复杂性和时间性。从短期来看，二者相互矛盾、此消彼长，对公平的追求会引起效率一定程度的损失，对效率的追求也会损失一部分公平。改革开放后，我国从基本国情和现实情况出发，将效率放在公平之前，经济社会发展取得巨大成效，但同时也引发了经济社会中诸多不平等现

---

① 中共中央文献研究室编：《习近平关于社会主义经济建设论述摘编》，中央文献出版社2017年版，第34-35页。

② 中共中央文献研究室编：《习近平关于社会主义经济建设论述摘编》，中央文献出版社2017年版，第36页。

象。党的十八大以来，我们深刻认识到，广大人民群众对于公平正义需要日益增长、对于不公正的现象更加排斥，党和国家相继出台一系列政策促进社会公平正义，如反垄断、防止资本无序扩张、整治培训机构、实施惠农政策、坚持"房住不炒"的定位等，这些措施的提出虽然损失了一定的效率，但对促进社会公平正义、增进民生福祉起到积极作用。从长期来看，效率与公平相互联系、相互统一。将效率与公平割裂开来，不仅违背共同富裕原则，更背离社会主义初衷。要实现共同富裕，全面建设社会主义现代化国家，必须将二者统一于治国理政的实践之中。无数案例告诉我们，一味追求公平忽视效率，只会陷入"吃大锅饭""养懒汉""福利主义"陷阱。一味追求效率而无视公平，更会造成财富鸿沟、阶层固化、社会动荡等问题。党的十九大报告指出："我们要激发全社会创造力和发展活力，努力实现更高质量、更有效率、更加公平、更可持续的发展！"要实现高质量发展、实现中华民族伟大复兴的宏伟蓝图，就一定要把效率、公平有机统一于国家现代化过程之中。

三、处理好效率与公平关系的现实要求

怎样正确处理效率与公平的关系是世界性的难题，也是现代社会追求的双重目标。现实的抉择往往要根据社会经济发展的具体阶段和任务，在两者兼顾中有所侧重，找到一个恰当的平衡点。对效率与公平的关系处理的误区通常有两种，高度强调社会平等的价值而忽略经济效率，或高度强调经济效率而轻视社会平等。要实现共同富裕，就必须超越这两种误区，兼顾社会平等与经济效率两个方面。

在推动经济高质量发展中促进效率与公平的统一。坚持创新驱动，持续加大对基础、前沿领域的投入，利用创新提升全要素生产率，提升科学技术创新与创新成果转化运用效率，构建成果转化应用与高科技初创企业帮扶体系。积极推动传统优势产业发展、转型与升级，利用创新手段改进已有技术，打造新模式新产品，实现产业链的延伸与拓展，促进新需求和新消费场景的形成，创造更加公平、透明、可预期的市场环境及政策环境，激发市场参与主体活力。做优做强数字经济，发挥人工智能、通信技术、云计算等先进数字技术引领作

用，带动欠发达地区经济发展。利用数字技术优化政府治理与公共服务水平，构建多部门协同治理体系，强化数字资源的丰富程度和可获取性，提升人民生活便利化程度，促进效率与公平趋向均衡。

完善收入分配制度，形成橄榄型分配结构。处理好效率与公平在三次分配中的关系。初次分配注重效率兼顾公平，通过完善社会主义市场经济体制机制，构建按要素贡献回报率相适应的初次分配体系，确保生产要素跨区域、跨行业、跨所有制畅通无阻地流动。再分配要更加凸显公平，依托有效的财政、税收等政策工具，充分发挥政府在调节收入分配上的作用，增加政府在普惠性公共领域的支出，实现基本公共服务均等化，加强兜底帮扶，健全公共服务体系，缩小收入分配差距。第三次分配要在自愿的原则上，通过捐赠、帮扶等形式推进社会的公平正义，政府要大力弘扬"企业家精神"，引导企业与企业家投身慈善公益事业，鼓励个人慈善捐助，培养乐善好施的社会环境。

切实解决我国区域、城乡、产业之间发展的不平衡。政府需以政策调控为工具，打通地区之间生产要素的流通渠道，有效引导市场、政府、社会的协调配合。解决区域发展不平衡难题，切实推进主体功能区战略，推进基本公共服务均等化，深化区域间合作，合理产业布局，健全区域协调发展机制。要依靠高新技术，推进农业合作化、产业化、市场化，促使农业增收，丰富农民收入渠道，缩小城乡差距，加快农业农村现代化进程。继续推进第一、第二、第三产业的高效融合发展，培养在国际上具有竞争力的平台企业，进一步深化国有企业改革，维护市场秩序，健全公平竞争制度，依靠补贴、减税、财政等政策支持中小企业发展，营造大中小企业协同发展的良好营商环境。

第三节

正确处理物质富裕与精神富裕的关系

我们要实现的现代化是物质文明和精神文明相协调的现代化，我们要推进的共同富裕是物质与精神的双重富裕。2021年8月，习近平总书记在中央财经委员会第十次会议上强调："我们说的共同富裕是全体人民共同富裕，是人民群众物质生活和精神生活都富裕"①。统筹推进物质富裕与精神富裕协调发展是扎实推动共同富裕、实现中国梦绕不开的话题。只有同时实现了"富脑袋"和"富口袋"，才能让人民群众切身感受到共同富裕的丰硕成果，才能为实现中华民族伟大复兴中国梦提供重要支柱。因此，要正确处理物质富裕与精神富裕的关系，突破狭隘思维，全面认识物质层面和精神层面共同富裕的深刻内涵。正确认识并处理好二者之间的关系是新发展阶段实现共同富裕的重要内容。

一、正确处理物质富裕和精神富裕的辩证关系的重大意义

坚持物质和精神相统一是马克思主义的基本观点，也是中华民族自古以来的理想追求，更是中国共产党人的一贯追求。习近平总书记强调："推动物质文明和精神文明协调发展，要以辩证的、全面的、平衡的观点正确处理两者之间的关系。"②辩证把握二者的对立统一关系，探寻如何将二者统一服务于共同

① 习近平：《扎实推动共同富裕》，《求是》2021年第20期。

② 中共中央宣传部编：《习近平总书记系列重要讲话读本（2016年版）》，学习出版社、人民出版社2016年版，第187页。

富裕伟大实践的具体路径，对顺利推动共同富裕取得新进展、全面建设社会主义现代化国家具有重要意义。

坚持物质富裕和精神富裕相统一是社会主义与其他社会形态相区别的重要标志。无论是原始社会、封建社会还是资本主义社会，物质和精神都无法达到统一。在原始社会中，生产力极其低下，虽然也催生了相应的人类文明，但物质和精神远不到富裕的程度。在奴隶社会、封建社会中，奴隶主、地主阶级通过掌握土地资料剥削奴隶、农民，底层老百姓不仅要承受物质的贫瘠，更被剥夺了享受精神成果和受教育的机会。在资本主义社会中，虽然生产力得到迅速发展，在短短两百年间创造了比过去更多的财富，人们的物质和精神生活得到了改善，但这些都是建立在资本家剥削劳动者基础上的，生产资料私有制根本上决定了在这一社会形态下，不可能达成物质与精神的共同富裕。与其他社会形态相比，社会主义将物质财富与人的自由全面发展相结合。马克思曾将社会形态分为三个阶段，其中"建立在个人全面发展和他们共同的社会生产能力成为他们的社会财富这一基础上的自由个性，是第三个阶段"①。进而言之，社会主义、共产主义的终极目标是在生产力高度发达基础上的人的全面发展。恩格斯在《社会主义从空想到科学的发展》一书中明确描述了未来社会"不仅可能保证一切社会成员有富足的和一天更比一天充裕的物质生活，而且还可能保证他们的体力和智力获得充分的自由的发展和运用"②。这更是对物质与精神相统一的完美诠释。

坚持物质富裕和精神富裕相统一是中华民族五千多年的一贯追求。习近平主席在联合国教科文组织总部的演讲中，向世界展示了注重物质和精神的统一是中华民族从古至今的传统："中华民族的先人们早就向往人们的物质生活充实无忧、道德境界充分升华的大同世界。"③自古以来中华民族就追求物质与精神的双重富裕。先秦儒家提倡在物质充裕后，更注重精神与道德层面的修养，这集中体现为孔子提出的"富而不骄""富而后教""富而好礼""富而

---

① 《马克思恩格斯全集》第46卷上册，人民出版社1979年版，第104页。
② 《马克思恩格斯文集》第3卷，人民出版社2009年版，第563-564页。
③ 习近平：《在联合国教科文组织总部的演讲》，《人民日报》2014年3月28日。

好德"。其中"富"与"礼""德"之间的关系，就是物质利益与道德修养之间的关系。孟子的仁政理想中也有"富而后教"的主张，"善政不如善教之得民也。善政，民畏之；善教，民爱之。善政得民财，善教得民心"。孟子对精神生活的追求还体现在"富贵不能淫，贫贱不能移，威武不能屈"。①《管子》提到："仓廪实而知礼节，衣食足而知荣辱。"②揭示了物质和精神的顺序关系，百姓粮仓充裕、物质财富得到满足后，才能顾及礼仪和精神上的追求。董仲舒提到："天之生人也，使人生义与利。利以养其体，义以养其心。心不得义不能乐，体不得利不能安。"③以"利"指"物质富裕"，以"义"称"精神富有"，并追求二者合一。王夫之提出"裕民之衣食，必以廉耻之心裕之；调国之财用，必以礼乐之情调之"④的论断，认为应以道德、精神生活调节物质生活，王廷相从国家治理的角度，阐述人民物质上的富足和精神上的快乐，是国家安定无事的前提条件，提出"天下顺治在民富，天下和静在民乐"⑤。孙中山对"物质文明"与"心性文明"之间的促进与制约关系也有论述，指出"在物质文明方面所以使人类安适繁华，而文字之用，则以助人类心性文明之发达。实际则物质文明与心性文明亦相待，而后能进步。中国近代物质文明不进步，因之心性文明之进步亦为之稽迟"⑥。这些都是对物质与精神两者之间关系的辩证统一的理解，体现了物质生活和精神生活都富裕是从古至今仁人志士所追寻的一贯理想，也是中华民族优秀文化传统的重要内容。

坚持物质富裕和精神富裕相统一是中国共产党人的不懈追求。实现中华民族伟大复兴、建设社会主义现代化强国，不仅需要强大的物质基础，更需要强大的精神力量。中国共产党人围绕物质生活与文化生活、物质文明与精神文明进行了长期且艰辛的探索。毛泽东十分注重物质与精神世界相统一，不仅强调对客观世界的改造，同时注重对主观世界的改造："我们不但要把一个政治上

① 《孟子译注》，杨伯峻译注，中华书局1960年版，第306、141页。
② 《管子》，姚晓娟、汪银峰译注，中州古籍出版社2010年版，第9页。
③ 袁长江主编：《董仲舒集》，学苑出版社2003年版，第207页。
④ ［清］王夫之：《诗广传》，王孝鱼点校，中华书局1964年版，第77页。
⑤ ［明］王廷相：《王廷相集》，王孝鱼点校，中华书局1989年版，第786页。
⑥ 孙中山：《建国方略》，广东人民出版社2007年版，第27-28页。

受压迫、经济上受剥削的中国，变为一个政治上自由和经济上繁荣的中国，而且要把一个被旧文化统治因而愚昧落后的中国，变为一个被新文化统治因而文明先进的中国。"①以邓小平为主要代表的中国共产党人更加注重精神文明建设，他强调："我们要建设的社会主义国家，不但要有高度的物质文明，而且要有高度的精神文明。"②不仅将物质文明与精神文明作为社会主义社会的重要特征，更是将其视为中国特色的社会主义优越性的重要表现。以江泽民为主要代表的中国共产党人动员全党全国人民，推动社会主义精神文明建设迈向前进。江泽民指出："我们进行现代化建设，无疑要致力于发展生产力，把物质文明建设好。同时，必须把社会主义精神文明建设提到更加突出的地位。"③从推进现代化角度出发，突出了发展生产力与建设精神文明的重要性。以胡锦涛为主要代表的中国共产党人从时代国情出发，顺应人民对精神文化需求，提出建设社会主义文化强国战略。胡锦涛指出："我们要建设的现代化，是物质文明和精神文明全面发展的社会主义现代化"④，将精神文明与物质文明纳入现代化建设的丰富内涵之中。党的十八大以来，习近平总书记高度重视物质文明和精神文明协调发展，强调"实现中国梦，是物质文明和精神文明均衡发展、相互促进的结果""是物质文明和精神文明比翼双飞的发展过程"，突出了物质和精神力量在实现民族复兴中的主要作用，要求将物质文明与精神文明协调发展融入实现中国梦的每个阶段、每个环节。

二、正确理解物质富裕和精神富裕的关系

物质富裕和精神富裕是共同富裕的题中应有之义，二者对立统一、互相增益。辩证法启示我们，物质与精神可以互相转化。正确理解物质富裕和精神富裕的关系是全面、准确把握共同富裕的必然要求。

物质富裕为精神富裕孕育土壤。马克思主义始终强调物质生产的基础性地

---

① 《毛泽东选集》第2卷，人民出版社1991年版，第663页。
② 《邓小平文选》第2卷，人民出版社1994年版，第367页。
③ 《江泽民文选》第1卷，人民出版社2006年版，第473-474页。
④ 《胡锦涛文选》第3卷，人民出版社2016年版，第589页。

位，"当人们还不能使自己的吃喝住穿在质和量方面得到充分保证的时候，人们就根本不能获得解放"[①]，精神富裕更是无从谈起。当物质需要得到满足后，在此基础上才能衍生出更高层次的精神需要。其一，精神生活受制于物质生活。列宁曾指出："物质生活的生产方式制约着整个社会生活、政治生活和精神生活的过程。"[②]个人只有物质充裕才有机会、有条件、有能力考虑自身的精神世界。相反，物质贫困极易引起道德沦丧，因为"在极端贫困的情况下，必须重新开始争取必需品的斗争，全部陈腐污浊的东西又要死灰复燃"[③]。其二，物质条件为精神富裕提供现实基础和时间保障。高度发达的生产力是社会主义社会的重要基础，也是区别于资本主义的重要特征，生产力的高度发展能为人们带来生产生活资料，其中自然包括精神生活资料。同时随着生产力的创新发展，物质富裕不断充实，劳动者所需的必要劳动时间随之减少，人的自由时间不断增加，提升精神境界也就有了时间保证。其三，社会主义的蓬勃发展最终将促进精神世界的富足。发展应该让民众增强幸福感，而非带来发展自身的异化。真正的发展应该以人为本，在现实中坚持以人民为中心的发展思想，以人为本的逻辑代替资本的逻辑，以美好生活的本位代替经济增长的本位，更加注重民众基本权利的维护和社会秩序的建立，更加注重民众素质的提高和精神家园的建立。

精神富裕为物质富裕提供动力。精神富裕意味着主体在社会实践中生成了与物质基础相适应的观念意识、道德修养、价值理念、知识水平、思维方式等，并由此达到满足和享受的状态。[④]精神生活以物质生产为基础，一经形成便具有相对独立性和能动性，或滞后或超前于物质生活。习近平总书记指出："中国特色社会主义是物质文明和精神文明全面发展的社会主义。一个没有精神力量的民族难以自立自强，一项没有文化支撑的事业难以持续长久。"[⑤]先进

---

① 《马克思恩格斯文集》第1卷，人民出版社2009年版，第527页。

② 《列宁全集》第26卷，人民出版社2017年版，第58页。

③ 《马克思恩格斯文集》第1卷，人民出版社2009年版，第538页。

④ 杨文圣、段苗苗：《论共同富裕物质和精神的双重向度》，《福州大学学报》2022年第3期。

⑤ 《习近平谈治国理政》第1卷，外文出版社2018年版，第52页。

的思想理念一旦被群众接受并掌握，就会转化为巨大的力量；反之，落后的、错误的观念如果不破除，便会成为经济社会发展的桎梏。其一，精神富裕为物质富裕提供智力支撑。人力资本与科技创新是推动经济增长的两个重要因素，二者与精神富裕水平息息相关，同时也是创造物质财富的决定性力量。教育增加人的知识水平，积累人力资本，为物质资料持续生产提供人才支撑。①科技提升人的科学素质，科技创新推动生产领域革新，为生产力与时俱进发展提供技术支撑。其二，精神富裕为物质富裕提供思想保障。习近平总书记强调："解放思想是前提，是解放和发展社会生产力、解放和增强社会活力的总开关。"②共同富裕这一理想的实现需要广泛的集体主义精神，需要全社会互助意识的高涨。通过优秀文化的潜移默化，引领个人胸怀大志、崇尚美德，才能在全社会营造积极向上的和谐局面，形成物质财富积累的软基础。③其三，精神脱贫是物质脱贫的前提条件。物质的长期贫困会加剧精神匮乏，而精神贫困又会增加脱贫难度。习近平在《摆脱贫困》一书中就曾深刻指出："'摆脱贫困'，其意义首先在于摆脱意识和思路的'贫困'，只有首先'摆脱'了我们头脑中的'贫困'，才能使我们所主管的区域'摆脱贫困'，才能使我们整个国家和民族'摆脱贫困'，走上繁荣富裕之路。"④精神贫瘠往往比经济贫困更为严重，脱贫攻坚的成功经验印证了在摆脱贫困、迈向富裕的道路上，物质脱贫与精神脱贫不可偏废。

共同富裕是物质富裕和精神富裕的统一。马克思认为："已经得到满足的第一个需要本身、满足需要的活动和已经获得的为满足需要而用的工具又引起新的需要"⑤。当物质需求得到满足时，人们必然会产生对精神富裕的追求，实现共同富裕就必然要满足人们对二者的需要。其一，物质与精神共筑共同富

---

① 杨文圣、段苗苗：《论共同富裕物质和精神的双重向度》，《福州大学学报》2022年第3期。

② 中共中央文献研究室编：《习近平关于协调推进"四个全面"战略布局论述摘编》，中央文献出版社2015年版，第67页。

③ 杨文圣、段苗苗：《论共同富裕物质和精神的双重向度》，《福州大学学报》2022年第3期。

④ 习近平：《摆脱贫困》，福建人民出版社1992年版，第160页。

⑤ 《马克思恩格斯文集》第1卷，人民出版社2009年版，第531页。

裕目标内涵。贫富悬殊固然不是社会主义，但物质充裕而精神愚昧也难称为真正合格的社会主义。从目标来看，要实现人的全面发展、社会全面进步，物质与精神不可偏废。随着生产力的不断发展，人们的需求从满足了基本的温饱转向对美好生活的向往。美好生活对我们提出了更高的要求，即要求物质生活越来越丰富，更需要精神层面的欢愉与充实。其二，人的物质需求与精神追求总是相伴相生。即使在革命战争年代，革命先辈在物质极度贫乏、生活条件极度艰难之时，为了追求民族解放、国家独立，一大批仁人志士追寻马克思主义真理，坚定革命信念，以崇高的精神追求，最终实现新民主主义革命的胜利。当时的中国共产党人既追求客观世界的改变，也重视精神世界的富足，甚至精神富足超越了物质匮乏，最终形成强大力量。其三，精神富裕与物质富裕的关系不能简单等同于抽象的精神和物质的关系。精神文明程度不仅取决于生产力的发展水平，还会受制于制度安排、传统习俗、文化积淀等因素，物质财富的发展也不仅受制于精神文明的发展水平，还会受自然资源、地理位置、国际形势等因素的影响。因此在考虑物质富裕与精神富足时，应该脱离简单的物质和精神的讨论，将更多其他因素纳入考量。

三、物质富裕和精神富裕相统一的实践要求

"真正的社会主义不能仅仅理解为生产力的高度发展，还必须有高度发展的精神文明——一方面要让人民过上比较富足的生活，另一方面要提高人民的思想道德水平和科学文化水平，这才是真正意义上的脱贫致富。"[①]实现共同富裕不仅要基于物质上的规定，还包含着人的全面发展的本质力量。实现第二个百年奋斗目标，必须统筹考量物质富裕和精神富裕，兼顾需要与可能，扎实推进物质与精神共同富裕。

坚持系统观念，在"五位一体"总体布局中促进物质与精神共同富裕。要坚持系统观念，在"五位一体"整体协调发展中擘画"脑袋富""口袋鼓"的社会图景。在经济上追求物质富裕、在政治上追求民主法治、在文化上追求精

---

① 习近平：《摆脱贫困》，福建人民出版社1992年版，第111页。

神富裕、在社会上追求民生改善、在生态上追求和谐共生。①既要以高质量发展为引领，立足新发展阶段，贯彻新发展理念，构建新发展格局，实施创新驱动发展战略，夯实共同富裕的物质基础；又要以精神生活短板为着力点，强化思想道德建设，坚持马克思主义在意识形态领域的指导地位，实施科教兴国战略、人才强国战略，办好人民满意的教育。

突出价值引领，在社会主义现代化建设实践中促进物质与精神共同富裕。在全社会积极培育社会主义核心价值观，增强党员干部群众政治敏锐性和文化鉴别力。将二十四字社会主义核心价值观融入基础教育、发挥家庭基础作用和榜样模范作用、开展主题实践活动，引导公民形成正确的价值观和昂扬向上的精气神。发挥和挖掘文化自信，在继承发扬中华优秀传统文化、革命文化和社会主义先进文化基础上，立足社会主义现代化实践追求文化进步。创作更多体现中华优秀传统文化、传播中国价值理念、符合国人审美的优秀文化作品，引导人们树立正确的历史观、国家观、文化观。发展社会主义文化产业，利用古迹、诗词、书画等具象内容将中华优秀传统文化产业化发展，重视品牌战略，做大做强人文经济。

创新统筹方法，实现物质富裕和精神富裕齐头并进。建立健全共同富裕评价指标体系，将精神富裕评价指标纳入评价体系，正确评估共同富裕阶段性成果。努力实现合规律性和合目的性的有机统一，推进物质与精神共同富裕要合乎财富增长与分配的客观规律，又要满足人与社会全面发展的多层次需要。充分利用定量研究方法继续完善物质富裕的指标体系构建，注重利用定性研究方法刻画不同群体、不同阶层精神富裕发展水平。做到定性与定量相结合、主观与客观相统一，科学系统地评价物质与精神共同富裕推进成果和存在问题。强化价值取向在第三次分配中的激励作用，通过加强道德引导、实施政策激励、弘扬企业家精神，发展慈善捐赠、志愿服务等社会公益事业，让物质与精神共同富裕在社会各界守望相助中落地生根。

---

① 杨文圣、段苗苗：《论共同富裕物质和精神的双重向度》，《福州大学学报》2022年第3期。

第四节

正确处理城市与乡村的关系

消除城乡对立、促进城乡融合不仅是马克思主义关于实现人的自由全面发展理论的内在要求，也是社会主义现代化建设的重要目标。习近平总书记多次强调："全面建成小康社会，最艰巨最繁重的任务在农村、特别是在贫困地区。"①城乡差距是我国贫富差距不平等之一，在地区、城乡与收入不平等中，城乡差距、贫富差距最显著也最复杂，也是推动全体人民共同富裕过程中需要解决的最大难点和最艰巨的任务。城乡差距过大问题应视为未来相当长一段时期内扎实推动全体人民共同富裕道路上的主要矛盾和矛盾的主要方面。进入新发展阶段，如何科学认识、正确处理城市与乡村的辩证关系，是新发展阶段推进共同富裕必须解决的重大问题。

一、正确处理城市与乡村的辩证关系的重大意义

百年来，我们党对城乡关系的探索不断深化发展，城乡关系逐渐由相互对立走向融合发展，城乡关系发展取得新成效。但我国城乡关系依然存在诸多难点痛点，户籍制度改革亟待深化、城乡要素自由流动机制尚未健全、城乡基本公共服务差距依然显著等问题严重影响了共同富裕的推进。在共同富裕视角下处理好城市与乡村关系有着重要的理论与实践意义。

---

① 《习近平谈治国理政》第1卷，外文出版社2018年版，第189页。

处理好城市与乡村的关系是马克思主义城乡发展理论的内在要求。城乡对立的消除建立在生产力的发展之上，城乡关系融合发展是实现共同富裕的必要条件，最终指向人的全面发展。马克思主义城乡发展理论对此进行了深刻论述："城乡之间的对立是个人屈从于分工、屈从于他被迫从事的某种活动的最鲜明的反映，这种屈从把一部分人变为受局限的城市动物，把另一部分人变为受局限的乡村动物"①。当人类超越分工、超越城乡之别，城乡才能真正融为一体，破除城乡对立对人的束缚。马克思和恩格斯强调："断定人们只有在消除城乡对立后才能从他们以往历史所铸造的枷锁中完全解放出来，这完全不是空想"②。未来社会在生产力高度发展的基础上，城乡关系将会由"分离、对立"走向"城乡融合"，当城乡对立被消灭，才能实现人的全面发展，才能实现人的解放，共同富裕才有实现的可能。

处理好城市与乡村的关系是中国共产党人始终坚持的宝贵经验。我们党探索处理城市与乡村关系的历史由来已久。革命战争年代，深受三座大山压榨的旧中国城乡关系处于割裂对立状态，中国共产党人从国情出发，开辟了一条以农村包围城市的道路，最后取得革命胜利。新中国成立初期，我们党带领全国各族人民，通过农业支持工业化建设、农村支持城市化建设，建立起了相对完整的国民经济体系和工业体系，城市化进程大大加快。改革开放以来，城乡面貌发生了天翻地覆的变化，城市逐渐成为社会主义现代化建设的主要力量，与此同时，农村发展相对滞后，落后于工业化、城镇化进程，城乡发展"一条腿长、一条腿短"的问题逐渐显现。党的十八大以来，我们党深刻认识到城乡发展不平衡、农业农村发展不充分问题，积极采取各种举措推进城乡发展一体化，走城乡融合发展之路，破解城乡二元结构难题取得历史性突破。中国共产党对城乡关系的百余年探索，立足于马克思主义城乡关系理论，与中国实践紧密结合，向着最终消除城乡割裂对立和城乡差别的目标不断前进。

处理好城市与乡村的关系是建设社会主义现代化强国的迫切需要。社会主义现代化既需要繁华城市，又需要繁荣乡村。习近平总书记指出："在现代

---

① 《马克思恩格斯文集》第1卷，人民出版社2009年版，第556页。
② 《马克思恩格斯文集》第3卷，人民出版社2009年版，第326页。

化进程中，城的比重上升，乡的比重下降，是客观规律，但在我国拥有近14亿人口的国情下，不管工业化、城镇化进展到哪一步，农业都要发展，乡村都不会消亡，城乡将长期共生共存，这也是客观规律。"①一方面，我国城镇化水平和质量显著提升，根据2021年统计公报，我国常住人口城镇化率已经达到64.72%，中国将近9亿多人生活在城镇，但仍有大约5亿人口生活在农村。更有专家指出，即使未来全国城镇化基本实现，仍将有4亿左右的人口生活在农村。缩小城乡差距是现在及未来很长一段时间我们必须要解决的难题。推进共同富裕，不能只把目光投向城市，更需要着手解决农业、农村、农民面对的现实难题。习近平总书记指出："如果在现代化进程中把农村4亿多人落下，到头来'一边是繁荣的城市、一边是凋敝的农村'，这不符合我们党的执政宗旨，也不符合社会主义的本质要求。"②农村人口作为建设社会主义现代化强国的重要力量，必须提高其收入水平，缩小城乡差距，让中国特色社会主义建设成果真正惠及每一个人，这是共同富裕的重要内容。另一方面，虽然现在城乡差距依旧严峻，但城市建设依旧不能停下脚步。城市发展作为现代化建设的重要引擎，对整个经济社会的发展有巨大的拉动作用。习近平总书记一直高度重视我国城市建设与发展，强调"城市治理是国家治理体系和治理能力现代化的重要内容"③。随着城镇化飞速发展，城市群、都市圈、中心城市的要素集聚以及带来的财富增长明显快于其他空间板块。城市发展中蕴藏的产业发展的规模和效益，关乎着社会总财富这个"蛋糕"能否做大，关乎着居民能否充分就业和获得更满意的收入。通过城市群、都市圈、中心城市的不断发展，打造互促共进的新型工农城乡关系，也能为推动共同富裕注入源源不断的力量。

二、正确认识城市与乡村的关系

城市与乡村存在相互作用、相互制约的辩证关系。马克思通过分析人类社

---

① 《习近平谈治国理政》第3卷，外文出版社2020年版，第257页。

② 习近平：《把乡村振兴战略作为新时代"三农"工作总抓手》，《求是》2019年第11期。

③ 《〈中共中央关于制定国民经济和社会发展第十四个五年规划和二〇三五年远景目标的建议〉辅导读本》，人民出版社2020年版，第335页。

会生产力和生产关系及其发展变化规律，认为城市与乡村会经历依存、对立、融合三种关系形态，在共同富裕视角下，正确处理城市与乡村的关系是我们探讨的重点。

城乡之间出现对立和分离是必然要解决的难题。由于人类社会生产力的不断发展和社会分工的不断加剧，使得城市逐渐从农村中分离出来。马克思认为："城乡之间的对立只有在私有制的范围内才能存在。"[①]在私有制条件下，生产力发展了但又发展不足，虽然城市的发展会通过"涓滴效应"[②]在一定程度上带动农村发展，但城市大规模的劳动分工使得城乡之间的生产关系、技能人员、生活习惯、地方文化等要素流动变得更加困难，加之对乡村发展的忽视直接导致乡村走向衰落，最终走向城市与乡村的割裂。同时，马克思、恩格斯又指出了城乡对立是必然会被消灭的，在共产主义公有制条件下，工人与农民的界限消失，只有单一的无产阶级劳动者，无论是在城市还是农村，生产力水平和科学水平将达到新的高度，随着时间的推移，农村与城市间的劳动和生活水平将不会有任何区别，此时城乡对立自然被消灭。

乡村与城市的互动关系是一个历史的过程。新中国成立以后，为了支撑重工业优先增长，我们形成以农村哺育城市的局面。由于我国工业体系不健全且占比较低，缺少最初的物质积累，为了重工业优先发展，我国引导农村资源向城市倾斜。正是农村支撑城市发展，我们才能在短时间内建立起现代工业体系，同时为下一阶段社会主义现代化奠定了基础保障。改革开放以来，我国经济获得了巨大飞跃，通过从农村吸取人才、资本、土地等生产资料，城市开始飞速壮大发展，经过几十年的高速发展，大量的财富沉淀在城市。与此同时，城乡二元结构问题逐渐显露，农村发展逐渐落后于城市，农村人口无法平等地享受到经济社会发展带来的红利，从而造成了城市与农村阶层的分化。党的十八大以来，我们党逐渐认识到城乡发展不平衡问题，积极实施乡村振兴战略，坚持"工业反哺农业、城市支持农村"，实施乡村振兴战略成为实现共同

---

① 《马克思恩格斯文集》第1卷，人民出版社2009年版，第556页。

② "涓滴效应"指在经济发展过程中并不给予贫困阶层、弱势群体或贫困地区特别的优待，而是由优先发展起来的群体或地区通过消费、就业等方面惠及贫困阶层或地区，带动其发展和富裕。

富裕的必然要求。可以看到，乡村与城市的关系一直处于动态变化之中，对城市与乡村的关系的选择也取决于各时代背景，并在一定时期发挥了积极作用。在"摸着石头过河"中，我们党对城乡关系的把握持续深化，在向着探索城乡共荣共生的新型关系之路上不断前行。

城乡融合是城乡关系发展演变的必然趋势。在公有制基础下，城乡对立会随着生产力发展而消亡，城乡关系必然由分离、对立走向融合。马克思指出："消灭城乡对立不是空想，不多不少正像消除资本家与雇佣工人的对立不是空想一样。消灭这种对立日益成为工业生产和农业生产的实际要求。"[1]这揭示了城乡关系发展演变的客观规律，同时他还强调城乡融合发展的价值目标在于"通过城乡的融合，使社会全体成员的才能得到全面发展"[2]。其一，城乡融合不仅能将资源和要素下沉到农村，更好带动农业农村发展，还能破解城乡发展不平衡难题，矫正以往重工业轻农业、重城市轻乡村这种城乡分割的发展弊端，实现城市与乡村共同繁荣、共进发展。其二，城乡融合发展有利于实现农业农村现代化，通过破除影响农业农村发展的体制机制障碍和束缚，打通技术、资本、人才向农村流动的瓶颈制约，补齐农村在产业发展、基础设施、公共服务等方面的短板。其三，城乡融合发展能激发经济增长潜力，通过乡村资源要素与城市大市场对接，能释放出城市发展的红利，带动经济社会持续发展。

三、处理好城市与乡村的关系的现实要求

正确处理城乡关系是长期需要关注的核心问题。中国城乡融合发展的体制初见雏形、成效逐步显现，但城乡关系发展中尚有诸多难题有待破解，同时也产生了很多新的问题。要在高质量发展中促进共同富裕，必须构建与之相匹配的城乡关系。

践行新发展理念，加快城乡融合发展。城乡融合发展是一项系统工程，城镇和乡村必须协同发力。要建立健全城乡融合要素合理配置体制机制，深化户籍制度改革，增强中小城市人口承载能力和容纳力，吸引各类人才返乡创业，

---

[1]　《马克思恩格斯文集》第3卷，人民出版社2009年版，第326页。

[2]　《马克思恩格斯文集》第1卷，人民出版社2009年版，第689页。

破除劳动力流动壁垒。深化土地制度改革，完善农村承包地"三权分置"制度，破除土地要素交易壁垒。完善农村金融服务体系，加大开发性和政策性金融支持力度，完善农村金融风险防范体系。将更多资源下沉到农村，带动农业农村发展，改变城乡二元格局。要建立健全城乡普惠性基本公共服务体系，推动教育、医疗、社会保险、社会救助等公共服务向农村延伸覆盖，公共服务标准统一、制度并轨。要实现城乡基础设施一体化发展，建立完善城乡基础设施一体化规划、建设、管护机制。

推进新型城镇化，促进共同富裕。要落实户籍制度改革，进一步放宽落户条件，促进有能力在城镇就业、生活的常住人口市民化，保障未落户城镇常住人口享受义务教育、医疗、文化等基本公共服务，随迁子女享受同等教育权利。要推动新型城市建设，提升城市功能，加快实施城镇棚户区、城中村和危房改造，城市综合交通网络建设，城市地下管网改造，海绵城市建设等工程。培育建设中小城市和特色小城镇，提升县城和重点镇基础设施水平，加快拓展特大镇功能，加快特色小镇发展，培育发展一批中小城市。加快城市群建设，有序培育现代化都市圈，推动超大特大城市转变发展方式等，促进人口在城市间合理分布。辐射带动新农村建设，推动基础设施和公共服务向农村延伸，带动农村一、二、三产业融合发展，推动农村电子商务发展，推进易地扶贫搬迁与新型城镇化结合。

推动乡村振兴，助力共同富裕。要促进农业稳定发展和农民增收，壮大新型农业经营主体，发展新型农村集体经济，发挥政府扶持资金作用，强化龙头企业、合作组织联农带农激励机制，鼓励农民就地创业、返乡创业，不断拓宽农民增收渠道。要发展壮大乡村产业，克服农业发展短板弱项，立足地域特色和优势，结合各地资源禀赋，培育新产业新业态，推进农村一、二、三产业交叉融合，加快农业转型升级，提升农业供给质量，不断完善农业发展基础。要持续加大政府投入力度，保障和改善农村民生，加快补齐农村民生、基础设施、公共服务短板，加强农村水利基础设施网络建设，构建农村现代能源体系，夯实乡村信息化基础，促进城乡基础设施互联互通，提高农村美好生活保障水平。要建设生态宜居的美丽乡村，推进农业绿色发展，强化资源保护，推进清洁生产，持续改善农村人居环境，着力提升村容村貌，加强乡村生态保护与修复，建设生活环境整洁、生态系统稳定、人与自然和谐共生的美丽乡村。

<table>
<tr><td>第五节</td><td>

正确处理用好外力与激发内力的关系
</td></tr>
</table>

　　唯物辩证法认为，内因和外因是导致事物发展的原因和动力，其中内因是根据、外因是条件，外因只有通过内因才能起作用。习近平总书记强调："用好外力、激发内力是必须把握好的一对重要关系。对贫困地区来说，外力帮扶非常重要，但如果自身不努力、不作为，即使外力帮扶再大，也难以有效发挥作用。只有用好外力、激发内力，才能形成合力。"①体现了总书记坚持内因与外因、主观与客观、内力与外力辩证统一的观点。在共同富裕进程中，正确处理用好外力与激发内力的关系，是内因和外因辩证关系的方法论要求，也是中国共产党解决现实矛盾的理论基础。

一、正确处理用好外力与激发内力的辩证关系的重大意义

　　正确认识与处理共同富裕中内因与外因的关系，有利于在纷繁复杂的实践中抓住主要问题，有利于厘清制定政策的逻辑起点，有利于解决复杂、多维、长期的相对贫困难题，具有重大的理论与实践意义。

　　正确处理用好外力与激发内力的关系贯穿于中国共产党人为人民谋幸福的全过程中。中国共产党始终善用外力激发内力，通过密切与人民群众的血肉联

---

　　①　中共中央党史和文献研究院编：《习近平扶贫论述摘编》，中央献出版社2018年版，第139页。

系，在革命、建设和改革的各个历史时期，取得了一系列重大的历史性成就和历史性突破。我们党自成立之日起，就将为人民谋幸福、为民族谋复兴作为奋斗目标。新民主主义革命时期，我们党积极开展土地革命，通过将土地分配给广大农民，保证农民的各项基本权益，调动农民生产、革命的积极性。新中国成立后，建立分级办学的全民教育体系，加速人力资本积累，同时建立起以救"急"救济为导向的社会保障制度，有中国特色的农村"五保"供养体系初步形成。改革开放后，政府向西部地区划拨专项资金实施农业建设计划，同时以家庭联产承包责任制代替人民公社集体化的生产体制，激发劳动者的积极性。纵观历史，我们党之所以能从胜利走向胜利，持续推动全体人民向共同富裕目标迈进，离不开党对内力与外力的正确把握和运用。我们党不仅强调政府在制度安排、政策调控、监督管理等方面的外部引导、推动作用，还始终紧紧依靠群众、密切联系群众，坚持发挥人民的主观能动性和巨大创造力，催生出强大的内生动力。

正确处理用好外力与激发内力的关系是贫困治理的重要经验。党的十八大以来，我们党致力于脱贫攻坚，帮助9899万农村贫困人口全部脱贫，创造了彪炳史册的人间奇迹。之所以能够取得如此辉煌的成就，其中一条成功经验就是处理好用好外力与激发内力的关系。一方面，我们党坚持调动广大贫困群众的积极性、主动性、创造性，激发群众脱贫的决心，释放内生动力。习近平总书记指出："人民是真正的英雄，激励人民群众自力更生、艰苦奋斗的内生动力，对人民群众创造自己的美好生活至关重要。"①我们党通过将贫困群众对美好生活的向往转化成脱贫攻坚的强大动能，将贫困群众的丰富智慧和强大力量充分激发出来。另一方面，我们党积极发挥政府在脱贫攻坚中的重要作用，不仅给贫困地区以财政支出、金融支撑和产业政策倾斜，还引导社会、企业、个人投身于扶危济困行动，创新社会、企业帮扶模式，构建社会帮扶格局。脱贫攻坚的成功是用好外力与激发内力的生动实践，正确处理二者关系是脱贫攻坚取得胜利的关键。

正确处理用好外力与激发内力的关系是进入新发展阶段推进共同富裕的

---

① 习近平：《在全国脱贫攻坚总结表彰大会上的讲话》，人民出版社2021年版，第17页。

迫切需要。发展不平衡不充分是我国经济社会发展面临的重要难题，新一轮科技革命和产业变革推动了经济发展，同时对就业和收入分配带来更加深远的影响，加之疫情跌宕反复和国际局势的动荡，进入新发展阶段共同富裕面临的问题将更为严峻且复杂。面对复杂形势，习近平总书记指出："我们最大的优势是我国社会主义制度能够集中力量办大事。这是我们成就事业的重要法宝。"①集中力量办大事本质上就是要依靠群众的力量，激发群众智慧，从而克服发展瓶颈，实现高质量发展。要积极调动汇聚政府、企业、社会组织、个人等各方的力量，不仅发挥政府外力作用，明确发展方向、重点、路径，推动政策外力转化为发展动力，确保共同富裕系统性、整体性、协同性推进；还要释放蕴藏在人民群众、企业社会中的强大动能，调动全体人民的内生动力，参与到共同富裕伟大事业中。用好外力，激发内力，形成一加一大于二的强大能量，这是新时代战胜经济社会发展面临的风险挑战、顺利推进共同富裕的重要方法论。

二、正确认识用好外力与激发内力的辩证关系

推进共同富裕一定是一条外力促内力、内外力协同奋进之路。百年未有之大变局的风险挑战纷至沓来，我们需要对实现共同富裕的长期性、艰巨性、复杂性有充分估计。厘清推进共同富裕的内因与外因、处理用好外力与激发内力的辩证关系，是在新发展阶段下走向共同富裕的关键。

激发人民群众的内生动力是实现共同富裕的根本路径。内因是推进事物发展的根本原因，决定事物发展的方向。恩格斯指出，劳动"它是整个人类生活的第一个基本条件……以致我们在某种意义上不得不说：劳动创造了人本身。"②劳动作为一种有意识的生命活动，是促进人类社会发展的基础和内因。自古以来，中华民族就有勤劳致富、劳动光荣的传统。《晏子春秋》提到"以民为本也"，深刻直接地表达了人民在社会生产生活中的根本性作用。革命、建设和改革年代，人民群众成为我们党创造历史伟业的力量之源。毛泽东指

①　习近平：《论把握新发展阶段、贯彻新发展理念、构建新发展格局》，中央文献出版社2021年版，第119页。

②　《马克思恩格斯全集》第20卷，人民出版社1971年版，第509页。

出："人民是创造世界历史的根本动力。"邓小平强调："改革开放中的许多东西，都是人民的智慧。"习近平指出："江山就是人民，人民就是江山。"进入新时代，习近平总书记强调："人民是创造历史的动力，我们共产党人任何时候都不要忘记这个历史唯物主义最基本的道理。"①中国共产党百年来取得的一切伟大成就，都归功于人民群众的强大内生力量。在推进共同富裕的伟大征程中，广大人民群众不仅是共同富裕的受益者，更是共同富裕的贡献者，是推进共同富裕的内因、源泉和动力。如果人民自身没有实现共同富裕的意识和行动，把共同富裕完全寄希望于分配领域，不仅不能实现共同富裕，反而会助长"干部干、群众看""等靠要""靠着墙根晒太阳，等着别人送富裕""事事不求己而求诸人""躺平"等思想，甚至落入"福利主义""养懒汉"的陷阱。

用好外力是实现共同富裕的必要手段。外部矛盾是事物发展的条件，外因会加速或延缓事物的发展。一方面，外力能加速推进共同富裕进程。只激发个体内部能动性，而缺乏外部帮助，共同富裕也很难顺利推进。从经济学视角来看，由于资本的投入与增长之间存在门槛效应，当初始生产资料未超出临界值时，个体也很难从贫穷的困境中走出来。也就是说，当原始资本存量匮乏时，无论个体的主观能动性有多强，也会被客观条件所限制。另一方面，外力是打破收入不平衡的重要手段。改革开放后，一部分人抓住时机先富起来，逐渐积累起存量财富，进入"先富者"行列，随着财富存量的不断拉大，不平衡不充分问题逐渐显露，财富代际传递又加剧了贫富分化，"先富者"在一定程度上限制了"后富者"向上流动，出现富者恒富、穷者恒穷的局面。这样造成的贫富差距不是依靠个人努力就能填补的，如果政府不用政策进行调控，就会造成贫富差距不断拉大，阶层固化，甚至形成两极分化的严重局面。因此，在解决外因导致的贫富差距时，要积极发挥外力作用，尽可能为共同富裕创造良好的外部环境。

用好外力、激发内力，形成共同富裕的合力。辩证地看待内因与外因的关

---

① 中共中央宣传部编：《习近平总书记系列重要讲话读本（2016年版）》，学习出版社、人民出版社2016年版，第128页。

系，关键是要认识到"内因是变化的根据，外因通过内因而起作用"①。推动共同富裕的内力，来源于中国共产党领导下的广大人民群众。唯物史观强调，人民群众是历史主体，是历史的创造者，也是社会进步的主体力量。共同富裕不仅是中华民族的共同理想，更是全体中国人民的共同事业，要实现这一伟大理想，必然离不开人民群众的参与。一旦忽视人民的力量，不仅中国特色社会主义伟大事业难以推进，实现共同富裕更将是一个不可能实现的目标。推动共同富裕的外力，就是为促进共同富裕提供重要制度和政策保障的政府。政府作为顶层设计者、政策制定者，需要整体谋划，系统把握我国经济社会发展状况，是实现我国经济长期稳定增长和持续均衡发展，形成高质量、均衡、可持续的共同富裕的重要保障。在推进共同富裕过程中，正确认识和处理内力和外力的关系，要注意避免或克服两种错误的倾向。一是过于强调外因，陷入被动论。这种倾向过于依赖政府的基础性作用，忽视市场和企业、社会力量的重要作用，忽略了人民在其中的决定性作用。二是过于强调内因的倾向。这种倾向只着眼于激发人民群众的主观能动性，忽视政府在顶层设计、政策干预、偏差矫正中的重要作用。

三、正确处理用好外力与激发内力的辩证关系的现实要求

正确处理内因和外因的辩证关系，是我国社会主义现代化建设的宝贵经验，是制定政策的逻辑起点，也是廓清促进共同富裕道路中模糊认识和思想迷雾的有效路径。新时代共同富裕面对新难题，为我们正确把握内因与外因提出了新的现实要求。

树立坚持劳动光荣、勤劳致富的正确理念。要在全社会树立劳动光荣、勤劳致富的理念，营造自力更生、艰苦奋斗、勤劳致富的良好社会风尚，强调幸福生活都是奋斗出来的，避免陷入"养懒汉"的误区。破除部分群众精神萎靡空虚、不思进取的"等、靠、要"思想，培养其自尊、自强、自立精神，鼓励引导群众参与到社会主义现代化建设中来，靠主观能动性发展致富。要创造

---

① 《毛泽东选集》第1卷，人民出版社1991年版，第302页。

普惠公平的社会环境，着力提高普通人受教育程度和个人能力素质，通过提升专业技术能力，培养人民群众走向高水平生活的能力。要发展传播体现中华优秀传统文化、社会主义核心价值观的文化作品，厚植勤劳智慧创造美好生活意识，为共同富裕道路集结人民力量，使全体人民积极投身于中国特色社会主义伟大事业和推动共同富裕的建设中去。

发挥政府基础性作用，激发市场主体活力。要发挥政府在社会保障中的兜底作用，聚焦人民群众最关心的现实问题，聚焦基本生存和发展需求问题，推进教育、医疗、养老、住房等基本公共服务均等化。要提高公共教育资源分配上的公平性，保障所有适龄孩子享有平等受教育权利，特别是教育资源匮乏地区学生的受教育权利，从而缩小地区、城乡之间的人力资本差距。要加大税收、转移支付、产业政策等调节力度并提高精准性。考虑欠发达地区资源禀赋、产业基础、市场需求、技术支持等因素，出台倾斜政策，加大对西部落后地区和弱势群体的倾斜扶持，动员外力为贫困地区持续"输血"。要鼓励和帮助辛勤劳动、合法经营、敢于创业的致富带头人，坚决反对靠投机取巧、靠旁门左道致富。

充分发挥政府、企业和社会的重要作用，形成共同富裕的合力。政府要从顶层设计出发，打破既得利益者对社会阶层流动的束缚，防止财富的积累构筑成"护城河"，形成阶层固化、财富固化，保障社会竞争的公平性。要发挥市场主体作用，引导非公有制经济在稳定经济增长、促进技术创新、增加就业渠道中发挥重要作用。企业要立足本业、做强产业，实现高质量发展，不断创造和积累社会财富，把共同富裕的"蛋糕"做大、做好，与员工共享企业发展成果。发展慈善等社会公益事业，在全社会宣传和营造积极健康的社会财富观，研究制定企业和个人慈善捐助免税条例，积极鼓励有条件、有意愿的企业和个人投入慈善事业，为共同富裕贡献坚实的社会力量。

第六节

正确处理尽力而为与量力而行的关系

　　"尽力而为、量力而行"是我们党在长期领导中国革命、建设、改革的历史进程中所形成的重要工作方法。实现共同富裕是一个在动态中向前发展的过程，不可能一蹴而就，也不可能齐头并进，必须要深刻理解把握尽力而为与量力而行的关系，既要尊重客观规律、实事求是，不制定过高的目标，一步一个脚印，扎实推动共同富裕；又要积极发挥主观能动性，创造条件推动共同富裕不断取得新进展。正确认识并处理尽力而为与量力而行的关系是新发展阶段实现共同富裕的原则性问题。

一、充分认识正确处理尽力而为与量力而行的辩证关系的重大意义

　　推进共同富裕是合规律性与合目的性的统一，只有做到尽力而为、量力而行，才能推动共同富裕取得可观、可感的实质性成就。

　　既要尽力而为也要量力而行，是我们党在长期探索实践中形成的重要工作方法。我们党从成立之日起，就把为中国人民谋幸福、为中华民族谋复兴作为初心使命，团结带领中国人民在推动实现共同富裕的过程中既尽力而为又量力而行。革命战争时期，我们实行"打土豪、分田地""耕者有其田"，帮助广大劳动人民争取实际利益；社会主义革命和建设时期，党领导人民顺利完成社会主义革命，推进社会主义建设，确立了社会主义基本制度，通过建立计划经

济体制，铆足力气实行重工业优先发展战略，虽然其间经历了严重曲折，但我们党在不断改善人民生活条件上尽力而为；改革开放后，我们党认识到贫穷不是社会主义，打破传统体制束缚，允许一部分人、一部分地区先富起来，推动解放和发展社会生产力；党的十八大以来，党领导人民全面建成小康社会，为推动全体人民共同富裕奠定了雄厚的物质基础。正是在长期革命、建设和改革实践中，通过总结正反两方面历史经验，党形成了既要尽力而为也要量力而行的重要工作方法，既坚持远大理想，又立足当前发展，既不好高骛远，也不揠苗助长，始终久久为功、接续用力，朝着共同富裕的目标不断奋进。

既要尽力而为也要量力而行，是新时代推进共同富裕的必然要求。"尽力而为、量力而行"是习近平总书记的一贯要求。习近平在《之江新语》中多次强调"尽力而为、量力而行"，不"开空头支票、盲目吊高胃口"[1]。在如何推进共同富裕的问题上，习近平总书记指出："实现共同富裕，要统筹考虑需要和可能，按照经济社会发展规律循序渐进。同时，这项工作也不能等"，将"尽力而为、量力而行"作为促进共同富裕要把握好的重要原则提出来。要解决好发展中不平衡不充分问题，推动全体人民共同富裕，一方面必须尽力而为，加快补齐民生保障短板，解决好人民群众急难愁盼问题，谋划创新性举措，解决地区、城乡、收入差距过大问题，不断增强人民群众的获得感、幸福感和安全感；另一方面还必须量力而行，在保障和改善民生方面要尽力加强普惠性、基础性、兜底性民生建设，不做超出能力和发展阶段的事。

既要尽力而为也要量力而行，是吸取借鉴西方国家经验教训得出来的。在资本主义发展过程中，不少西方国家试图缩减贫富差距、促进社会公平，其间产生了一系列经验教训。以法国为例，1968年至1983年，法国政府实施了激进的劳动保护政策，每年都大幅提升最低工资标准。起初取得了较好效果，但一段时间后，法国工人失业率明显上升、生存状况持续恶化，甚至比政策实施之前还要糟糕。现实证明，冒进的政策不仅会损伤经济社会效率，甚至连促进公平正义这一目标都实现不了。近年来，西方福利社会纷纷出现"高水平停滞"，由于不工作的人领取的社会福利比底层劳动者多，直接导致"福利依赖

---

[1] 习近平：《之江新语》，浙江人民出版社2007年版，第147页。

者""好吃懒做者"大量增加。从本质上看，无论是高税收还是高福利政策，最终承受者都是每个劳动者，长此以往不仅会挫伤企业和劳动者的积极性，还会降低全社会创新创造活力。资本主义国家的教训给我们提供了前车之鉴。古今中外，国家的发展、社会的运行都需要尊重经济运行规律，忽略发展规律，推行盲目机械且激进的政策会付出沉重代价。远近兼顾、深谋远虑是我们党推进共同富裕的一项重要要求。

二、科学理解尽力而为与量力而行的辩证关系

"尽力而为、量力而行"是推进共同富裕的重要原则，关键是要把握好"尽力"与"量力"的辩证关系，将二者有机统一起来。尽力而为就是发挥主观能动性，量力而行就是坚持实事求是的精神，两者相辅相成、缺一不可。只有正确认识和处理二者关系，既实事求是、尊重规律，又解放思想、开拓创新，才能在推进共同富裕道路上有更大的作为。

"尽力而为"就是要发挥人的主观能动性。"尽力而为"就是要保持恒心耐心，具备坚定不移的气魄，一件事一件事办好，一代接着一代干，发挥人的主观能动性。充分而正确地发挥主观能动性，往往起着重要作用。在新民主主义革命时期，我们党之所以能够在敌强我弱的情况下取得胜利，与较好地发挥了主观能动性分不开。毛泽东在《论持久战》中指出："思想等等是主观的东西，做或行动是主观见之于客观的东西，都是人类特殊的能动性。这种能动性我们名之曰'自觉的能动性'，是人之所以区别于物的特点。"①还指出："武器是战争的重要的因素，但不是决定的因素，决定的因素是人不是物。"强调要自觉发挥人的能动性。习近平总书记也特别强调人的主观能动性，在庆祝改革开放40周年大会上，他深刻指出："历史发展有其规律，但人在其中不是完全消极被动的。只要把握住历史发展大势，抓住历史变革时机，奋发有为，锐意进取，人类社会就能更好前进。"我国仍处于并将长期处于社会主义初级阶段，这决定了我们实现共同富裕之路任重道远，必须凝聚亿万人民群众的磅礴

---

① 《毛泽东选集》第2卷，人民出版社1991年版，第477页。

伟力，积小胜为大胜，脚踏实地、持之以恒不断向共同富裕目标迈进。

"量力而行"就是要尊重客观规律。"量力而行"源于《左传·昭公十五年》："力能则进，否则退，量力而行。"意思是要估量自身能力去做事，有能力就完成，没有能力就退出。从马克思主义观点来看，"量力而行"就是要"实事求是、一切从实际出发"。习近平总书记反复强调，广大干部对任何问题、任何事物都"要透过现象看本质，从零乱的现象中发现事物内部存在的必然联系，从客观事物存在和发展的规律出发，在实践中按照客观规律办事"①。量力而行就是要了解掌握实情，认识遵循规律，按客观规律办事。实现共同富裕具有长期性、艰巨性、复杂性等特点，特别是进入新发展阶段，百年未有之大变局与全球疫情叠加，我们需要面对的风险更严峻，需要解决的任务更繁重。习近平总书记强调："我国正处于并将长期处于社会主义初级阶段，我们不能做超越阶段的事情，但也不是说在逐步实现共同富裕方面就无所作为"②。共同富裕是全方位、各阶层的富裕，从目标、主体和外部环境来看都非常复杂，并非一时之功，任何超越发展阶段和生产力水平的激进主义都是危险的，要杜绝"未富先分""未富先奢""寅吃卯粮"等错误做法。推进共同富裕是一个长远目标，不可能一蹴而就，只能沿着既定的目标安排，积小胜为大胜。

"尽力而为、量力而行"是辩证统一的。"尽力而为"要以遵循客观规律为前提。列宁强调："外部世界、自然界的规律，机械规律和化学规律的区分（这是非常重要的），乃是人的有目的的活动的基础。"③人类的实践活动是面向于客观世界的，因此要以客观规律来规定人类活动。人们对客观规律的认识程度与发挥主观能动性息息相关，只有对规律认识得越深刻、越正确，才能达到改造世界的目的，相反则只能把事情办糟。在充分发挥主观能动性基础上"量力而行"。人的主观能动性是区别于动物的重要特征，人类通过认识世界、改造世界而不断获得发展，同时在反复实践中深刻认识到不能违背超越客观规律而跨阶段发展，要将发挥人的主观能动性与尊重事物发展规律相结合。

---

① 《习近平谈治国理政》第1卷，外文出版社2018年版，第25—26页。

② 习近平：《论把握新发展阶段、贯彻新发展理念、构建新发展格局》，中央文献出版社2021年版，第95页。

③ 《列宁全集》第38卷，人民出版社1959年版，第200页。

阻碍共同富裕长远推进的一种错误观念是"躺平"或萌生"等靠要"思想，另一种则是"福利主义"，这两种极端观念都是没有将个人主观能动性与尊重客观实际有机结合的结果。共同富裕等不来、也喊不来，更不可能坐享其成，必须依靠广大人民群众的力量拼出来、干出来。习近平总书记还强调："政府不能什么都包，重点是加强基础性、普惠性、兜底性民生保障建设。即使将来发展水平更高、财力更雄厚了，也不能提过高的目标，搞过头的保障，坚决防止落入'福利主义'养懒汉的陷阱。"①

三、既要尽力而为又要量力而行的实践要求

实现共同富裕是一个长期性、艰巨性和复杂性过程，办好这件事，等不得，也急不得。实现共同富裕，不可能一蹴而就，既要有尽力而为的决心，久久为功，又要有量力而行的理性，循序渐进。既不因目标长远而气馁懈怠，又不因目标宏伟而揠苗助长。

既要保持历史耐心和战略定力，又要坚持循序渐进、久久为功。要激发尽力而为的干劲、久久为功的韧性。立足社会主义初级阶段这个最大的实际，坚持"两个毫不动摇"，设计谋划实现共同富裕的体制机制，制定切实可行的行动纲要，构建符合国情省情的共同富裕指标体系和考核标准，抓好共同富裕示范区建设，积累总结现实经验，逐渐扩展到全国各地，分阶段扎实推进共同富裕。要立足当前、着眼长远，统筹考虑需要和可能。要有整体意识和大局观，统筹解决地区、城乡和收入差距问题，处理好推进共同富裕中局部与整体、眼前和长远的关系，遵循经济社会发展规律，扎实推动共同富裕取得更为明显的实质性进展。

既不能搞花拳绣腿的形式主义，又不能搞一蹴而就的冒进主义。一方面，在人民群众最关心的领域尽力而为。要坚决反对形式主义、"面子工程"和"形象工程"，切实兜住特殊群体生活底线，尽己所能地解决人民群众最关心的现实问题。要在发展中保障和改善民生，确保发展和保障民生协同共进，加

---

① 习近平：《扎实推动共同富裕》，《求是》2021年第20期。

强普惠性、基础性和兜底性民生建设，让老百姓能真切看到共同富裕的美好图景。另一方面，在尽力而为加强民生建设的过程中应当量力而行。要实现经济社会发展与保障改善民生的良性互动，民生保障不仅要与生产力发展相适应，还不能超出政府承受能力。在制定实施各项政策举措时，地方政府一定要充分考虑各地区实际情况，科学合理确定公共服务供给边界，制定切实可行的公共服务标准，既不能脱离实际制定不切实际的目标，又不能盲目照搬西方发达国家标准，应将保障和改善民生建立在经济发展和财力可持续的基础之上。

既要具备坚定不移的定力，又要具备实事求是的思维。党员干部要发挥带动引领作用，把促进共同富裕当成是一项重要政治任务和政治要求，在思想上重视、行动上发力，以"等不起"的危机感、"坐不住"的责任感，抓紧落实、步步推进。要找准制约实现共同富裕的突出短板和弱项，有针对性地实施一批有力的政策举措，切实解决共同富裕的重点、难点和堵点。要增强对马克思主义理论的学习掌握，加强工作的科学性、预见性和主动性，在实际工作中要把握规律性、富于创造性，从客观规律出发，认识到共同富裕无法做到时间上的一致性、空间上的齐头并进，制定政策和推进实施都要遵循科学规律，克服本领恐慌，不断提升能力。

第七章

广东推进共同富裕的发展历程、重大成就与基本经验实现共同富裕，不可能一蹴而就，需要一个长期的历史过程。百余年来，广东党组织不忘初心使命，领导广东人民为民族独立、人民解放和国家富强、人民幸福而不懈奋斗。特别是改革开放以来，广东以"杀出一条血路来"的气魄，推进改革开放，为探索中国特色社会主义道路作出了重大贡献，为探索实现共同富裕奠定了坚实的物质基础。南粤大地始终是改革开放和推进现代化建设的前沿和热土，经过长期努力和艰苦奋斗，广东经济总量先后超过亚洲"四小龙"（新加坡、中国香港和中国台湾地区以及韩国），综合实力迈上新台阶，城乡差距、区域差距和贫富差距总体呈缩小趋势，在推进实现共同富裕的道路上积累了丰富的经验。面向未来，深刻总结蕴含在其中的客观规律和经验教训，对于广东乃至全国走好新征程的共同富裕道路、把握历史主动，具有重要意义。

第
一
节

广东推进共同富裕的发展历程

改革开放以来，特别是进入新时代后，广东省委省政府围绕中心工作任务，结合国情省情，采取有力措施推进经济社会发展，不断提高人民生活水平，一茬接着一茬干，为推动实现共同富裕奠定制度基础、物质基础和精神基础。

一、改革开放领先一步：率先探索中国特色社会主义共同富裕道路

进入改革开放与社会主义现代化建设新时期，广东以敢为天下先的勇气率先推进改革开放，探索建立社会主义市场经济体制，不断解放和发展社会生产力，以先富带动后富，开启了推动实现共同富裕的新篇章。

（一）率先推进对外开放，探索新的经济起飞和发展之路

广东充分利用中央赋予的特殊政策和灵活措施，开办经济特区，深入落实中央"先行一步富裕起来，成为全国'四化'建设的先驱和排头兵"的要求。创办了深圳、珠海和汕头经济特区，试行外贸"大包干"与"三来一补"，进出口贸易增长迅速，1980年至1983年共出口创汇超过77.3亿美元，大量外资和外汇贷款用于引进先进技术设备、改善交通运输条件，为广东经济腾飞打下了

坚实基础。①1985年后，广东率先提出"一个中心，两个体系"②的外贸发展战略，调整出口商品结构、出口生产布局、出口经营体制和出口市场结构，到1987年，广东外贸出口总额跃升至55.6亿美元。1988年起，广东率先全面实行外贸承包经营责任制，彻底结束了延续达38年之久的"吃大锅饭"外贸体制。从开放的递进格局看，广东遵循从经济特区到沿海城市（1984年开放广州和湛江2个沿海港口城市）、沿海经济开放区（珠江三角洲），再到全域开放的步骤，到1992年广东拥有3个经济特区、2个沿海开放城市、4个经济技术开发区、6个高新技术区、近40个经济试验开发区，21个地级以上市全部实行沿海开放政策，借鉴亚洲"四小龙"经验，加快承接来自香港的产业转移，重点发展劳动密集型加工产业。③20世纪90年代以来，广东陆续出台实施扩大开放、发展外向型经济、增创发展新优势实施"外向带动"战略和经济国际化战略，特别是抓住中国加入世界贸易组织（WTO）的重大历史机遇，在更大范围、更广领域、更高层次上参与国际经济技术的合作与竞争，成为全国对外开放程度最高的地区之一。通过对外开放，广东找到了一条充分发挥自身比较优势，切入全球价值链，引进境外技术和设备、先进管理经验，以先发区域的开放开发带动全域发展的经济腾飞之路。这是一条鼓励一部分地区率先发展、示范带动后发地区发展的先富带后富道路。

（二）同步推进体制改革，探索建立充分激发发展活力的经济体制

改革首先从计划经济体制的薄弱环节和边缘地带的农村开始，1978年下半年为解决生产动力不足、效率不高等问题，广东部分地区开展了"五定一奖"包产到组责任制的探索，随后开始推行包干到户、包产到户政策，到1983年底，广东农村已基本普及了家庭联产承包责任制，涌现出了一大批承包户、专

---

① 《广东改革开放史》课题组编著：《广东改革开放史（1978～2018年）》，社会科学文献出版社2018年版，第64页。

② 指以出口创汇为中心；利用外资，引进技术，建设出口生产体系；联合港澳，面向世界，建立国际销售体系。

③ 《广东改革开放史》课题组编著：《广东改革开放史（1978～2018年）》，社会科学文献出版社2018年版，第82页。

业户、重点户，提高了农民生产积极性和生产效率，为农民致富创造了良好开端。几乎与此同时，乡镇企业[①]异军突起，成为农民走向共同富裕的重要途径，形成以东莞、顺德、南海、中山为代表的"珠江三角洲模式"。其中，东莞重点发展"三来一补"和"三资"企业，与香港形成"前店后厂"关系；顺德以集体企业、镇办企业和骨干企业"三个为主"为特色，其中镇办企业又占了大头，与其他地区存在较大差异；南海实施镇、村、联户、个体"四个轮子"一齐转，三大产业齐发展的战略；中山通过大力发展股份制和企业集团，开发拳头产品，实现规模经济效益。珠三角地区的示范发展带动全省农村发展。到1992年，农村居民人均纯收入达1308元，农民生活加快改善，平均每百户拥有自行车206.38辆、缝纫机69.71台、钟表330.96只、黑白电视机50.38台、彩色电视机16.38台、洗衣机5.54台、电冰箱2.17台。[②]1984年起，全国改革重点转向城市，但早在1978年清远就开始探索推进国营企业改革，试行企业承包制，并在部分地区推广扩大企业自主权的改革，1983年和1984年按照国家部署分别推行第一步和第二步利改税，1987年全面推行企业承包经营责任制。但20世纪80年代推行的企业承包制改革总的来说并不成功，由于政企关系边界不清晰，承包经营产权模糊，权责利不对等，出现了企业行为短期化和负盈不负亏等严重问题。从20世纪90年代初期开始，顺德开启了公有产权制度改革，引领带动全省把改革重点转到企业产权制度和管理体制上来，一大批乡镇企业和城市国有企业通过转制和"抓大放小"的改革实现了股份制改造和产权多元化，提高了经营效率和经济活力。与此同时，个体、私营经济加快发展，推动了全省乃至全国所有制改革，形成以公有制为主体、多种所有制经济共同发展的局面。

在这个阶段，对传统计划经济体制的改革探索是全方位进行的。广东以价格改革为突破口，按照社会主义商品经济和市场经济发展的内在要求，率先探索建立了消费品市场和生产资料市场，并进而探索建立资金、技术、劳动力和

---

① 包括乡（镇）办企业、村（村民小组）办企业、联户（股份合作）办企业、户办（个体、私营）企业，以及由这些企业之间或这些企业与国有企业、城市集体企业、私营企业以及外资等多种经济成分联合投资建立的企业等形式。

② 《广东改革开放史》课题组编著：《广东改革开放史（1978～2018年）》，社会科学文献出版社2018年版，第90～91页。

人才市场，对工资和分配制度进行了改革，对计划管理、财税体制、投融资体制等宏观经济体制进行了改革调整，致力于扩大指导性计划和市场调节范围，放松对微观经济的严格管理和控制，扩大生产经营者的自主权。1992年邓小平发表南方谈话后，广东掀起了新一轮深化改革的热潮，在全国率先探索建立社会主义市场经济体制，建立现代企业制度，建立完善市场经济体系，推动要素市场化改革，加强市场经济秩序整顿和管理，进一步健全宏观经济管理机制，充分发挥市场在资源配置中的基础性作用，为经济社会发展注入了新的体制活力和动力源泉。

（三）建立健全社会保障体制，切实保障和改善民生

推动实现共同富裕，离不开社会保障事业的发展进步。改革开放以来，广东在保障和改善民生、推进社会保障体系建设上积极作为，率先打破计划经济企业、单位办社会的铁饭碗，1983年率先在劳动合同制职工中试行社会保险，1984年试行全民所有制和集体所有制企业职工退休费用社会统筹，1986年建立国营企业职工待业保险制度，1989年制定临时社会养老保险制度，1990年实行固定职工个人缴纳养老保险费制度，这一系列创始性的改革，推动了社会保障体系的建立，社会保险开始在社会保障体系中居于核心地位。

1992年广东被列为全国建立统一的社会保险制度试点省，开始通盘考虑加快建立包括职工养老保险、失业、医疗、工伤等的社会保险制度。1992年建立企业职工工伤保险制度，并逐步开展女职工生育保险制度改革试点。1994年开始施行社会统筹和个人账户相结合的养老保险模式。1996年推动建立职工失业保险制度。1999年底建立城镇职工基本医疗保险制度。此后，社会保障制度改革的深化主要体现在把保障范围从国有企业事业单位职工逐步扩大到城镇所有劳动者，推动建立社会统筹和个人账户相结合的保险模式上。2007年广东开展城镇居民基本医疗保险试点，在人人享有医疗保障的目标上迈出第一步。在珠三角地区农村率先建立农村养老保险制度。2009年，新型农村合作医疗与城镇居民医保合并为城乡居民医疗保险。到2012年底，广东省参加城镇职工基本养老保险（含离退休）、基本医疗保险、工伤保险、生育保险和失业保险的人数分别达4034.08万人、3373.42万人、2962.77万人、2484.93万人和2009.12万人，

参加城乡（镇）居民基本医疗保险的人数达5048.39万人。[①]广东已基本建成一个险种齐全、覆盖范围广、具有一定保障水平的社会保障体系。

（四）推进城乡区域协调发展，遏制城乡区域差距扩大趋势

促进区域协调发展是广东推进共同富裕的重大举措。改革开放以来，广东在推进珠三角地区率先发展的同时，采取了众多举措推进粤东西北地区发展，避免发展差距过大，着力解决粤东西北地区贫困及发展不足问题。

20世纪80年代中期之后，广东一部分地区、一部分人先发展起来之后，贫富分化问题加剧。为解决山区贫困问题，1985年召开第一次山区工作会议，决定从资金、技术、信息、物资等方面对山区进行社会性扶持。1990年作出了对口挂钩扶持[②]的安排，支持山区加强基础设施建设，发展乡镇企业，调整产业结构，打开山门，通过内联外引，加快发展经济。经过近20年努力，通过财政倾斜支持、造林绿化、对口扶持、石灰岩地区移民等多项举措，加快推进贫困地区脱贫致富。进入21世纪，粤东西北地区与珠三角的发展差距有进一步拉大趋势，"全国最富和最穷的地方都在广东"，制约着广东的进一步发展。2000年6月，广东组织开展以村级通机动车和解决贫困户半亩"保命田"为主要内容的扶贫"两大会战"。同年，广东省人民政府在清远举办了第一届"山洽会"[③]，会上签署合作项目750个、成交总额达到268.21亿元，特别是纳入东西两翼后，签署项目数和成交总额大幅增长。"山洽会"实施效果十分显著，加快了珠三角企业到山区及东西两翼投资的步伐，对加快其发展起到了重要的推动作用，清远、河源等地发展速度加快。2005年以来，在此前实践探索的基础上，广东省产业转移战略实施提速，相关政策措施陆续出台。2005年3月，《关于我省山

---

① 广东省统计局：《2012年广东国民经济和社会发展统计公报》。

② 广州市、深圳市、佛山市、江门市、中山市、东莞市、珠海市分别对口扶持清远市、梅州市、汕尾市、韶关市、阳江市、河源市、和平县。

③ 山区工作会议一共召开了10次，2000年起有了新的区域协调发展平台"山洽会"（全称珠江三角洲地区与山区经济技术合作洽谈会），从第四届开始纳入东西两翼，更名为"珠江三角洲地区与山区及东西两翼经济技术合作洽谈会"，2012年更名为"广东省区域发展经济技术合作洽谈会"。

区及东西两翼与珠江三角洲联手推进产业转移的意见（试行）》出台，成立了广东省推进珠江三角洲产业向山区和东西两翼转移联席会议，提出由山区、东西两翼与珠三角合作共建产业转移工业园的战略举措，并确定了合作模式和扶持政策，由此奠定了广东省产业转移政策的框架。2008年5月，《中共广东省委、广东省人民政府关于推进产业转移和劳动力转移的决定》出台，产业和劳动力"双转移"由此全面铺开。在欠发达地区规划建设了36个省级产业转移工业园和2个经济特别合作区，由珠三角与欠发达地区共同开发、利益共享，推动粤东西北地区加快发展。先后投入了400多亿元财政扶持资金。2008年至2012年，36个省产业转移工业园累计为欠发达地区创造工业产值超过1万亿元，带动2009年至2011年粤东西北地区GDP增速连续3年高于全省平均水平；实现了全省90%的农村富余劳动力向二、三产业转移就业，全省共转移农村劳动力559万人，全省农村居民转移就业人均工资性收入从2008年的3684.5元增长至2011年的5854.7元，增幅达58.9%。[①]珠三角地区通过"腾笼换鸟"获得了更大的发展空间，欠发达地区通过承接珠三角地区的产业转移、转出劳动力得到了前所未有的发展机遇，广东区域发展协调性明显增强。

二、新时代砥砺奋进：在推动共同富裕上迈出重要一步

党的十八大以来，广东认真贯彻落实党中央部署要求，把握发展阶段新变化，把逐步实现全体人民共同富裕摆在更加重要的位置上，推动区域协调发展，采取有力措施保障和改善民生，打赢脱贫攻坚战，全面建成小康社会，为促进共同富裕创造了良好条件。

（一）加快推动区域协调发展，提升发展的平衡性协调性

进入新时代，广东面临的发展环境发生根本变化，依靠要素低成本大规模投入的传统增长模式越来越难以为继，珠三角加快转型升级，产业直接越过粤东西北地区转移至周边省份的情况较为普遍。虽然此前通过实施"双转移"战略推动了粤东西北地区的发展，但广东区域发展不平衡不充分问题未得到根本

---

① 《"双转移"开启转型5年征程》，《南方日报》2012年12月8日。

扭转。到2012年底，占全省土地面积69.5%的粤东西北地区生产总值仅为全省的20.9%，巨大的区域差距已成为阻碍广东迈向共同富裕的绊脚石。

2013年，在把珠三角做优做强的基础上，省委省政府出台了《关于进一步促进粤东西北地区振兴发展的决定》，举全省之力实施粤东西北振兴发展战略，2014年设立121亿元粤东西北振兴发展股权基金，狠抓交通基础设施建设、产业园区扩能增效、中心城区扩容提质（"三大抓手"），全面推进对口帮扶，加快粤东西北地区工业化发展。粤东西北地区交通区位条件发生根本变化，到2016年底，广东高速公路通车总里程达到7673公里，跃居全国第一；省级产业转移工业园实现工业增加值占粤东西北地区工业增加值比重达到28%；中心城区扩容提质扎实推进，城区发展空间有序拓展，承载能力不断提升。同时，广东还开展了对口帮扶，深入推进"产业共建"，建立了珠三角6市对口帮扶粤东西北12市长效机制。2013年至2016年，粤东西北地区GDP年均增长8.8%，比全省高0.9个百分点。

党的十九大提出实施区域协调发展战略，广东深入贯彻落实党中央要求，区域协调发展进入新的历史阶段。2018年6月，省委十二届四次全会提出构建"一核一带一区"区域发展格局，全面实施以功能区为引领的区域发展新战略，改变了按行政区划将广东简单划分为珠三角与粤东西北地区的传统思维，根据各区域的基础条件、资源禀赋和比较优势，将全省按功能划分为珠三角核心区、沿海经济带、北部生态发展区，促进各个功能区在各自跑道上赛龙夺锦、各显所长。2020年，广东进一步提出打造广州、深圳、珠西、汕潮揭、湛茂五大都市圈，以都市圈的建设推动区域协调和城乡融合发展。经过多年的努力和积厚成势的建设，珠三角核心区已经迈上高质量发展快车道，对全省的辐射带动作用日益增强；沿海经济带作为全省发展主战场地位日益凸显，创造了占全省九成的进出口总额和占全省八成的经济总量；北部生态发展区生态环境持续保持全省最优，生态优先、绿色发展态势加快显现。在推进五大都市圈建设的过程中，形成了广佛全域同城化、广清一体化、深汕特别合作区等区域发展新模式，体现了共同富裕中先富带动后富的理念，通过核心城市和周边城市的分工协作，能够有效实现区域一体化发展，促进先富和后富地区的互联互通。通过"核""带""区"的协同以及各都市圈的协同联动发展，全省区域发展平衡性协调性进一步提升，有效缩小了广东区域发展差距。2016年至2021年，沿海经济带东翼（汕头、汕尾、潮州、揭阳4市）、沿海经济带西翼（阳江、湛江、茂名3市）、北部生态发展区5市人均地区生产总值年均增速分别高于珠三角2.1个、1.2个和1.5个百分点。

（二）统筹城乡发展，增强乡村内生发展动力

统筹城乡发展、推动城乡发展一体化是解决"三农"问题、缩小城乡差距的根本出路，是推进实现共同富裕的必由之路。党的十八大以来，广东坚持把统筹推进城乡发展摆在突出位置，扎实推动城乡一体化和实施乡村振兴战略，推动发展成果更好更多惠及"三农"，在缩小城乡差距、推动农民实现共同富裕上迈出重要步伐。

党的十八大以来，广东认真落实党中央有关"三农"发展的决策部署，在推动现代农业发展、改变农村面貌和环境、推动农村改革方面采取了一系列有力措施。在推动现代农业发展方面，着力健全农业支持保护政策体系，加强农业基础设施建设，提高农业物质技术装备水平，调整优化农业产业产品结构，培育新型农业生产经营主体。在改变农村面貌和环境方面，加大城乡统筹力度，加强农村基础设施建设，实施农村环境连片综合整治，稳步推进美丽宜居乡村建设。在推进农村改革方面，广东完成了土地承包经营权确权登记颁证，推进农村产权流转管理服务平台建设；依托土地等集体资产所有权关系和乡村传统社会治理资源，开展以村民小组或自然村为基本单元的村民自治试点，规范发展村民理事会、推进村级组织"政经分开"[1]；开展普惠金融改革试点，加大对"三农"金融支持力度。探索形成了"三个重心下移"[2]的清远经验、"政经分开"和"三块地"改革[3]的佛山南海经验、村

---

[1]　指在党的领导下实现村民自治组织职能与集体经济组织职能的分离，村委会干部回归到社会管理和公共服务职能上，集体经济不受其他因素干扰，按市场规则运行。

[2]　指基层党建重心下移、村民自治重心下移和公共服务重心下移。

[3]　2015年3月，南海区成为广东唯一入选全国农村集体经营性建设用地入市改革试点地区，此后又承担了"农村土地征收""宅基地制度改革"试点重任。通过探索集体土地整备、片区综合整治、差别化土地征收、宅基地统筹利用等做法，为建立城乡统一的建设用地市场、健全严格规范的农村土地管理制度、推进乡村振兴积累了经验。

民自治的梅州经验①等一批重要改革成果。到2016年底，广东农业综合生产能力显著增强，农业机械化水平不断提高，农民专业合作社、家庭农场、农业企业等新型农业生产经营主体大量涌现。农村面貌和环境明显改善，根据第三次全国农业普查结果，2016年末广东省通公路的村、通村主要道路为水泥路面的村占全部村的比重分别达到99.7%、96.7%，98.5%的村通宽带互联网，90.3%的村生活垃圾集中处理或部分集中处理。②农民生活质量和水平显著提高，2016年广东农村居民人均可支配收入达到14512元，比2012年增长45.1%，年均实际增长7.6%，增速比城镇居民高1.2个百分点；城乡居民人均可支配收入之比为2.60（农村居民收入为1），比2012年下降0.10。③

党的十九大以来，广东举全省之力实施乡村振兴战略，全面推进乡村产业、人才、文化、生态和组织振兴，促进农业全面升级、农村全面进步、农民全面发展，推动广东农业农村现代化取得扎实进展。在产业振兴方面，在全国率先转变抓农业的方式，推动从过去抓生产向抓生产、市场、流通、消费等全产业链转变，率先构建"跨县集群、一县一园、一镇一业、一村一品"现代农业产业体系；在美丽宜居乡村建设上，以实施乡村建设行动为抓手，全面实施人居环境整治提升行动，扎实推进农村厕所革命、污水治理、垃圾处理等各项工作，启动实施历史上力度最大、指向性最强的"三农"领域突出短板"九大攻坚"行动，推动乡村面貌发生历史性变化；在乡村治理方面，持续实施基层党建行动计划和"头雁"工程，开展抓党建促乡村振兴示范县创建，推进乡村治理"百镇千村"与文明镇村、民主法治示范村联创联建，加强新时代农村精神文明建设，不断提高农村社会文明程度；在农村改革方面，扎实抓好农村土地制度改革，开展农村"三块地"改革试点，基本完成农村集体产权制度改革

---

① 指在村"两委"领导下，在自然村（村民小组）探索成立村民理事会，成员由村（组）干部、党员、村民代表、宗族前辈、外出乡贤等组成，村民理事会协助村"两委"，在推动美丽乡村建设、发展生产和调解纠纷、带领村民创业致富等方面发挥了积极作用。

② 广东省第三次全国农业普查领导小组办公室、广东省统计局：《广东省第三次全国农业普查主要数据公报（第三号）及解读》，2018年1月30日。

③ 广东省第三次全国农业普查领导小组办公室、广东省统计局：《广东省第三次全国农业普查主要数据公报（第一号）及解读》，2018年1月29日。

阶段性任务，稳妥推进第二轮土地承包到期后再延长30年试点。积极推进涉农资金统筹整合改革，扶持培育重点农业龙头企业、农民合作社示范社、示范家庭农场等新型农业经营主体。构建农业支持保护制度体系，基本形成"政银保担基企"金融支农格局，农业农村有效投资不断加大。国家城乡融合发展试验区广清接合片区创建稳步推进，清远和佛山三水等地乡村振兴综合改革试点取得阶段性成效。

（三）推进公共服务均等化，切实增进民生福祉

公共服务均等化使人民群众得到基本公共服务的保障，有利于促进机会均等，是实现共同富裕的重要举措。党的十八大以来，广东坚持尽力而为、量力而行，坚持"小切口大变化"解决好群众急难愁盼问题，不断在幼有所育、学有所教、劳有所得、病有所医、老有所养、住有所居、弱有所扶上取得新进展，使人民群众获得感、幸福感、安全感更加充实、更有保障、更可持续。

广东始终坚持把保障和改善民生作为一切工作的出发点和落脚点，着力建机制、补短板、兜底线，持续加大民生投入，加快推进基本公共服务均等化。坚持每年办好十件民生实事，提高一般公共预算支出中用于民生的比例，致力于解决一批关系群众切身利益的突出问题。高质量实施"粤菜师傅""广东技工""南粤家政"三项工程，实施百万职业农民培训计划，不断提高农民就业技能和综合素质，强化就业优先促进农民增收。制定基本公共服务标准，强化供给能力建设，有效落实基本公共服务支出责任，织密扎牢民生保障网。加快补齐粤东西北部分地区高等教育、高水平医院等方面的突出短板，提高本科院校、高职院校、技师学院、高水平医院覆盖率。稳步提高社会保障水平，推进各类社会保险扩面征缴，基本实现人人享有社会保障的目标。推动企业养老保险、工伤保险、失业保险基金省级统筹，加强城乡居民养老保险基金市级管理，推动企业养老保险基金全国统筹，深化机关事业单位养老保险制度改革，不断提高城乡低保、农村五保、残疾人保障、孤儿保障等底线民生保障水平。

（四）全力打好精准脱贫攻坚战，全面建成小康社会

党的十八大以来，广东把扶贫开发作为重大政治任务、最大发展机遇和第

一民生工程，在全国率先开启到户到人的精准扶贫探索，构建起社会广泛参与的大扶贫工作格局，推动精准扶贫精准脱贫取得历史性成就，与全国一道全面建成小康社会。

从2013年起，广东继续深入开展"双到"扶贫工作，共派出7986名干部驻村，帮扶2571个重点帮扶村、90.6万贫困人口，工作中注重综合运用产业扶贫、教育扶贫、金融扶贫等"造血式"扶贫方式。到2015年底，全省相对贫困户人均纯收入已达到9220元，较帮扶前增长了1倍多，贫困村集体收入是帮扶前的5倍多。扶贫标准也已动态调整为在3480元，在此标准下，省内20.9万户贫困户有劳动能力的全部脱贫，没有劳动能力的纳入基本社会保障范畴。从2016年开始，进入精准扶贫脱贫阶段。广东动员全省21个地市、1.8万个党政机关企事业单位、近6.5万名驻村干部，累计投入1600多亿元，实现现行标准下省内161.5万相对贫困人口全部脱贫、2277个相对贫困村全部出列。①2021年以来，广东创造性提出建立乡村振兴驻镇帮镇扶村工作机制，把工作着力点从过去主要在村一级转向统筹镇、村两级发展，推动镇村一体谋划，强镇兴村、融合发展，覆盖全省1127个乡镇、近2万个行政村，扎实推进巩固拓展脱贫攻坚成果。广东通过接续奋斗，打赢精准脱贫攻坚战，与全国一道如期完成全面建成小康社会各项目标任务，经济实力、科技实力、综合实力和人民生活水平跃上了新台阶，在推进实现共同富裕的道路上取得了历史性成就。

---

① 马兴瑞：《政府工作报告——2021年1月24日在广东省第十三届人民代表大会第四次会议上》。

第一节 广东推进共同富裕取得的重要成效

实现共同富裕不是一蹴而就的，也不是朝夕之功。广东在不同历史发展阶段，根据中心工作任务的不同，量力而行、尽力而为，以缩小城乡、区域、贫富三大差距为主攻方向，分阶段做好夯基垒台、立柱架梁的工作，推进实现共同富裕取得了显著成效。

一、高质量完成脱贫攻坚任务，消除了绝对贫困

自改革开放以来，广东就高度重视解决贫困问题。广东脱贫攻坚工作先后经历了山区开发、区域协作开发、"双转移"、双到扶贫（2009年至2015年）以及精准脱贫攻坚（2016年以来）等历史阶段，在每个阶段，广东都采取了一系列的措施，致力于提升欠发达地区和贫困人口的自我发展能力。特别是进入新时代以来，广东深入贯彻落实习近平总书记对广东系列重要讲话和重要指示批示精神，集全省之智、举全省之力，以消除贫困为目标，补齐发展短板，脱贫攻坚取得历史性成就，在南粤大地上首次历史性地消除了绝对贫困。

一是彻底解决了现行标准下的农村绝对贫困问题。截至2020年底，广东省内2277个相对贫困村全部出列，161.5万相对贫困人口全部脱贫；有劳动力贫困户人均可支配收入从2015年底的3980元增长到16817元，2277个相对贫困村人均可支配收入达到20739元，较2015年底增长了245%，村均集体收入达33.5万元，

与2015年底相比增长了158%。[①]同时，省内贫困群众"两不愁三保障"已全部实现，脱贫群众不愁吃、不愁穿，义务教育、住房安全、基本医疗有保障。广东在东西部扶贫协作中交出了一份靓丽答卷，对口帮扶广西、四川、云南、贵州93个贫困县，累计援助各类资金671亿元，协助9747个贫困村出列，体现了服务全国脱贫攻坚大局的责任担当，为全国打赢脱贫攻坚战贡献了广东力量。

二是初步建立了稳定脱贫长效机制。经过长期探索实践，广东已建立起精准识别、精准脱贫的工作体系以及因地制宜、因村因户因人施策的帮扶体系。为扎实推进巩固拓展脱贫攻坚成果，守牢不发生规模性返贫底线，广东还全面建立防止返贫动态监测和帮扶机制以及农村低收入人口常态化帮扶机制。将脱贫不稳定户、边缘易致贫户、突发严重困难户作为重点监测对象，建立"干部主动排查、群众自主申报、系统监测预警相结合"的防止返贫动态监测系统，确保应纳尽纳、应扶尽扶。截至2021年12月底，广东省纳入监测对象28.8万户、42.7万人，劳动力脱贫不稳定户、边缘易致贫户、突发严重困难户三类监测对象5229户、23278人。建立跟踪帮扶机制，对监测对象进行分层分类帮扶，为脱贫户购买防返贫救助责任保险。建立农村低收入人口帮扶制度，将脱贫不稳定户、边缘易致贫户、突发严重困难户全部纳入低收入人口管理范围，建立监测指标体系，开展常态化预警监测，实施联动救助。

三是巩固拓展脱贫攻坚成果与乡村振兴有效衔接。2021年6月，广东省委、省政府印发《广东省乡村振兴驻镇帮镇扶村工作方案》，开启史上规模最大的帮扶行动，将原来的脱贫攻坚转变为全域全覆盖全面推进乡村振兴，实施"党政机关+企事业单位+科技力量+三支一扶人员+志愿者+金融助理"组团式帮扶，探索激发农民内生发展动力、彻底摆脱"输血式"扶贫的新路子。该方案实施一年来，广东省7174个单位共选派8099名党政机关、企事业单位干部和4000多名"三支一扶"人员、科技特派员、金融助理等专业人才，1030名高校毕业生志愿者驻镇驻村参与乡村振兴，帮扶工作开展扎实有力，为群众解决了一批急难愁盼问题，镇村基础设施得到改善，特色富民产业不断壮大，基层组织建设

①　关海涛、林蠡、何五星：《广东实现脱贫攻坚成果与乡村振兴有效衔接的思考》，《新经济》2022年第2期。

有效提升，农村公共服务进一步完善，切实巩固拓展了脱贫攻坚成果。

二、区域协调发展程度不断提升，区域发展差距缩小

改革开放以来，广东从自身地理区位条件、资源禀赋特点、时代发展要求出发，坚定不移推进区域协调发展，致力于缩小区域发展差距。特别是新时代以来，广东在做优做强珠三角核心区的同时，举全省之力推进粤东西北地区振兴发展，深入实施"一核一带一区"区域发展战略，优化提升五大都市圈建设，推动全省区域发展水平不断提升。

一是区域发展差距显著缩小。区域发展差异系数从2012年的0.64下降至2021年的0.53。各区域人均GDP最高与最低之比呈缩小趋势。2021年，珠三角核心区人均地区生产总值128264元，东翼、西翼和山区分别为47228元、55464元和45695元，珠三角（最高）与山区（最低）人均GDP之比为2.807，比2012年缩小0.988，为近年来最低值。这说明东西两翼及山区追赶速度有所加快，人均GDP增长速度总体快于珠三角。粤东粤西粤北地区居民人均可支配收入从2016年的18364.5元增加到2021年的27191.4元，名义增长率为48.1%，同期珠三角地区居民人均可支配收入名义增长率为51.4%，但由于粤东西北地区物价指数低于珠三角地区，其实际增长率要高于珠三角地区，两大区域人民基本生活保障水平大体相当。

二是基础设施通达程度相对均衡。广东以跨区域战略性高速通道和面向全球的综合交通枢纽建设为重点，加快构建现代化基础设施体系。高速公路实现跨越式发展，2015年实现"县县通高速"，2017年粤东、粤西、粤北地区高速公路通车里程首次超过珠三角，粤东、粤西、粤北通往珠三角核心区已建成2条以上大通道，目前已建成出省通道30条，往广西、湖南、江西、福建均有5条以上高速公路通道；随着赣深高铁在2021年底正式开通，广东实现了"市市通高铁"；湛江吴川机场、韶关丹霞机场通航，粤东粤西粤北接入"3+4+8"①世界级机场群，

---

① 《广东省综合交通运输体系"十四五"发展规划》在"十三五"时期"5+4"骨干机场布局基础上，进一步提出完善"3+4+8"运输机场布局。"3"即广州白云机场、珠三角枢纽（广州新）机场、深圳宝安机场等3个国际航空枢纽机场，"4"即珠海金湾机场、揭阳潮汕机场、湛江吴川机场、惠州平潭机场等4个地区性枢纽机场，"8"即梅州梅县、韶关、阳江、云浮、肇庆怀集、清远连州、河源、汕尾等8个支线机场。

粤东粤西粤北与珠三角基本实现2小时通达。通过构建综合立体化交通网络，打通了粤东粤西粤北发展的大动脉，进一步加强了与粤港澳大湾区的互联互通，改变了粤东粤西粤北的交通区位条件。进一步地区间缩小数字鸿沟，加大信息基础建设力度，截至2020年底，广东省固定宽带家庭普及率、移动宽带用户普及率分别达116.5%、120.1%，5G基站数累计超过12万座，居全国第一。

三是基本公共服务均等化程度得到有力提升。十年来，广东省民生支出累计达9.33万亿元，在一般公共预算支出中占比由2012年的66%逐步提高到2021年的70.3%，切实解决了一批关系群众切身利益的突出问题。"粤菜师傅""广东技工""南粤家政"三项工程实施4年来累计培训849万人次，带动就业创业275万人次。基本公共服务标准不断健全完善，推动形成覆盖十大领域共104个项目的基本公共服务体系。粤东西北部分地区高等教育、高水平医院建设成效突出，历史性地实现本科院校、高职院校、技师学院、高水平医院21个地级以上市全覆盖；十年来新增义务教育公办学位257万个、医疗机构床位26.4万张，高等教育毛入学率从28.2%提高到57.65%。实现社会保障水平与经济发展水平基本同步，实现企业养老保险、工伤保险、失业保险基金省级统筹和城乡居民养老保险基金市级管理，企业养老保险基金全国统筹迈出重要步伐，城乡低保、农村"五保"、残疾人保障、孤儿保障等底线民生保障水平进入全国前列。

三、城乡融合程度不断提高，城乡差距有所缩小

改革开放以来，广东深入贯彻落实党和国家关于"三农"的重大决策部署，特别是新时代以来，举全省之力实施精准脱贫攻坚战略，推进乡村全面振兴，不断推进城乡融合发展，进一步缩小了城乡差距，为广东推进全体人民共同富裕，在全面建设社会主义现代化国家新征程中走在全国前列、创造新的辉煌提供了有力支撑。

一是城乡融合发展体制机制进一步健全。近年来，广东省大力引导人才、资金、信息等各种要素更多地向乡村聚集，推进城乡要素双向自由流动、实现良性循环，加快建立工农互促、城乡互补、全面融合、共同繁荣的新型工农城乡关系。首先，城市人才入乡激励机制逐步建立。人才振兴是乡村振兴的关

键。广东持续出台各类优惠政策，通过引进、培养、轮岗交流等多种方式，鼓励各类人才到广大乡镇工作、创业兴业，支持农村集体经济组织探索人才培养机制，不断优化人才引、留、用机制。其次，财政、金融支持保障机制逐步健全。加大财政支农力度，从2018年底开始实施涉农资金统筹整合改革，涉农资金规模持续增长，八成以上投向市县基层，九成以上投向粤东西北地区；积极打造金融服务乡村振兴"粤式样板"，截至2022年6月末，广东涉农贷款余额1.99万亿元，同比增长12.7%。成立广东省金融支农促进会，打造"政银保担基企"全方位金融支农大格局。2021年，全省农业保险实现保费收入47.77亿元，同比增长79.12%；提供风险保障2032亿元，增长100.14%，两项增速均居全国第一。最后，基本形成城乡教育资源、医疗卫生服务、社会保障资源均衡配置机制。创新城乡义务教育保障机制，在解决教师队伍建设和公办优质学位供给这两大关键问题上取得明显成效；省内城乡统一的社会保障和医疗保险制度逐步建立，已在全国率先实现城乡居民养老保险制度一体化，织就了一张覆盖城乡的养老保障网；城乡一体化医保制度逐步建立，目前广州已率先实行城镇居民医保和新农合"并轨"，合并为城乡居民医保，除已参加职工医保的参保人外，全体城乡居民不分户籍都将统一缴费标准、统一待遇范围和标准。

二是城乡融合发展格局加快构建。广东坚持问题导向、分类施策，不断壮大特色产业，全面推进乡村振兴，加快构建城乡融合发展新格局。首先，现代化乡村产业体系初步建立并逐步完善，农业县实现现代农业产业园全覆盖，全省农业产业发展强劲。率先构建"跨县集群、一县一园、一镇一业、一村一品"现代农业产业体系，截至2021年底创建了18个国家级、235个省级现代农业产业园、国家级优势特色产业集群6个、国家级农业产业强镇56个、全国"一村一品"示范村镇139个；在全国首创"12221"①农产品市场体系，利用农产品大数据平台、"网络节+云展会"模式等拓展农产品销售渠道；全省各级农业龙头企业超过5000家，休闲农业与乡村旅游年收入超1500亿元。其次，乡村面貌发生历史性

---

① "12221"市场体系建设始于2019年初，以湛江徐闻菠萝为试验田，破解"果贱伤农"难题。即建立"1"个农产品大数据，组建销区采购商和培养产区经纪人"2"支队伍，拓展销区和产区"2"大市场，策划采购商走进产区和农产品走进大市场"2"场活动，实现品牌打造、销量提升、民致富等"1"揽子目标。

变化，农村人居环境整治方面效果显著，各地高度重视生态文明建设并基本完成基础环境整治，各市县生活垃圾无害化处理率均已接近100%；全省行政村集中供水实现全覆盖，通乡镇和行政村路面硬化、行政村通客车率均达100%；全省行政村党群服务中心"一门式办理""一站式服务"公共服务中心（站）基本全覆盖；农村5G、4G基站数量均居全国第一，行政村4G网络实现全覆盖。以县域为载体，统筹推进城乡基础设施布局和共建共享，对城乡基础设施统一规划、统一建设、统一管护的科学发展格局已见雏形。全面实施精美乡村建设行动，截至2021年底建成89个省级新农村示范片，覆盖393个行政村，建成110多个特色精品村、3260多个美丽宜居村、5条省际廊道乡村风貌带、200多条美丽乡村风貌带、570余条美丽乡村精品旅游线路。最后，城乡融合改革创新走在全国前列。广东省国家新型城镇化综合试点经验已向全国推广，广州、深圳、珠海、佛山入选全国智慧城市，广清接合片区列入国家城乡融合发展试验区，惠东、台山等10县（市）列入国家县城新型城镇化示范县。南海"广东省城乡融合发展改革创新实验区"稳步建设，率先探索建立城乡融合发展体制机制和政策体系。

三是城镇化水平持续提升且居国内前列。把农村人口转移到城市，推进农民市民化进程，有利于减轻农村人口承载压力，推动城乡融合发展进程。2021年广东省常住人口城镇化率创新高达到74.63%，已接近发达国家或地区水平，明显高于全国平均水平，略高于江苏和浙江，居于全国前列。分区域看，珠三角、东翼、西翼、山区人口城镇化率分别为87.47%、61.07%、47.31%和52.52%，东翼和山区人口城镇化率均在2020年分别首次突破60%、50%大关，西翼（最低）人口城镇化率与珠三角（最高）的差距从2010年的45.02下降至2021年的40.16，下降了4.86个百分点。

四、居民收入和消费水平不断提升，差距略有缩小

改革开放以来，广东凭借得天独厚的地缘区位优势和率先融入全球经济体系的开放优势，迅速成长为全国第一经济大省，经济总量连续33年位居全国第一，雄厚的经济实力为广东居民收入和消费水平的不断提升奠定了坚实基础。

一是居民人均可支配收入快速提高，城乡收入差距有所缩小。广东把改革

开放作为改善人民生活的关键一招，在不同历史阶段深入推进现代化建设，切实让人民群众享受改革红利和发展成果。2021年，广东居民人均可支配收入达到44993元，城镇、农村居民人均可支配收入分别为54854元、22306元，农村居民人均可支配收入增速连续9年高于城镇居民，城乡居民收入比历史性缩小至2.5以下。与全国平均水平相比，2021年广东21个地级以上市中有8个人均收入超过了全国人均可支配收入水平35128元，但仍有潮州、河源、云浮和揭阳4个城市人均可支配收入水平不到全国的3/4。

二是收入来源由单一到多元，增收途径不断增多。改革开放40余年来，广东毫不动摇地巩固和发展公有制经济，支持、引导非公有制经济健康发展，持续推动营商环境综合改革，居民经营收入和财产性收入保持快速增长态势。目前，广东稳定和扩大就业成效显著，工资性收入仍为居民收入的最主要来源，2021年广东省居民人均工资性收入30777元，同比增长10.6%，占可支配收入的比重为68.4%，是拉动居民收入增长的主要动力。随着经济的迅速发展，投资渠道日益增多，居民通过购买股票、期货、房地产等多种渠道获得的利息、租金等财产性收入不断增加，2021年广东人均财产净收入为5831元，占比12.96%，居于四大收入来源的第2位；人均经营净收入5729元，同比增长13.7%，占比12.73%，在四项收入来源中增速最快；人均转移净收入2656元，同比下降6.1%，为四项收入中增速唯一下降的指标。

三是居民消费结构加快升级，生活水平不断提升。提升消费水平、缩小消费差距是实现共同富裕的一项重要内容和重要标志。随着居民收入的稳步增长，广东居民消费水平也在不断提高。2021年广东居民人均消费支出31589元，城镇、农村居民人均消费支出分别为36621元、20012元，城乡居民人均消费支出比从2012年的2.29缩小到2021年的1.83。居民消费结构由以吃、穿、用为主的传统生存型消费向包括吃、穿、用、住、行、医疗保健、通信、文教娱乐等在内的发展型、享受型消费转变。2021年食品烟酒、衣着、生活用品及服务三项支出占人均消费支出的比重为40.9%，比2012年下降9.3个百分点；2021年交通通信支出占比为13.7%，比2012年提高9个百分点。随着居民消费结构升级，广东居民恩格尔系数随之下降。2021年，广东居民恩格尔系数为33.2%，城镇和农村分别为31.7%和39.3%，分别比2012年下降5.2个和9.8个百分点。

第三节

广东推进共同富裕的基本经验

习近平总书记强调："共同富裕是社会主义的本质要求，是中国式现代化的重要特征，要坚持以人民为中心的发展思想，在高质量发展中促进共同富裕。"广东人口众多、地理区位条件特殊、省情民情复杂，但在推进实现共同富裕进程中取得了历史性成就，积累了丰富经验，不仅印证了习近平总书记关于共同富裕重要论述的真理性，也为全国其他地区推进实现共同富裕提供了重要借鉴。

一、坚持党的领导

推进共同富裕是一项庞大的系统工程，既要长远谋划，又要分阶段实施，既涉及高质量发展，又涉及收入和财富的公平分配，必须坚持正确的方向和道路，必须统筹各方面力量组织实施。党的领导是党和国家的根本所在、命脉所在，是全国各族人民的利益所系、命运所系。办好中国的事情，关键在党。坚持党的领导是实现全体人民共同富裕的根本政治保障。

党的领导确保始终沿着正确道路和方向前进。党的领导是中国特色社会主义最本质的特征，是中国特色社会主义制度的最大优势。共同富裕是社会主义的本质要求。党的领导、社会主义、共同富裕三者之间具有内在联系，坚持中国共产党的领导，必然要坚持社会主义和共同富裕，实现共同富裕，必须要坚持中国共产党领导、走社会主义道路，三者统一于实现中华民族伟大复兴的宏伟实践。改革开放以来，广东党组织充分利用国家赋予广东的特殊政策和灵活措施，以前所未有的巨大政治勇气开办经济特区，推进改革开放，在坚持党的领导、坚持社会主义基本原则的同时，大力推进体制机制改革，探索社会主义和市场经济有机结合的具体路径，为全国探索建立社会主义市场经济体制蹚出了一条新路。即使在面临苏联解体的重大历史时刻，广东党组织仍然牢牢把握坚持党的领导和社会主义这个最根本的原则，不在原则问题上犯颠覆性错误，既没有走计划经济的老路，也没有走资本主义的邪路，而是走出了一条中国特色社会主义的共同富裕道路；既充分发挥社会主义制度优势，消除两极分化的制度根源，又充分发挥市场经济的优势，调动各类市场主体的积极性，在高质量发展中推动实现共同富裕。进入新时代，广东党组织以前所未有的力度实施脱贫攻坚战略，推进城乡融合发展和区域协调发展，彻底消灭了绝对贫困，引领广东实现跨越式发展，在实现共同富裕上迈出了关键的一步。事实证明，党的领导是确保共同富裕事业始终沿着正确方向前进的根本保障。

党的领导贯穿广东推进共同富裕的各个阶段和方方面面的工作之中。党的领导有利于发挥好制度优势，坚持全省一盘棋，调动各方面积极性，集中力量办大事。广东是一个人口众多、省情复杂的大型经济体，如果没有党的坚强领导，在推进共同富裕过程中就很难凝聚共识，形成攻坚克难的合力。正是党的领导发挥总揽全局、协调各方的作用，有效组织动员人民群众在每一个历史阶段推动共同富裕目标任务的完成。改革开放以来，广东党组织解放思想、实事求是，引领农村经济体制改革、城市经济体制改革不断走向深入，提高党组织改革创新能力和经济治理水平，以先富带动后富，坚持珠三角和粤东西北地区共同发展，避免城乡、区域和贫富差距拉大。新时代以来，广东党组织深刻把握社会主要矛盾变化，深入推进全面从严治党，把坚持党的集中统一领导作为强化系统治理的根本，坚持全省一盘棋，加快补短板、强弱项，开展珠三角对口帮扶粤东西北地区，组织实施精准脱贫攻坚，推动解决发展不平衡不充分问题，为实现共同富裕提供了坚强的组织保障。

二、坚持科学理论的指导

坚持以科学理论统一思想、凝聚共识。马克思、恩格斯并没有提出"共同富裕"这个概念，但是他们深刻地揭示了资本主义社会贫富两极分化的一般规律，科学地预见了共同富裕是社会主义社会区别于资本主义社会的本质特征之一。在描绘共产主义社会理想时，马克思和恩格斯认为，"每个人的自由发展是一切人的自由发展的条件"。可见，马克思在创立科学社会主义之初，就把共同富裕和社会主义、共产主义联系在了一起。马克思主义是中国共产党的指导思想，历代中国共产党人均注重结合中国实际，丰富发展马克思主义共同富裕思想，不断深化对共同富裕科学内涵的认识。新中国成立初期，毛泽东指出："现在我们实行这么一种制度，这么一种计划，是可以一年一年走向更富更强的，一年一年可以看到更富更强些。而这个富，是共同的富，这个强，是共同的强，大家都有份。"改革开放后，邓小平指出："社会主义的本质是解放生产力，发展生产力，消灭剥削，消除两极分化，最终达到共同富裕"。进入新时代，习近平总书记强调："共同富裕是社会主义的本质要求，是中国式现代化的重要特征。我们说的共同富裕是全体人民共同富裕，是人民群众物质生活和精神生活都富裕，不是少数人的富裕，也不是整齐划一的平均主义。"这一系列重要论述，深刻阐明了党中央在不同历史阶段对共同富裕科学内涵的理解，集中体现了马克思主义关于共同富裕理论的新发展。广东推动共同富裕的生动实践一方面推动了党关于共同富裕理论的创新发展，另一方面也印证了其真理性。正是因为深刻理解把握党的领导人关于共同富裕科学内涵的重要论述精神，广东才能在各个历史阶段统一思想、凝聚共识，谋划推进实现共同富裕的战略举措。

坚持以科学理论为指导探索实现共同富裕的路径。历经几代领导人的艰难探索，中国共产党形成了中国特色反贫困理论和共同富裕理论。在不同历史阶段，中国共产党人均对推进共同富裕的原则要求、战略步骤和具体路径进行了深入探索和深刻论述。新中国成立后，毛泽东把推进农业合作化运动作为实现农民共同富裕的重要手段，部署推进四个现代化建设，根本目的在于迅速壮大国力，解决人民群众日益增长的物质文化需要同落后的社会生产之间的矛盾，为推动共同富裕奠定基础。改革开放后，邓小平强调："一个公有制占主体，一个共同富裕，这是我们所必须坚持的社会主义的根本原则"，提出让一部分人先富起来，先富带动后富，最终实现共同富裕的发展目标。江泽民、胡锦涛先后提出了"正确处理一次分配和二次分配的关系""在促进发展的同时，把维护社会公平放到更加突出位置，使全体人民朝着共同富裕的方向稳步前进""统筹兼顾，注重全面协调可持续发展"等思想观点，对推动共同富裕作出重要部署。党的十八大以来，习近平总书记进一步丰富发展了共同富裕思想，提出"鼓励勤劳创新致富、坚持基本经济制度、尽力而为量力而行、坚持循序渐进"的原则要求，强调要在高质量发展中促进共同富裕，并对新时代共同富裕的实践途径进行了系统论述。广东率先推动改革开放，次第开放经济特区、沿海城市、沿海经济区，推动农村和城市经济体制改革，解除城乡劳动力流动束缚，发展乡镇企业，让一部分人、一部分地区先富起来，发挥好政府提供公共管理和服务的作用以及市场在资源配置中的基础性、决定性作用，举全省之力推动粤东西北振兴发展、乡村全面振兴，缩小城乡区域差距和收入差距。

坚持以科学理论为指导把握历史主动。党在带领人民推动共同富裕的奋斗历程中，发展出一系列解决贫困问题、推动共同富裕的方法论，为广东在各个历史阶段把握历史主动推动共同富裕提供了方法指引。新中国成立后，毛泽东在探索推进社会主义建设中，提出了统筹兼顾、"弹钢琴"等思想方法和工作方法。改革开放以来，邓小平强调"现代化建设的任务是多方面的，各个方面需要综合平衡，不能单打一"，坚持"两点论"与"重点论"，既强调"先富"，又强调"先富带后富"。江泽民强调推进社会主义现代化建设过程必须要处理好12个带有全局性的重大关系，胡锦涛提出全面协调可持续发展，统筹兼顾处理好效率与公平之间的关系。党的十八大以来，习近平总书记提出中国特色社会主义事业"五位一体"总体布局和"四个全面"战略布局，强调"不断提高战略思维、历史思维、辩证思维、系统思维、创新思维、法治思维、底线思维能力"以及"坚持人民至上、坚持自信自立、坚持守正创新、坚持问题导向、坚持系统观念、坚持胸怀天下"的立场观点方法，为推进共同富裕提供了科学指引。广东深入学习领会党中央在不同历史时期提出的科学思维方法，坚持问题导向，统筹处理好政府与市场、物质文明与精神文明、效率与公平、城市与农村、珠三角地区与粤东西北地区、生产与分配、先富与后富、做大"蛋糕"与分好"蛋糕"、补短板与锻长板等方面的重大关系，不断增强推动共同富裕工作的预见性、主动性和创造性，始终保持战略主动，不断推动全体人民共同富裕取得实效。

三、坚持以人民为中心

民心是最大的政治。实现共同富裕不仅是经济问题，而且是关系民心进而关乎党的执政基础的重大政治问题。共同富裕的推进离不开人民群众的共同参与和共同努力，最终目的也是让人民群众共享发展成果。广东始终坚持人民立场，在不同历史阶段，顺应人民群众对美好生活的向往，把实现好、维护好、发展好最广大人民根本利益作为实现共同富裕工作的出发点和落脚点。

坚持发展为了人民，使人民过上美好生活。改革开放以来，广东推进改革开放和现代化建设，探索建立社会主义市场经济体制，加快调整农村和城市的生产关系，把"三个有利于"作为判断改革和一切工作是非得失的标准，解放和发展生产力，目的仍然是使人民群众加快解决温饱问题、逐步迈向小康。党的十八大以来，广东党组织遵循"民困我解、民需我帮、民求我应"的工作思路，推进实施脱贫攻坚工程，从"实事小切口"入手，坚持每年办好十件民生实事，在幼有所育、学有所教、劳有所得、病有所医、老有所养、住有所居、弱有所扶上持续用力，把近七成财力用于保障和改善民生，不断满足人民群众对美好生活的多样化、多层次和多方面需求，在南粤大地上历史性地消除了绝对贫困，解决了一批关系群众切身利益的突出问题，使人民群众获得感、幸福感、安全感更加充实、更有保障、更可持续。

坚持发展依靠人民，依靠共同奋斗实现共同富裕。人民是实现共同富裕的主体和根本动力源。广东党组织在推进共同富裕过程中，始终注重发挥人民群众的积极性、主动性和创造性。改革开放以来，广东在全国较早推行生产责任制改革、冲破雇工和致富禁区、在国有企业改革中实行"五定一奖"、推动乡镇企业大发展、推动公有企业产权改革等，充分尊重来自人民群众的智慧和基层一线的创造，通过改革不断还权于民、赋能基层，创造财富的源泉不断涌流。党的十八大以来，广东鼓励支持人民群众勤劳创新合法致富，特别是在推进脱贫攻坚和实施乡村振兴过程中，既激发农村各类主体活力，又充分尊重农民意愿，不断扩大农民的政治权利和经济权利，注重发挥自上而下、自外而内的帮扶机制作用与激发农民内生动力相结合，坚持"富口袋"和"富脑袋"相结合，动员和发动广大农民参与到巩固脱贫攻坚成果、发展富民产业、推进乡村建设、实施农村综合改革过程中来，破解乡村振兴中的发展瓶颈，特别是创新开展"乡村振兴驻镇帮镇扶村"活动，深入实施"粤菜师傅""广东技工""南粤家政"三项工程，持续推进"乡村工匠""农村电商""高素质农民（渔民）"培育，不断满足广大农民对美好生活的向往。

坚持发展成果由人民共享。新中国成立后，广东党组织带领广东人民开展社会主义建设，改善农业生产条件，推动教育、科学、文化、卫生、体育事业发展，为人民的生存和发展提供了基本保障。改革开放以后，广东废除人民公社体制，推动乡镇企业发展，改革国有企业，探索建设社会主义市场经济体制，建立完善社会保障体系，为遏制城乡区域发展差距和收入差距拉大，加大对粤东西北地区、农村的政策扶持力度，让欠发达地区、农村地区的低收入群体也能享受发展成果。党的十八大以来，广东着力推进粤东西北地区振兴发展、乡村振兴发展，实施脱贫攻坚工程，以产业共建为主抓手开展对口帮扶，推进公共服务均等化进程，以扩大覆盖率、提高待遇水平为主攻方向，推进完善社会保障体系，以保障和改善民生为重点推进社会建设，在完善共享发展机制、推动共享发展上迈出了重要步伐，消除了绝对贫困，实现了全面建成小康一个也不能少、一个也没有掉队的庄严承诺。

四、坚持先富带动后富

共同富裕是逐步共富，广东推动实现共同富裕是一项长期而艰巨的任务，让所有地区、所有人同时同步实现富裕，既不可能，也不现实。广东立足省情民情，在推进实现共同富裕过程中，允许一部分地区、一部分人先富起来，通过先富帮后富、先富带后富，推动全省人民实现共同富裕取得显著成效，为开创中国特色社会主义共同富裕道路作出了重大贡献。

切实巩固和发挥先富人群和先富地区的优势。改革开放以来，珠三角地区率先发展起来，广东没有"劫富济贫""削峰填谷"，没有触动先富地区和先富人群的"奶酪"，而是始终坚持发展这个硬道理，始终毫不动摇巩固和发展公有制经济，毫不动摇鼓励、支持、引导非公有制经济发展，充分保护先富人群推动高质量发展的积极性、主动性和创造性；在谋划推动全省加快发展的进程中，始终注重强化和发挥珠三角地区的先发和先富优势，支持其积累雄厚的经济实力和丰富的发展经验，为先富带动后富奠定坚实基础。党的十八大以来，广东进一步做大做强广州、深圳，推动广深联动发展，增强其核心引擎作用，发挥其对周边城市的辐射带动作用，加快建设广州都市圈、深圳都市圈和珠江西岸都市圈，强化珠三角核心区的竞争优势。

坚持全省一盘棋，推动先富帮后富。先富帮后富主要体现为先富人群、先富地区对后富人群、后富地区的示范、帮扶和带动。改革开放以来，广东对粤东西北地区、低收入群体的帮扶经历了从分散的"输血式"帮扶到系统的"造血式"帮扶的转变过程。特别是2000年以来，广东通过"山洽会"平台推动珠三角和粤东西北地区合作，实施"双转移"战略，推动粤东西北地区加快发展，在推动先富帮后富上迈出重要步伐。党的十八大以来，广东开展了两轮扶贫和精准脱贫攻坚行动，在消除了绝对贫困后，进一步巩固脱贫攻坚成果，开展"驻镇帮镇扶村"，推动"分散帮扶"向"组团式"帮扶转变，加快推动农民过上富裕生活；开展珠三角对粤东西北的对口帮扶，以产业共建为抓手，以产业转移工业园为载体，推动珠三角和粤东西北地区加快在创新链和产业链上形成协作联动关系，实现先富带后富；大力发展慈善事业，打响"羊城慈善为民行动""大爱救心""广东扶贫济困日"等慈善品牌，在决战脱贫攻坚、助力乡村振兴、教育、医疗、助残、养老、救灾、疫情防控等方面作出重要贡献，在改善收入和财富分配格局中的作用日益彰显。

坚持以一体化发展为抓手，构建先富帮后富机制。珠三角和粤东西北地区发展差距巨大，广东在构建协同发展和一体化发展机制上坚持不懈探索，取得了明显成效。充分发挥政府在规划对接、营商环境建设、产业园区平台载体建设、公共服务均等化供给等方面的作用，引导市场力量参与重大生产力布局，形成政府引导、龙头企业主导、社会参与的全省产业协作新体系；推动珠三角核心区优质公共服务资源加快向粤东西北地区延伸，加强对粤东西北地区科技、金融、商务、信息等领域的服务供给和支持力度，推动粤东西北地区加强营商环境建设，降低制度性交易成本，提高对珠三角核心区产业和公共服务承接能力。经过多年的探索实践，形成了以广佛全域同城化、广清一体化和深汕特别合作区建设为代表的典型区域协同发展新模式，在构建先富帮后富机制探索上取得了显著成效。

五、坚持一切从实际出发

坚持一切从实际出发，具体问题具体分析，是马克思主义活的灵魂，是推进共同富裕的重要方法。在推进共同富裕的进程中，由于各个区域地理位置不同，区域资源具有差异性和多样性，区域间各自形成不同的发展特点，也形成不同的产业结构布局，必须坚持一切从实际出发，着眼解决制约共同富裕推进的实际问题。改革开放以来，广东正是从自身地理特点、资源禀赋、时代发展的实际出发，实事求是地提出本地区经济社会发展的预期目标，稳步推进共同富裕。

根据地理、区域发展的禀赋不断优化区域协调发展战略。根据各地区的资源禀赋、区位特征、环境容量、经济结构特征、人口集聚状况、参与国际分工程度等条件，发挥各地区比较优势，促进各类要素合理流动和高效集聚，对于广东实现区域协调发展具有重大的指导意义。党的十九大后，广东转变了靠珠三角产业溢出带动粤东西北梯次发展的固有思路，制定以功能区为引领的区域发展新战略，推动各区域充分发挥比较优势，引导优势资源向优势地区集中，推动形成"一核一带一区"区域发展格局，在增强广东发展平衡性、协调性上迈出了新步伐。珠三角地区作为引领全省发展的核心区和主引擎，重点对标世界级城市群，携手港澳共建粤港澳大湾区，打造国际科技和产业创新中心。沿海经济带致力打造新时代广东省发展的主战场，布局发展临港产业、先进制造、战略性新兴产业集群，与珠三角沿海地区串珠成链。北部生态发展区致力打造广东省重要的生态屏障，以保护和修复生态环境、提供生态产品为首要任务，在确保生态安全前提下实现绿色发展。沿海经济带和北部生态发展区城市均把融入"双区"、构建新发展格局作为重大的发展机遇，寻求新的发展定位。

坚持立足自身实际推进乡村振兴。推动乡村振兴发展，必须一切从实际出发，坚持问题导向，着力破解制约发展的短板弱项。党的十八大以来，广东举全省之力推进城乡融合发展、推进乡村振兴战略，不断深化构建新型城乡关系的思路和举措，体现了一切从实际出发的马克思主义认识论。广东深刻理解把握省情农情，坚持按照规律办事，"立足三农抓三农"。广东是农业大省、人口大省、消费大省，人多地少、农业资源不足，人均耕地仅为全国的1/4，农产品难以实现自给，农业产业链条短，市场主体竞争力不强，现代农业发展水平不高。广东坚守安全底线，聚焦耕地和种子两个要害问题，不断完善供给"大体系"，确保重要农产品特别是粮食供给安全。把产业兴旺、农民增收作为解决农村一切问题的前提，以现代农业产业园建设为主抓手，构建"跨县集群、一县一园、一镇一业、一村一品"现代农业产业体系，首创"12221"农产品市场体系，推动乡村产业集群化、全链条发展，培育壮大龙头企业、合作社、家庭农场、新型职业农民等农业经营主体。同时，广东还进一步发挥县域经济较强的优势，把县域作为城乡融合发展的重要切入点，统筹县域产业、基础设施、公共服务、基本农田、生态保护、城镇开发、村落分布等空间布局，强化县城综合服务能力，把乡镇建设成为服务农民的区域中心，以"驻镇帮镇扶村"为主平台，推动城乡融合和乡村全面振兴，推动县镇村功能衔接互补；在产业发展上坚持城乡统筹布局，抓住"粮头食尾""农头工尾"，发展产后加工储运等，推动一二三产业融合发展、产加销一体化，促进农民就近就地就业增收，持续缩小城乡居民收入差距；着力增强城乡融合发展能力，部署实施"九大攻坚"行动，加快补齐乡村建设短板，为逐步缩小城乡差距打牢基础。

以解决实际问题为导向推进收入分配制度改革。积极探索收入分配制度改革，推动形成合理有序的收入分配格局，是广东经济保持长期稳定发展的重要原因。改革开放后，随着国有企业改革的推进、乡镇企业的崛起以及个体私营经济、外资经济的发展，广东率先打破"吃大锅饭"的平均主义，推行企业工资总额与经济效益挂钩、岗位技能工资制等灵活多样的工资分配方式，在全国率先冲破计划经济体制下劳动工资体制的束缚，较早建立"按劳分配为主体、多种分配方式并存"的收入分配制度。进入新时代，广东立足自身实际，牢牢把握多重国家战略的叠加优势、经济基础雄厚的综合优势和先行先试的改革优势，着力补足城乡、区域、低收入群体、交通设施和公共服务的短板，推动构建初次分配、再分配、第三次分配协调配套的制度体系；同时，加快推进政府职能转换，努力建设服务型政府，切实保护低收入和困难群体的切身利益，缩小居民生活福利差距，继续实施完善"激励型转移支付"财政机制，实施积极的就业政策，千方百计扩大就业，增加居民收入，推动广东全体人民朝着共同富裕目标扎实迈进。

第八章

西方福利国家建设的
反思与启示

现代化是人类社会孜孜以求的一个目标。西方国家在现代化过程中，不断面临各种经济社会问题，无论是理论的思考抑或实践的变革至今仍在持续中。中国式现代化不是西方现代化的"翻版"，2022年7月26日至27日，习近平总书记在省部级主要领导干部"学习习近平总书记重要讲话精神，迎接党的二十大"专题研讨班上指出："世界上既不存在定于一尊的现代化模式，也不存在放之四海而皆准的现代化标准。我们推进的现代化，是中国共产党领导的社会主义现代化"①。习近平总书记在党的二十大报告中强调"中国式现代化是全体人民共同富裕的现代化"②。中国式现代化的初心和使命是实现全体人民的共同富裕，满足人民对美好生活的向往。"实现全体人民共同富裕"是中国式现代化的本质要求，必须正确认识和把握实现共同富裕的战略目标和实践途径，探索解决财富的创造和分配问题，防止落入西方"福利主义"陷阱；必须审视和反思西方福利国家建设的发展历史，从中汲取教训，正确理解全体人民共同富裕发展目标，科学制定公共政策，引领社会共识，维护公平竞争，有效激发活力。

---

① 《高举中国特色社会主义伟大旗帜　奋力谱写全面建设社会主义现代化国家崭新篇章》，《人民日报》2022年7月28日。

② 习近平：《高举中国特色社会主义伟大旗帜　为全面建设社会主义现代化国家而团结奋斗——在中国共产党第二十次全国代表大会上的报告》，人民出版社2022年版，第22页。

西方福利国家发展的历史概况

关于"福利国家"概念的内涵众说纷纭、莫衷一是。一般认为，福利国家是指战后资本主义广泛建立起来的社会保障的福利体制。福利国家的实质是一种国家体制，是现代国家所特有的一种国家形态。在这样的国家中，政府通过实施一整套广泛的社会福利制度和政策来确立政府在福利供给中的功能定位，解决社会中存在的失业、收入分配差距过大以及贫困等问题，以调节和缓和阶级矛盾，保证社会秩序和经济生活的正常运行。[①]

西方福利国家历史悠久，最早是19世纪欧洲国家为解决阶级矛盾和经济危机等问题而产生的。一百多年来，福利国家一定程度上缓和了阶级矛盾，但也不断遇到新情况、新问题和新矛盾，面临严峻的挑战。纵观福利国家的形成与发展，大致经历了萌芽、形成、繁荣、危机和改革等阶段。

一、西方福利国家的萌芽阶段

西方福利国家是在济贫制度和社会保障制度的基础上形成的。在西欧，统一的民族国家政权对工业化早期的社会现实做出社会干预的决定，产生了济贫法；统一的民族国家政权对大规模的工业化社会矛盾进行社会干预的决策，产生了社会保险法。[②]英国开创了以"济贫"为特征的社会救济传统，德国创建了

---

① 解静：《福利国家模式变迁的历史比较研究》，辽宁大学博士学位论文，2013年5月。

② 参见周弘：《福利国家向何处去》，《中国社会科学》2001年第3期。

以"社会保险"为特征的福利保障模式，这两种模式构成欧美福利国家的制度来源。

（一）西方福利国家制度最早可追溯至英国的《济贫法》

16世纪末，英国圈地运动导致大批农民失去土地和家园，酿成了十分严峻的社会问题。1601年，英国王室为安抚在圈地运动中利益受到损害的民众而颁布《济贫法》，征缴"济贫税"。《济贫法》本质上是针对失地农民不断增多而带来的社会问题，它试图通过行政救济和收容措施缓解贫困、失业，以保障流浪人口的基本生活。《济贫法》的基本内容包括六个方面，即建立地方行政机构，以教区为基本单位，对社会救助进行指导和督促；建立收容所，为老人、盲人、丧失劳动能力者提供救济；建立"贫民习艺所"，组织穷人和孩子学艺，为有劳动能力的人提供劳动场所；建立"贫民教养所"，对有劳动能力而又拒绝劳动的贫民进行惩戒性劳动；建立征税机构，从较富裕地区征税以补贴贫困地区；提倡家庭成员承担社会责任。1723年，英国议会通过立法规定设立"教养院"和"济贫院"，以此为基础，逐渐形成了以征收济贫税、建立济贫院、实行教区安置为主的整套济贫制度。

《济贫法》是世界上第一部涉及福利供给的国家法典，《济贫法》的颁布意味着政府开始介入社会济贫事务，明确了政府对教堂等社会力量的自发济贫行为具有指导和督促责任，规范了教区的济贫制度和济贫方式，规定了国家以税收转移支付的方式实施社会救助，标志着西方福利国家制度的萌芽。

（二）德国是第一个建立现代社会保障制度的国家

19世纪中后期，德国继英国之后完成了工业革命，资本主义的社会矛盾和阶级矛盾逐渐错综复杂和日趋尖锐。1873年，由通货膨胀、铁路投机、庞大的贸易逆差等因素引发的世界经济危机爆发，加上工人运动对资产阶级的冲击，促使资产阶级竭力强化其统治。俾斯麦出任普鲁士宰相后，面对当时德国经济发展滞后、国内自由主义情绪高涨、工人运动兴起、阶级矛盾恶化的状况，一方面对兴起的工人运动进行严酷镇压，另一方面也希望拉拢工人阶级以缓和国内矛盾，巩固容克贵族的特权地位，为此推进社会改革。19世纪后期，刚走向统一道路的德国开始了社会福利立法的进程。1882年至1889年，德国议会先后颁布了《疾病保险法》《工人赔偿法》《伤残、死亡和养老保险法》，初步确立了社会福利保险制度。1911年，德国政府通过了《帝国保障制度》，这是德国社会福利中一项里程碑的法律，标志着德国形成较为完善的社会保险法律体系。

这种以个人收入多少来确定保险费缴纳以及保险待遇水平的做法，是一种不同于英国贫困救济的新的福利保障形式，使福利保障首次以社会保险的形式出现。这一制度模式影响深远，是福利国家的两大制度来源之一。在德国建立社会保险制度以后，法国、意大利、瑞典等国先后出台各种社会保险立法，于是在欧洲形成了一股社会保险建设的潮流。

二、西方福利国家的形成时期

1929年至1933年，西方资本主义社会遭遇历史上罕见的"经济大萧条"，这是资本主义世界发生的一次最全面、最深刻、最持久的周期性经济危机，为福利国家的形成提供了客观环境。福利国家制度的形成分为两个阶段，罗斯福新政开启了社会保障立法和社会保障制度建设，《贝弗里奇报告》构建了西方福利国家的理论蓝图。

（一）罗斯福新政开创了社会保障制度建设的先河

1929年，美国的工农业过剩危机和金融危机交织，危机迅速蔓延到整个资本主义世界，形成了资本主义世界20世纪30年代大危机。当时的胡佛政府以社会达尔文主义为信条，坚信自由放任主义的理念，认为市场自身的调节功能可以解决一切问题，反对任何可能妨碍私人投资和进取精神的措施，拒绝政府干预，结果危机不断加深，直接导致1933年罗斯福竞选成功。

美国大危机前的贫困救济等社会救助功能，主要是由社会慈善机构或非政府组织来承担的，地方政府也承担一些责任。面对空前的大危机，分散的自发性社会慈善机构已经无能为力，越来越多人认为只有政府才有能力拯救民众，减少饥荒，增加就业，阻止经济崩溃。

罗斯福上台后，在平衡各方势力的过程中推行新政，探索美国公共福利政策，以缓和社会矛盾。1935年8月14日，罗斯福签署《社会保障法》，该法案旨在建立一种新体制，即要求联邦政府担负起提供社会保障的责任，使人们免遭那些人类社会难以完全消除的各种不幸。《社会保障法》规定：对就业雇员实现强制性联邦养老保险，并向雇员和雇主征收社会保险税；鼓励州政府建立失业保险制度；联邦政府向州政府拨款，以建立向老年人、盲人、抚养未成年子女家庭提供援助的福利计划；联邦政府增加对州政府拨款，用于公共保健服务、康复设施、母子保健服务、残疾儿童服务和儿童福利服务等支出。[①]

《社会保障法》在历史上第一次明确提出了"社会保障"的概念，这是在英国社会救助和德国社会保险制度的基础上建立的第一个社会保障制度，也是第一个由政府承担责任的社会保障立法，其主要内容涵盖了社会保险、公共救助和卫生及福利等。该法案把政府对国民的福利保障扩展到新的广度，不仅为福利事业发展提供了综合性的立法依据，而且还把社会福利、公共扶助等纳入福利保障的范围。这表明，福利保障开始突破社会保险的狭小范围，以社会救助和社会保险为基础的福利保障制度日益丰富和完善，朝着福利国家的方向发展。《社会保障法》对世界其他国家产生重要影响，例如，法国增加了家庭福利津贴，意大利补充了"疾病保险"等。

（二）《贝弗里奇报告》构建了一个完整的福利国家制度

第二次世界大战后期，欧洲各国开始筹谋战后经济社会的发展，以及在此基础上的社会保障。1941年6月，英国政府成立一个由各部门组成的"社会保险和相关服务部际协调委员会"，就战后重建社会保障计划进行政策设计。1942年12月，著名的《贝弗里奇报告》面世，贝弗里奇在该报告中系统地阐述了福利国家思想和建设福利国家的政策建议，提出政府要统一管理社会保障工作，通过社会保障实现国民收入再分配，构建了一套完整的社会福利制度，主要包括五个方面的内容。第一，福利制度的改革宗旨是为每一个社会成员建立起基于公平原则的经济与社会保障，即构建一个高效率的社会保障体系，为国民提

---

① 郑秉文、和春雷主编：《社会保障分析导论》，法律出版社2001年版，第10页。

供基本的生活保障，保障人人有免于贫困、疾病、愚昧、污染和失业的自由权利。第二，"福利国家"是一种以高福利为特点的社会制度或社会形态，福利国家的宏伟蓝图是一整套"从摇篮到坟墓"的全面保障制度。第三，普适性原则是福利国家制度的一个主要特点，即每个公民在遇到困难的时候都应该得到一份收入，不需要再进行贫困调查。第四，社会保险是提供收入保障、消除贫困的一项基本社会政策。社会保险的基本目标是消除贫困、疾病、肮脏、无知和懒惰等五大社会病，社会保险通过阶级之间、个人之间、有收入时与无收入时的收入再分配来实现其基本目标。第五，社会保障的实现需要政府责任和公民义务的统一，国家应该对各种社会保障待遇提供支持，社会成员也应该缴纳社会保险的相应费用。

《贝弗里奇报告》阐述了建设福利国家的基本原则，设计了福利国家制度的运行机制，为建设福利国家制度提供了理论依据和立法依据，奠定了政策基础和民意基础，系统地勾勒了福利国家的蓝图。《贝弗里奇报告》具有划时代的深远意义，被视为福利国家的奠基石和现代社会保障制度建设的里程碑。贝弗里奇倡导的理念、原则、方法及其所确立的制度框架，对战后西方福利国家的建构形成深远影响。

三、西方福利国家的繁荣时期

从第二次世界大战结束到20世纪60年代是大多数西方国家对福利国家达成共识的时期，其意识形态具有高度的一致性，这一时期，也是福利国家发展的黄金时期。

英国福利国家建设并非完全基于《贝弗里奇报告》的原则和主张，政府的许多改革措施与贝弗里奇的主张存在差别，英国保留了附带家庭收入情况调查的、直接传承于济贫法制度的社会保障制度。英国战后在工党的主持下，加速建设福利国家制度的步伐，加强福利国家制度的建设和完善。从1945年到1948年，英国政府先后推动了一系列有关福利保障的立法，完成了构建福利国家制度的立法步骤，建立起比较完整的福利国家体制。1948年，英国颁布了《社会保险法》，出台了面向社会全体的"失业保险"制度，任何人皆可以通过投保来获得失业津贴。与此同时，建立了免费医疗、免费中等教育、残疾人保障、住宅改善等各项福利制度。同年7月，以艾德礼为首的工党政府宣布英国建成福利国家。英国福利国家制度的特点主要表现在：专门设立了国民保险部，从管理机制上确保福利事业的规划发展、国家机构和功能职责之间的内在联系，并对全国社会保险项目实行统一规划、建设、实施、管理；提高了福利制度建设的标准，从防止少数国民因贫困陷入绝境，到向全体国民提供普遍的生活质量日益提高的制度保障。福利国家制度建设已被纳入国家的政治制度和经济体制中。

英国全面推进福利国家的建设之后，许多欧洲国家纷纷推进福利国家制度建设，福利国家的阵营不断扩大。

第二次世界大战后到20世纪70年代初，德国主要围绕社会保险、战灾救助、就业安全和劳资关系来推动社会立法，通过制度创新，福利国家制度得以发展和完善。德国完成或修订的社会立法达到34部，这些立法所建立的福利制度的核心支柱主要是社会保险和社会救助。德国扩大了社会保障的领域，拓宽了保障范围，提高了保险金给付水平；德国福利支出占国民生产总值的比重不断提高，50年代还不到20%，60年代中期达到25%，到70年代中期超过了30%；社会保障开支项目种类增多，1950年的给付金额为99亿马克，到1973年达到2526亿马克。到70年代中期，德国福利国家制度发展达到高峰。此后转入调整改革阶段。

瑞典福利国家制度源自《济贫法》，自第二次世界大战后到20世纪70年代初，瑞典的福利国家建设迎来黄金时代。基于《贝弗里奇报告》的福利国家理论，瑞典政府设计了福利国家的发展蓝图，广泛推进福利制度建设，颁布了一系列新的法案，内容涉及退休养老、医疗保健、房租补贴、教育补助、子女补助等，几乎使得以前未实施的福利计划全部得以付诸实施。至60年代末，瑞典构建了以高度国家干预和高度统一性为特点的福利国家制度，形成了包括国民保险、保健、个人福利、住房、教育等方面的完整体系，为人们提供了"从摇篮到坟墓"的保障。这是一个比较完整的社会保障体系，具有内容广泛、覆盖面广、保障水平高并不断加以强化等特点。

美国推行福利国家制度，在解决贫困的问题上实行国家干预，这种思想倾向历经罗斯福"新政"、杜鲁门"公平施政"和肯尼迪"反贫困"计划的发展，最终在约翰逊的"伟大社会"中达到顶峰。1964年，约翰逊提出"伟大社会"的政治纲领，宣布无条件向美国的贫困宣战，他认为教育、健康、技能和工作、社会和地区重建、机会平等是解决贫困的重要因素，其政策主要包括自助性质的社会保障、救济性质的社会福利。约翰逊的反贫困计划提出了两个主要原则：第一，与贫困斗争的主要方法是强化那些经济上处于边缘的人的工作伦理义务。①其主要策略是通过教育或培训的方式改造低收入者，提高个人创造机会和利用机会的能力，为穷人提供远离贫穷和救济的手段，而不是利用收入再分配方式，直接向穷人提供现金或实物救济。第二，穷人的"最大化参与"原则。要消除贫困，仅仅依靠资本投资是不够的，还需要穷人积极参与到社区事务的管理中，打破地方政治事务中穷人完全处于弱势的状态，取得政治平衡。这可作为扩张性财政政策的补充来实现充分就业的目标。1964年3月，"经济机会法案"获准通过，其中最大的反贫困计划是"社区行动计划"，这个计划包括孕期胎儿照顾、智力启动、家庭援助、工作培训、老年人服务，几乎涉及人的一生。

此外，1945年10月法国颁布了《有关社会保障组织总统令》，统一了第二次世界大战前社会保障的所有立法，旨在建立一种针对全体国民的统一的福利保障和福利供给体系。在此基础上经不断修改和完善，1956年，法国制定了集各种福利立法之大成的《社会保障法典》。

第二次世界大战后的欧洲迎来了福利国家全面发展的高峰期，欧洲工业化国家基本建成福利国家制度，福利费用支出的增长十分迅猛，无论是覆盖范围还是给付水平，都达到很高水平。

四、西方福利国家的危机和改革时期

进入20世纪70年代，西方福利国家遭遇第一次世界石油危机，由此引发世界性的通货膨胀和经济衰退。福利国家的建立是以繁荣的经济为基础，福利

---

① 王萍：《从清教神坛到福利国家》，中央编译出版社2016年版，第176页。

供给具有不可逆性和刚性增长的特点，经济的滞胀直接影响政府的财政能力，福利支出困难，加之右翼思潮的勃兴，战后共识不复存在，福利国家制度陷入危机。

西方国家开始寻求摆脱危机的策略，相继对福利国家制度进行改革与调整，紧缩福利开支、削减福利项目、收缩公共部门的活动是各国改革的共同政策手段。

70年代初，尼克松政府倡导以市场化和社会化为取向的改革，即社会福利制度在功能、责任、管理上的市场化和社会化。尼克松提出的"新联邦主义"是基于罗斯福新政做出的继承与创新。其继承性表现在：联邦政府仍然承担相当部分的社会保障与社会福利责任。其创新性表现在：尼克松政府缩小社会福利规模，加强个人责任，提高享受福利的条件，特别是较大幅度地改变社会保障和社会福利的提供方式，由联邦政府转向州政府和地方政府，由政府转向市场或社会。在此之后，美国继续福利制度市场化、社会化改革，卡特的"工作福利"、里根的"里根经济学"、克林顿的"新誓约"都是对"新联邦主义"的发展和修正。70年代末80年代初，英国政府推行的福利国家制度全面改革计划，即"撒切尔革命"，主要包括两个方面：一是改革福利国家制度的经济基础——混合经济体制，二是改革福利制度本身，改革的重点是削减公共开支。

与这种右翼的新自由主义的收缩战略不同，以北欧的瑞典和欧洲大陆的奥地利为代表，仍试图保留其社会民主主义的特质。他们拒绝放弃战后福利国家的目标，特别是充分就业、经济增长和社会福利。德国自70年代中期以来的改革的总趋势是在完善社会保障制度的同时，注重从总体上把福利保障水平调整到一个适当的水平上，适度地加大个人的责任，加大非政府组织的作用和家庭社区的作用，消减政府承担的责任。

进入90年代，欧美产生了著名的"第三条道路"。在这种理念的推动下，欧美福利国家都对本国的社会福利政策进行了不同程度的改革和调整。

英国布莱尔政府试图在"第三条道路"思想的指引下，完成英国福利国家制度的转型，使其在减少贫困的同时，降低国民对福利制度的依赖，促使劳动力人口提高工作动力。1998年3月，布莱尔工党政府公布了题为《我们国家的新动力：新的社会契约》绿皮书，把"使能工作者得到就业，使不能工作者得到保障"作为英国福利国家制度改革的基本方向，该制度改革的基本原则表现在：围绕"工作观念"重塑福利国家；公私福利合作；提供高质量的教育、保健、住房公共服务；扶助残疾人；减少儿童贫困；帮助极度贫困者；消除社会保险中的欺诈行为；将政府工作重心从发放福利津贴转向提供良好的公共服务。2003年3月，德国施罗德政府提出以社会保障和劳动力市场为核心的改革方案《2010年议程》，提出福利制度改革的整体方案：削减社会福利开支，提高医疗保险中由个人承担的医疗医药费用比例，对劳动力市场、失业保险金等都进行较大幅度的改革。[①]默克尔政府2005年上台后也基本延续了"2010议程"的改革基调，并进一步深化和落实该议程。2003年5月，法国拉法兰政府推出了养老金改革方案，延迟退休年龄到65岁、增加养老金缴费时间、改变养老金计算方式、鼓励个人储蓄等。

尽管困难重重，但福利国家在"第三条道路"理念支配下所进行的改革还是取得了一定的成就，特别是在全球化和信息革命的浪潮下，就业、经济增长的目标得到了较好实现。

---

① 杨解朴：《德国福利国家的自我校正》，《欧洲研究》2008年第4期。

西方福利国家的制度模式及其变革

西方福利国家的制度模式是复杂的，大致可以分为自由主义、保守主义、社会民主主义的福利国家等三种基本模式。当福利国家面临危机不得不进行相应的变革时，各种福利制度模式又出现了新的特点。

一、西方福利国家的三种基本制度模式

福利国家的模式判断，基于三个基本原则：一是去商品化，二是阶层分化，三是市场、社会与国家之间的关系。其中，"去商品化"指的是人在不依赖劳动力市场的情况下所获得的生活保障程度[①]。在去商品化福利国家中，公民有在必要时选择不工作的自由，同时可以获得相应的收入和服务。"阶层分化"描述的是一个社会的社会阶层，包括底层、中层和上层等三种社会群体。根据劳动力"去商品化"程度和福利受益人身份"分层化"的程度，丹麦学者埃斯平–安德森将福利国家制度类型划分为三种：自由主义、保守主义和社会民主主义的福利国家。

（一）自由主义福利国家制度

自由主义福利国家体制源于济贫法制度，该模式强调市场机制参与收入

---

① ［丹麦］哥斯塔·埃斯平–安德森：《福利资本主义的三个世界》，苗正民、滕玉英译，商务印书馆2010年版，第62–63页。

分配的重要作用，反对国家对社会的经济活动进行过多的干预。福利供给政策的导向是增强市场机制的力量。自由主义福利国家模式的主要代表是英国、美国、加拿大和澳大利亚等国家。这种制度模式的特点是去商品化的程度最低，而分层化程度比较高。

第一，福利供给政策的导向是发挥市场配置机制、自由竞争原则，国家和政治权力对收入分配和再分配持不干预态度。自由主义福利国家以市场作为福利供给的主导机制，强调市场机制参与收入分配的重要作用，反对国家对社会的经济活动进行过多的干预，以有限的政府干预来对市场失灵进行纠正。国家只是在市场的福利供给的基础之上进行补救性质的福利给付。[①]

第二，阶层分化程度比较高。自由主义福利国家不区分职业或公民的收入，只提供最低水平的保障，其目标主要是避免产生贫困，有经济能力的人会选择诸如私人养老金保险计划之类的私人社会保障提供者[②]，因此，自由主义福利国家间接导致了贫富之间的阶层分化。

第三，福利保障水平低，福利支出水平也相应较低。这类福利国家的制度安排倾向于市场交易原则，对于在市场化、商品化中利益受到损害的弱势群体，政府主要采取补救式的保障救助政策，普救式的社会福利则是有限覆盖。因而，公民获得福利保障或福利供给是有严格限制的，必须以接受家庭经济状况调查为前提条件。福利给付对象是贫困线以下的公民，呈现局部的、选择性的特征，国家社会福利支出最低，福利覆盖面最窄。

（二）保守主义福利国家制度

保守主义福利国家制度注重国家主导下国家与利益团体及公民的制度化合作，既强调公民在劳动力市场中的贡献程度，又强调家庭在福利供给中的重要职能，此外，国家也起到至关重要的作用。保守主义福利国家的制度安排在很大程度上受教会的影响，强调家庭保障功能和家庭成员的性别分工。该模式

---

① 解静：《福利国家模式变迁的历史比较研究》，辽宁大学博士学位论文，2013年5月。

② ［德］亚历山大·彼得林等：《社会福利国家与社会民主主义》，董勤文、黄卫红译，格致出版社2021年版，第28页。

最初在德国产生，随后扩展到整个欧洲大陆，包括奥地利、法国以及意大利等国家。

保守主义福利国家制度模式的特点表现为去商品化程度较高，而分层化程度也比较高。

第一，保守主义福利国家模式强调雇主和雇员的合作以及家庭成员间的互助，在一定程度上取代了市场的福利供给作用。国家建立社会保险制度，设立严格的福利领取的资格条件，在行业和地区组织分别管理的条件下，提供不同类型的社会保险。社会的大部分转移支付主要集中于劳动力市场中的经济活跃人口，依据劳动关系，社会保险费由雇主及雇员共同缴纳，而享有工资的劳动者的配偶和子女通过家庭关系的转移支付享受到相应的福利。[①]重视家庭在福利供给中的作用，社会保险一般排除没有工作的家庭主妇，鼓励妇女在家承担对家庭照顾的责任，只有当家庭对其成员不再有服务能力时，国家才会进行干预。

第二，保守主义福利国家的阶层分化比较严重，随着职业群体、收入、性别的不同，出现较大的福利差异。福利国家维持既有的阶级分化，维护社会阶级和地位的差异，因而，该制度模式的再分配效用对社会权利以及阶级分层没有实质的影响。注重福利给付的分层化效果，如公务员阶层与工薪阶层存在区别化的福利对待，国家往往对公务员制定了专门的福利保障立法，法律规定的福利保障水平高于社会其他成员，借以培养和保持公务员对国家的忠诚。即使在不区分职业群体的法定保险方面，福利水平基于个人缴费，许多类别的社会福利水平（如失业保险、养老金）都折射出缴费者以前的收入水平。此外，征税法案中税收优惠是以夫妻共同报税为基础、缺乏全日制托儿所等基础设施和较少的职场母亲适应的兼职岗位，导致该模式下的女性就业率大大低于自由主义或社会民主主义的妇女就业率。

第三，公共服务薄弱，福利水平一般。福利的供给是基于劳动者职业和收入的差异，建立在劳动者工作贡献程度的基础之上，因此，公民领取福利取决于其工作期过去的表现和现在的给付之间的关联程度，其社会权利在一定程度上受到给付资格的限制。

---

① 解静：《福利国家模式变迁的历史比较研究》，辽宁大学博士学位论文，2013年5月。

（三）社会民主主义福利国家制度

社会民主主义福利国家模式是规模最小的体制类型，采用英国《贝弗里奇报告》提出的普遍公民权原则，以普遍主义价值观为导向，以"社会平等"为福利目标，强调每个公民都受到平等对待，不同阶层或不同群体的需要都应该得到充分的满足。社会民主主义福利国家的福利水平通常高于自由主义福利国家。与保守主义福利国家不同，社会民主主义福利体制下不同收入人群的福利水平非常相近。该模式以瑞典、挪威、丹麦等斯堪的纳维亚半岛国家为代表。

社会民主主义福利国家制度模式具有去商品化的程度最高、阶层分化程度最低的特点。

第一，社会民主主义福利制度试图消除国家与市场之间的二元分化，以实现福利保障的普救主义目标。以福利制度作为收入再分配的重要基础，将提供社会福利与寻求经济增长共同作为社会发展的主导机制，由国家提供充足、优质的公共福利，保障社会中每位公民的社会权利得以实现。国家通过面向全民的公共福利的供给来弥补市场机制造成的收入差距，实施普遍性的公共福利计划，公共福利的政策供给扩展到新中产阶级，对于在贫困线以下的公民，实施财产调查式定额救助，在贫困线以上的公民依据缴费实施社会保险制度保障满足更高的需求。[①]建立福利与工作相结合的体制，让大部分的人参加工作，让最少的人依赖社会转移，从而维持一个团结的、普遍性的与去商品化的福利体系。

第二，社会民主主义福利国家追求的是最高需求层次的平等，工人阶级与中产阶级之间的分化程度较低，体力劳动者与工薪白领职员或公务员享有同等的权利。所有的社会阶层都纳入一个普遍的保险体系之中，而福利则根据设定的收入而累进。这一模式排挤市场，形成了支持福利国家的普遍团结。所有的人都受益，所有的人都是依赖者，而且所有的人都觉得有义务为其支付；不仅满足了最低水平的福利需求，还满足了中产阶级平等标准下的福利给付。

第三，提供普适的公共服务，福利水平最高。该模式实行普救主义的制度和政策，公共福利的给付在所有的福利国家中是最为慷慨的。福利的获取主要

---

①　解静：《福利国家模式变迁的历史比较研究》，辽宁大学博士学位论文，2013年5月。

取决于公民资格或在一个国家长期居住的资格，与个人需求程度或工作表现无关，工资高低以及缴费对福利领取资格的限制较低，福利供给与公民依赖于市场的关联程度较小。所有人都能获得免费的或只需缴纳少量费用的公共服务，尤其在儿童保育和护理领域，具有发达的国家或市政服务网络。

二、西方福利国家制度模式的变革

随着福利国家不断面临各种困境，以及在新自由主义思想和"第三条道路"理论的推动下，西方福利国家制度模式也在持续变革中。

（一）新自由主义浪潮下福利国家的改革

20世纪七八十年代，西方主要福利国家相继陷入了困境，以哈耶克、弗里德曼为代表的学者在古典自由主义的基础上提出了新自由主义。新自由主义作为一种经济自由主义的复苏形式，逐渐取代凯恩斯主义成为主流的经济和意识形态理论。新自由主义推崇私有化、强调自由市场、反对国家干预以及强调个人责任和自由选择，对福利国家制度改革产生深刻影响。

新自由主义继承了古典自由主义对市场的充分依赖，认为市场引导的经济方式才是实现社会福利最大化的可能性方式。哈耶克提出市场在资源分配上是最为公平有效的，国家对于市场分配机制的人为干预会使得社会丧失前进的动力。新自由主义与古典自由主义的区别在于：自由是在一定制度框架内的自由，而不是完全的放任自流。在新自由主义者看来，福利国家陷入危机的原因表现在两个方面：一是政府在福利供给方面的过多干预产生了大量低效行为，过度的税收与平等主义导致了效率低下、创新减少，甚至可能产生扭曲的市场激励；二是过高的社会福利导致个人选择狭窄、责任感弱化、市场活力下降。

新自由主义关于福利国家制度改革的政策实质是"去国家化"。第一，限制政府的权力，弱化政府的职能。福利国家制度的改革以最低限度的政府和自由的市场为导向，强调市场化的福利，反对国家以再分配手段对个人财富进行重新分配。放松对福利国家的管制，降低福利标准，减少税收负担，缩减福利开支。推进福利私有化改革，依靠市场和私人部门的力量为人们提供福利供给，通过缩减福利开支的制度安排来实现福利国家回归"小政府"的目标。增强非政府部门以及家庭的福利责任，构建多元的市场化福利供给体制。第二，提倡自由，反对分配公平和结果均等。社会公平是相对公平而不是财富分配上的公平，应当提倡机会平等而不是结果平等。改变福利国家失业救济方式，通过限制失业保障资格申请、降低失业金水平、缩短失业的领取周期从而推行激活性劳动就业政策。改革原有的失业保障制度，将失业政策与促进积极就业政策相结合，从简单地保护失业的弱势群体转变为促进再就业的政策，在工作中谋取福利。

20世纪80年代，在新自由主义思潮的影响下，自由主义福利国家、保守主义福利国家和社会民主主义福利国家都进行了改革。

英国撒切尔政府和美国里根政府是福利私有化的积极支持者和实践者。撒切尔政府对国家福利制度进行了如下改革：大规模推行私有化，降低政府对社会福利供给的干预程度，减轻国家在社保方面的责任，强调个人的义务，同时保持并发展国家的基本救济制度功能。在降低社会福利救助力度的同时，强化企业与个人保险计划，将福利变成政府、企业与个人共同承担的公众事业。20世纪80年代里根执政时期，被认为是美国社会保障和社会福利制度建设的分水岭。在此之前，美国的福利制度以救济为主；之后，美国福利制度的特征是以市场为取向，强化工作伦理，提高工作能力和自救能力，突出社会保险功能。

保守主义福利国家也纷纷推行改革，为适应新环境下福利制度建设，将新自由主义的市场自由和传统保守主义的捍卫传统道德建设有机结合，它一方面批判国家干预下经济的停滞，主张恢复原有的市场经济秩序；另一方面，否定经济至高无上的地位，承认道德伦理的重要性。在福利供给机制的建设方面，强调防止道德贫困而导致的经济贫困。与其说是国家为公民提供一定的福利援助，不如说是为公民提供获取更好生活水平的机会，政府更多的是保障机会的平等而不是结果的平等，在兼顾公平与效率的过程中，注重发挥市场效率对促进福利制度建设的积极作用。[①]

---

① 杨渊浩：《西方福利国家演变及其对我国民生建设的启示》，《社会科学战线》2013年第12期。

以社会民主主义福利制度的代表者瑞典为例。20世纪80年代，瑞典社会民主党政府改革福利国家制度时，吸收了新自由主义学说作为改革的理论基础。瑞典政府确定的福利国家制度改革的主旨是：在削减福利项目和保障水平的基础上，更加注重实现福利国家制度的转型，即由消极的福利国家制度转变为积极的福利国家制度，从保障福利供给的消费型社会转变为支持和激励投资特别是对人力资本投资的投资型社会，以鼓励员工参加各类就业培训，激励工作积极性，减少病假缺勤，实现充分就业。

（二）"第三条道路"推动下的福利国家制度变革

福利国家制度的形成是为了克服资本主义社会的两个弊端，即不能提供充分就业与以无原则的和不公平的方式来分配财富和收入，然而，新自由主义者在反对福利国家、主张回归市场的同时也使资本主义社会的这两大弊端再次凸显。20世纪90年代，随着全球化的不断深入，福利制度再次陷入困境。

一个普遍的共识是既要对战后的福利主义原则和制度设计作重大修正，又要在自由主义与保守主义之间走中间道路，于是出现了关于中间道路的诸多改革理论，如"第三条道路"、福利多元主义、发展性福利主义等。

其中，最著名的是吉登斯的"第三条道路"。吉登斯认为，传统的以《贝弗利奇报告》为基础的福利制度对整个经济和社会体系会产生消极影响，同时，他也不认同新自由主义放任不管的福利改革方向，试图重塑国家合法性。在吉登斯看来，传统福利国家制度存在以下几个方面的缺陷：一是实行收入再分配与实现经济效率之间的关系比较薄弱，社会财富虽然增加了，但无法通过收入再分配而提高贫困者的收入水平，社会中的两极分化和经济的不平等现象依然存在。二是福利国家无法保障公民应对除了养老、医疗、工伤等概率性发生的外部风险以外的其他未知风险。三是造成福利国家危机的主要原因是组织资源的方式的问题，如果资源的组织方式与亟须解决的问题产生不一致，就会导致福利国家困境。四是福利国家采取的消极的补救性福利政策无法从根源上解决问题。

吉登斯认为不能简单地放弃共产主义和社会主义的价值和理想，必须超越"视政府为答案"的左派与"视政府为敌人"的右派，因而，需要一种"新平等主义"，这种平等观强调拓展人们的各种机会，而不是收入再分配。具体来说，就是在经济上，通过创造有弹性的、有活力的经济作为再分配的前提条件；政治上，不是关注消除阶级差别、追求地位平等，而是使生活机会达到平等；在社会权利上，在大范围内有条件地限制各种权利，使权利与责任紧密地结合起来。[①]

在"第三条道路"理论影响下，福利国家制度的变革呈现以下特征：

首先，转变福利国家政府的干预理念，突出政府在福利国家制度中的协调作用。在自由主义的自由放任和社会民主主义国家干预的两种政策中寻求福利制度的折中，强调国家的职能要与社会相结合，将政府转变为协调型的治理型政府。在不同的阶级层面上寻找共同利益，将福利国家制度建立在各阶层选民的共同支持的基础之上，使福利政策能够根据阶级力量在不同阶段的对比强度来调节政策主张。

其次，改变福利国家再分配的方式。一个社会的公民在现实中拥有的权利和义务应该是平等的，公民获得机会的可能性也应该是平等的。只有通过教育的投资才能开发人的潜能，使公民在市场中拥有平等的选择机会。实施积极的福利制度，改变传统福利下消极的事后补救的货币再分配方式，倡导可能性的再分配方式，使福利基金偏重人力资本的投资。政府必须履行对教育投资所承担的责任，加大就业和培训等方面的投资，提高劳动者进入市场的能力，从根源上解决失业问题。

最后，将享受福利政策的权利与承担的责任结合起来。重新定位国家和市场的作用，在兼顾公平和效率的基础上将国家干预和市场机制有效地结合起来。强调权利与义务相结合的原则，福利供给不应成为公民谋取工作的障碍，政府在拥有国家权力的同时应该承担对弱势群体的保护责任。推行工作福利制度，该制度使福利变得有偿，即公民接受政府经济援助时需要承担政府指定的义务，凡是不承担义务的公民将被取消经济援助的资格。"积极的福利思想把贝弗里奇所提出的每一个消极的概念都置换为积极的：变匮乏为自主，变疾病

---

① 杨敏、郑杭生：《西方社会福利制度的演变与启示》，《华中师范大学学报》（人文社会科学版）2013年第6期。

为积极的健康，变无知为一生中不断持续的教育，变悲惨为幸福，变懒惰为创造。"①

在"第三条道路"理论影响下，英国新工党提出了"为所有人提供机会"的理念，以"机会平等"取代了老工党的"结果平等"，"公平"对新工党来说就是政府有责任为所有人提供平等的机会，每个人都有接受和把握政府所提供的机会的义务。对没有能力者政府有责任通过提供教育、培训等手段提高个人的把握机会的能力。只有对那些真正失去自我生存能力的人，政府才有责任提供保护。新工党特别重视创造机会，布莱尔政府加大教育投资占GDP的比例；政府出资对工作年龄的人特别是年轻就业者进行岗位培训，激励失业者积极寻找工作；企业在招收新雇员时，可向政府申请职业培训费，从而鼓励企业主动雇用更多的劳动者。20世纪90年代初，瑞典政府将"愿意就业"作为享受福利的基本条件，失业者必须参加就业培训，才能领到失业救济金；失业人员如果没有加入个人激活性就业计划，将无法获得失业津贴。德国施罗德政府执政时期，实行积极推进就业政策的计划。通过改善产业结构，创造更多的就业机会，将原本用于发放失业保险的基金用来向劳动者提供更多的就业机会。

① 安东尼·吉登斯：《第三条道路：社会民主主义的复兴》，郑戈译，北京大学出版社、生活·读书·新知三联书店2000年版，第132页。

对西方福利国家制度的反思

福利国家，作为资本主义国家的一种改良形式，对缓和资本主义世界的矛盾、平衡各利益集团的诉求、改善劳动者的生活处境、稳定资本主义的政治经济体制，发挥了积极的和有效的作用。然而，无论福利国家制度如何变革，资本主义维护权力集团的政治统治和利益需求的本质是根深蒂固的，不平等的雇佣结构依然存在，社会不平等以及尖锐的阶级对立无法得到根本改变。

一、福利国家制度是政治运作或斗争的结果，本质上是一种政治策略

尽管社会福利政策与经济的关联很直接，但是社会福利政策的出台通常都是政治运作或斗争的结果，这种政治运作机制表现在以下四个方面：

第一，福利国家旨在通过国家的行政和立法干预，缓解自由市场经济给社会造成的危害，国家干预本身就是一种政治行为。各派政治势力会就国家干预的利弊得失、方式方法、机构机制，以及损失补偿等问题协商和博弈，最终作出政治决断。能够影响社会福利政策的政治势力一般是各个政治党派，他们分别代表不同的社会阶层。劳动者分为工薪阶层和灵活就业人群，企业主也有大小企业主之分，他们在社会政策方面的利益不同，态度也会有所差别。

第二，社会福利政策是各党派取悦选民的重要工具。福利国家基本上是且仍将会是控制人民的一种政治策略，它的目的不是为人民争取更大的福利，而

是把他们当作政治选民来操纵，它操纵的不仅仅是人口中较为贫困的部分，而是每一个人。例如，第二次世界大战后英国保守党作为带领英国赢得战争胜利重要力量，之所以大选时输给了工党，是因为工党的社会福利政策的施政纲领是高福利的。在福利国家达到全盛时期的20世纪70年代，奥地利社会党、西德社会民主党都获得了整整10年的执政机会，比利时社会党、荷兰工党都参与了政府，并且对社会福利政策产生了关键性影响。在美国政治生活中，民主和共和两党的实力不相上下，大选年竞选经费的使用十分集中，就是用于争取中间群众中最有实力的退休老人和领取救济的残疾人。

为了获取选票，政党和政客在竞选过程中往往都会许诺增加福利、减免税收。福利国家的本质是通过国家税收等手段调节财富分配，而高福利、低税收则会造成政府财政困境。①而且，资本主义民主选举制度的构建者和最大的受益者往往不是普通百姓而是资本家，他们往往反对福利支出，质疑公共福利支出的意义及效果。因此，资本主义民主制度根本上无法保证民众凭借自己的选票争取自己的福利。

第三，社会福利政策成为政治权力斗争的工具，并形成制度惯性。社会福利成为政党活动的中心议题之一，还影响了政党的活动方式和社会地位。负责执行社会福利政策的机构则成为一种"重新划分和构造阶级的力量"，因为这种机制"将阶级冲突转化为地位竞争"，把政治权力的斗争变成了各派政治力量在公共教育、健康保险、住房补贴、老年福利等具体政策问题上的争论。于是，资本主义国家通过社会福利政策建立起了一套新的政治斗争的游戏规则。遵循这套游戏规则，任何政党都难以对前任政府的政策作出颠覆性的改革，结果在不同的执政党之间建立了一种社会制度的连续性，形成了制度惯性。执政者的行动力和决策力受到前任的限制，因为前任通过塑造利益群体而形成的政治压力必然作用于后任的执政者。这种现象被保罗·皮尔森称为"政策产生政治"。

第四，福利国家制度是一种粉饰性（具有欺骗性）的政治策略。福利国家并非只是一系列杂乱无章的收入转移项目，它是一套连贯的政治策略，限制了

---

① 奂平清：《福利制度是西方国家危机的根源吗？》，《教育与研究》2014年第2期。

穷人改善自身命运的能力，同时又发放收入补贴，对于穷人遭受的这些痛苦的损害，部分地予以补偿。有的政治家标榜自己为穷人的朋友，而正是这些政治家表面上投票支持规定食品最低价格，实际上维持较高的食品价格；他们支持通过特许经营和最低工资法，用价格手段将不熟练工赶出市场，以此推行劳动市场准入限制，也同时向那些由于他们的政策而强制失业的人提供收入支付。

政治科学家塔夫特在《经济的政治管控》中描述了转移支付（主要是中产阶级之间的转移支付）是如何根据大选日程的节奏而被系统地操纵的。这种操纵的方式增强了"竞选—经济周期"的现象，即与竞选同步的繁荣与萧条，其原因在于政府会在大选之前利用转移支付最大化其可利用的收入，那么统治政党的选民支持也往往会因此增加。"竞选—经济周期"在全球滋生了一个时断时续的、不稳定的经济。政府通过转移支付粉饰大选年的社会保障体系和薪资税，热衷于采用"效益立竿见影、隐性成本来日方长"的政策为选民提供短视的政策。特殊利益诱使拉帮结派的政治家向多数人征收小笔成本，以此为少数人获取巨大效益。

美国的"伟大社会"本质上也是一项政治策略。[①]共和党人掌权后，只是将福利利益转移到他们的选民；先前直接发放给黑人社区的钱，变成了由州政府管理的"整体拨款"（在大多数情况下由民主党白人或者共和党人控制）；他们也创造了新的津贴形式以更好地适应于他们的政治议程。这样做的原因并不是共和党人的政策是以对国内问题的性质有更清楚的认识为基础，他们真实的原因无非是满足不同的政治需要。

二、福利国家建立在资本主义私有制的经济基础之上，虽然能保障底层民众的基本生存，但不能解决共同富裕问题

福利国家是建立在市场经济和私有制基础上的资本主义国家，福利制度在收入分配方面的改良主义措施，既没有使资本主义的剥削制度产生变化，资本

---

① ［美］汤姆·戈·帕尔默：《福利国家之后》，熊越、李杨、董子云等译，海南出版社2017年版，第86页。

与劳动的对立依然存在，也没有改变无产阶级与资产阶级在收入分配方面的对立关系，福利制度仍然会导致阶层分化。

资本主义经济关系的基本结构，决定了劳动者的地位没有根本的改变。与马克思生活时代相比，资本主义国家的社会生产力极大地发展，劳动者阶级的生活条件和福利待遇也得到提高，但是资本主义经济关系的基本结构并没有改变，劳动者在社会经济结构中的地位和角色也没有改变。

福利国家在收入分配方面的改良主义措施，无法根本改变资本与劳动的对立。福利国家制度的实质是资本主义政府对日益兴起的工人运动的回应，是暂时缓解劳资矛盾的一种手段。尽管福利国家使西方社会的劳资矛盾得到暂时修复，但是并不触动生产资料的资本主义私有制的经济基础，没有也不可能改变资本主义社会的劳资对立。福利国家的最大受益者不是劳动者，而是资本家。

在资本主义社会里，保护生产者不过是保护资本主义生产的手段，因而高福利制度在本质上是为稳定资本主义制度服务的。其基本功能，不过是防止社会低收入者因社会分配不公而产生对资产阶级长远利益的破坏。俾斯麦曾经说过，一种由国家资助的保障制度"可以使广大无产者群众产生保守主义思想，这种思想会给自己带来有身份的官方养老金领取者的感情。简单说来，一位有身份的领取官方养老金的工人再也不适合去做假革命家"①。实际上，福利制度在西方国家最为辉煌的时候，也就是资本家利润大幅度增长的时候。1979年，美国20%最富的人的收入比20%最穷的人高3.5倍，而20世纪90年代末已扩大到9倍。"在财富分配最平等的社会（如20世纪七八十年代的斯堪的纳维亚国家），最富裕的10%人群占有国民财富的约50%……2010以来，在大多数欧洲国家，尤其是在法国、德国、英国和意大利，最富裕的10%人群占有国民财富的约60%。""最令人惊讶的事实无疑是，在所有这些社会里，半数人口几乎一无所有：最贫穷的50%人群占有的国民财富一律低于10%，一般不超过5%。在法国，根据最新数据（2010年至2011年），最富裕的10%占有总财富的62%，而最贫穷的50%只占有4%。在美国，美联储最近所做的调查覆盖相同年份，表明最

---

① 张世鹏：《20世纪资本主义的历史回顾》，《当代世界与社会主义》2000年第1期。

上层10%占有美国财富的72%，而最底层的半数人口仅占2%。"[1]这说明，工人所创造的价值，更多地落入了资本家的手中。可见，福利国家已经成为掩盖资本主义剥削实质的外衣，成为维护资产阶级统治的最好手段。

福利国家并没有在改变劳资对立关系上发挥显著作用，只是在工人阶级内部发挥了再分配作用。工人的社会福利收入只是雇佣工人劳动力商品的价值转化形式，或者说是资本主义工资的新的表现形式。自20世纪70年代中期以后，无论是工薪总收入还是工薪净收入，在国民收入所占的比重都开始出现下降的趋势。例如，1975年到1984年联邦德国工薪总收入占国民收入的比例，从1975年的73.10%下降到1984年的70.64%，相应地工薪净收入的比例由44.23%下降到38.72%。尤其是20世纪80年代后，各国都借口财政负担过重，采取了削减社会福利开支的政策。这使得整个工人阶级在国民收入的初次分配和再分配过程中，都处于极为不利的地位。

即使是在全球化背景下，资本与劳动的对立依然存在。资本主义的一个根本性矛盾是：一方面，资本主义生产的扩张趋向于不断加强劳工的力量，并使资本不断地面对强大的工人运动，而为了控制工人运动，资本和国家不得不对工人阶级作出妥协让步，这样又必然造成资本利润率的下降，导致利润率危机。[2]另一方面，资本试图恢复资本利润率的努力，不可避免地会破坏已经建立起来的各种社会契约并加剧劳动力的商品化，从而导致合法性危机。这两个趋势，即利润率危机和合法性危机的趋势，彰显出历史资本主义的内在紧张状态。即使是在劳工被部分地去商品化和建立起昂贵的社会契约的条件下，利润依然是可以被创造出来的，只要这些妥协（各种福利）仅仅是对世界劳工中的一小部分作出的。但是，如果资本将全世界的工人都涵盖在社会契约或福利中，那么，就不存在资本进一步积累的空间了。

无论是福利制度的哪种改良形式，都会导致阶层分化，无法推动共同富裕。

---

① ［法］托马斯·皮凯蒂：《21世纪资本论》，巴曙松等译，中信出版社2014年版，第856—857页。

② ［美］贝弗里·丁.西尔弗：《劳工的力量：1870年以来的工人运动与全球化》，张璐译，社会科学文献出版社2016年版，第19页。

在自由主义福利国家中，市场发挥着重要作用，国家只提供最为基础的安全保障，私人保险和服务会导致阶层分化。国家福利不区分职业或公民的收入，只提供最低水平的保障，其目标主要是避免产生贫困，但是有经济能力的人会选择私人保障提供方，诸如私人养老金保险计划、私立学校等，因此，自由主义福利国家间接导致了贫富之间的阶层分化。例如，撒切尔主义的一个重大缺陷就是加剧了贫富分化。撒切尔政府采取了鼓励民间资本进入、削减全民性福利计划、增加选择性福利计划等社会福利政策，不仅未能实现降低社会支出目标，反而牺牲了社会公平，导致"贫者愈贫，富者愈富"。英国的贫富差距在1980年后进一步加大。此外，英国工党倡导工作福利原则，强调有报酬的工作就是社会保障的最好替代，然而，这种有报酬的工作本身并无保障，它要么是由政府保证，要么是其在岗工作时受到政府最低工资标准的保护，因而，这种福利制度扩大了有工作能力和无工作能力的人在工作年龄阶段的社会差异。

保守主义福利国家因收入产生严重的阶层分化。这类福利国家主要通过缴费来筹集资金，福利基于个人缴费，社会福利水平能反映缴费者以前的收入水平。尽管保守主义福利国家的社会福利水平均高于自由主义福利国家，但这些福利对所有公民来说并不统一。通常采取缴费形式筹集资金时，都会设定一个（收入）最低缴费基数（不同水平），即收入超过该数额的人都必须缴费。这是不平等待遇的另一大源泉。[1]因为许多情况下，最低缴费基数决定了法定与私人保险者的差别。例如，2007年，德国的财富不平等现象持续加剧，不到1/4（24.4%）的纳税人缴纳了德国79.7%的工资和所得税。这是因为，2007年，超过1/4（28.5%）的纳税人的个人总收入不超过1万欧元，50%的纳税人的年收入低于2.25万欧元，他们的所得税缴税额占3.6%。27%的成年人没有个人资产或有债务，而最富有的1/10人口的总净资产至少为22.2万欧元。[2]德国最富有的10%的人口拥有总财富的60%以上，占人口70%的底层只拥有总财富的不到9%。

---

① ［德］亚历山大·彼得林等：《社会福利国家与社会民主主义》，董勤文、黄卫红译，格致出版社2021年版，第29页。

② ［德］亚历山大·彼得林等：《社会福利国家与社会民主主义》，董勤文、黄卫红译，格致出版社2021年版，第36—37页。

三、福利国家的价值取向是基于个人权利的追求而非集体主义的共富

任何一个社会的福利制度都是处于该社会的文化环境之中的，文化是塑造国家福利制度的一个重要背景。福利国家是阶级冲突与资本主义自我修复与调整的结果，福利国家的发展和演化，反映了特定的社会价值观。

从社会价值观的角度，西方福利制度可分为反集体主义福利模式和半集体主义福利模式。在西方福利国家中，自由主义福利国家倾向于强调市场的作用和个人主义的作用，保守主义和社会民主主义福利国家青睐政府导向作用和集体主义作用。

西方福利国家中，英国和美国等的福利制度属于反集体主义的福利模式（anti-collectivists）[①]，该模式倡导自由、个人主义的社会价值观，强调个人有选择的最大自由。社会福利的供给，必须基于个人选择的自由，政府的功能在于确保个人的自由，任何不当的政府干预都可能扭曲市场机能的正常运作。罗伯特·S. 玛戈尔在分析美国的福利制度体系时指出，影响美国社会福利政策的中心价值观包括强调工作伦理和私人领域重要性的资本主义，强调个人主义和个人自由的自由主义，强调"适者生存"原则的社会达尔文主义，强调政策效用的实用主义，强调关怀"贫穷者"的人道主义。其中占主导地位的价值观是"个人自由和责任"，它导致美国的社会福利体系与其他发达国家相比既不广泛也不慷慨。[②]

德国和瑞典等国家的福利制度属于半集体主义的福利模式。该模式的社会意识形态与反集体主义的福利模式的相似之处在于，两者都信仰自由主义和个人主义，以及竞争性私人企业，不同之处在于前者更青睐政府导向的作用和集体主义的作用，在坚持国家责任的同时，也强调家庭的功能，以及主张推行混合福利经济制度。不过，这种集体主义在福利制度中只是起到较小部分的作用，而且越来越弱。进入21世纪，西方社会的价值观经历了相当大的变化，即

---

① Victor George, Profesor Paul Wilding, Paul Wilding. Ideology and Social Welfare. Routledge & Kegan Paul, 1985.

② 毕天云：《社会福利的文化透视：观点与简评》，《社会学研究》2004年第4期。

从集体主义向个人主义的转变。比如在瑞典，公民对既定组织和权威的忠诚感明显减弱。那种认为自己从属于某种承担着共同历史使命的更大集体的观点已经减少了，而这种情况并不仅仅出现在产业工人中。[①]对核心决策和集体方案的逆来顺受，也大幅度下降了。个人自主权的要求日益显现，规划生活的观念以及追求个性的观点越来越占据主导地位。对公共部门、公共机构决策的质疑越来越多，市民越来越善于表达自己的需求。个人中心主义越来越强烈，在诸如公共事业和公共医疗需求等问题上更强调自我利益。这种新个人主义或反集体主义与普遍性福利政策是存在冲突的。

四、福利国家本质上服务于资本主义制度，并不能真正解决政治不平等问题，也难以保障人的自由全面发展

在资本主义条件下，福利制度安排并不能真正解决政治不平等问题，工人阶级的地位也没有得到根本改变，因而难以真正保障人的自由全面发展。

福利国家危机和福利制度的争论实质上是资本主义制度内在矛盾的彰显。资本主义的根本矛盾决定了它必然将生产作为目的，而将人的需要和消费当作工具，通过各种形式刺激人们消费，以维持生产的持续，由此也催生出普遍的"虚假需求"，人异化为"消费人"。

战后发达国家的工人生活得到某种程度的改善和提高，但这并不意味工人阶级的地位发生了根本性变化。工人的经济地位首先取决于他对生产资料占有的状况。马克思主义的阶级理论着眼于剥削与被剥削的关系，而非简单地看生活水平。发达国家的工人阶级通过高福利制度改善了生活待遇，但却不能改变他们受剥削的地位。高福利制度没有也不可能改变工人受剥削的地位。正如马克思所言："吃穿好一些，待遇高一些，特有财产多一些"，只不过表明"雇佣工人为自己铸造的金锁链已经够长够重，容许把它略微放松一点"，"不会消除奴隶的从属关系和对他们的剥削，同样，也不会消除雇佣工人的从属关系

---

① ［瑞典］博·罗思坦：《正义的制度：全民福利国家的道德和政治逻辑》，靳继东、丁浩译，中国人民大学出版社2017年版，第21页。

和对他们的剥削"①。

以瑞典福利国家制度为例。该制度的主要倡导者瑞典社会民主工人党不同意马克思主义经典理论中的生产资料社会化观点，而是主张生产资料所有权是若干项职能的集合体，因而瑞典的福利制度建设的基础并不是生产资料所有权的社会化，而是对其中各项职能逐个实现社会化。20世纪80年代，瑞典实行"雇员投资基金"，试图将资本家的超额利润转变为工人阶级集体财产，以满足工人阶级需求，尤其是所有权社会化的需求。②但是当国际经济危机冲击瑞典时，资本家"不顾法令，公然裁减雇员，压低工资，并力图修改法令以削弱工会的权力"。1987年，"雇员投资基金"在瑞典的上百家大公司购买了股票，但其拥有的股份仅占股票交易市场全部价值的1%～2%③。这证明资本主义私有制在瑞典社会中仍然具有主体和支配地位，体现工人集体所有权的"雇员投资基金"难以撼动由小私有资本、私人垄断资本、资产阶级政府的国有企业资本组成的资本主义私有制的统治地位。

所有制决定分配关系，马克思在《资本论》中指出："凡是社会上一部分人享有生产资料垄断权的地方，劳动者，无论是自由的或不自由的，都必须在维持自身生活所必需的劳动时间以外，追加超额的劳动时间来为生产资料的所有者生产生活资料"④。只有消灭了私有制，工人阶级才有可能彻底摆脱被私人雇佣和剥削的地位。西方国家的福利政策无论如何改良，工人能享有的只是决定自身劳动力商品出售给哪个私人企业的权利，即决定被哪个私人资本雇佣的权利。从民主和人权角度强调人应当享有基本的经济权利、政治权利和社会权利，主张工人参与企业管理、享受政府提供的若干社会福利，这仍然是在资本主义剥削制度的大框架下实现某些经济民主和经济人权。⑤

福利制度背后的政治基础是资本主义私有制，这使得工人阶级的地位得不

① 《马克思恩格斯文集》第5卷，人民出版社2009年版，第714页。

② 参见段国选：《瑞典社会民主主义模式研究》，吉林大学博士学位论文，2009年10月。

③ 徐觉哉：《社会主义流派史》，上海人民出版社2007年版，第394-403页。

④ 马克思：《资本论（纪念版）》第1卷，人民出版社2018年版，第272页。

⑤ 冯玲玲、程恩富：《从政治经济学视角认清西方福利制度变动及其实质》，《东南学术》2020年第2期。

到保障，其全面发展也是没有基础的。例如，撒切尔政府在教育、医疗、基础设施领域公共投资严重不足，留下了长期隐患，削弱了英国经济的可持续增长能力。约翰·格雷认为，保守党的中心问题是它"赞许自由市场，而无视其一度所主要关注的人们对安全和交往的需要"，"它所要捍卫的传统和制度被它在寻求扩大的市场原则所削弱"。换言之，撒切尔政府在激发英国经济活力时增加了新的社会问题，即人的全面发展问题，人自身的可持续发展的问题，而这些新问题使它无法真正化解福利国家的危机。看来这一剂猛药，具有某些先天性的缺陷。

此外，过高的福利会造成福利依赖，个人的主观能动性被抑制。过高的福利强化了工人对国家的依赖，抑制了主观能动性。瑞典模式的普遍性福利制度意味着国家的沉重的责任和义务，国家为公民福利承担过于宽泛的责任，导致接受援助的人日益缺乏对自身行为的责任感，这直接造成了人们对国家的不健康依赖。在瑞典和其他一些地方，关于"福利依赖幽灵"的争论，早在社会福利政策出台时就已经汹涌澎湃了。

在过高的福利制度下，福利国家成为一个罚勤奖懒的社会，而不是奖勤罚懒。正如帕尔默在《福利国家的悲剧》一文中所展示的那样：福利国家的社会福利制度结果就变成了"公地"资源，导致所有人无论是富是穷，是自愿还是被迫，都趋于从中尽力攫取、过度利用，从而酿成"公地悲剧"。长此以往，个人的自由权利被侵犯，个人责任原则荒废，社会活力倾向于消弭，懒汉情结泛滥，依赖心理盛行。[①]因此，实行普遍主义高福利政策，必然会使部分人产生不愿工作而过分依赖社会福利为生的消极思想，在一定程度上助长了好逸恶劳现象的滋生，养了一批懒汉。

五、过高福利提升了社会运行成本，导致经济竞争力与活力不足

社会福利国家模式虽然为战后欧美经济的恢复和发展作出了巨大贡献，

---

① ［美］汤姆·戈·帕尔默：《福利国家之后》，熊越、李杨、董子云等译，海南出版社2017年版，第14页。

但很快就暴露出其内在弊端。社会福利国家制度实行的前提是国家财政充盈，而国家财政主要源于税收，税收得益于企业的经济效益和社会生产的高效率，一旦企业的竞争力下降，效率降低，福利就成了无本之木、无水之源，难以为继。

西方国家社会福利开支数额庞大。据英国《共同市场研究》杂志2000年第1期报道，近年来，西方国家的社会福利开支逐年上升，政府的财政负担日益沉重。根据国际货币基金组织1997年发表的《政府财政统计年鉴》提供的统计资料，西方各国政府用于社会福利的开支在国内总支出中占有相当大的比例。例如，澳大利亚的社会福利开支占36.3%，加拿大占42%，德国占48.4%，美国占35.1%，而瑞士所占的比例最高，达到51.6%。除此之外，在西方国家中，各个地方政府用于社会福利的开支也占有相当大的份额。美国各州的社会福利支出占社会福利总支出的28.6%，瑞士占20.3%，德国占22.5%，加拿大占37.3%，澳大利亚占9.2%。[①]

高福利导致政府公共财政负担过重。北欧全民高福利的实行使社会福利计划的各项开支过分膨胀，公共部门开支巨大，导致财政危机，政府赤字剧增。1988年，丹麦的净外债占到了其当年国民生产总值的40.2%，瑞典占23.0%，挪威占20.2%，芬兰逆差达到250亿马克以上，几乎占国民生产总值的5%。1994年，瑞典的财政赤字前所未有地达到了国民生产总值的13%，国家债务占GDP的80%，财政赤字迫使社会民主党大幅消减公共服务和津贴。

高税收引发经济竞争力下降。高税收不仅使企业成本增加，削弱企业竞争力，而且使投资者和人才流失，抑制产业发展。以北欧国家的高税收为例，瑞典1980年最高边际税率接近85%，几乎3/4的劳动者税率超过50%，丹麦个人所得税平均高达53%；芬兰最高所得税超过50%。1991年到1993年瑞典的GDP持续下跌。1994年，瑞典四家最大的跨国公司声称，"如果政府增加税收，那么总值500亿瑞典克朗的投资就可能有危险"，控制瑞典工业命脉的巨型企业也声称要将其公司迁往海外发展。[②]

---

① 木易：《西方国家社会福利开支数额庞大》，《国外社会科学》2000年第4期。

② 米梓嘉：《北欧福利制度成就、危机、改革及启示》，《市场论坛》2020年第11期。

本质上看，福利国家是建立在市场经济和私有制基础上的资本主义国家。福利国家制度是矫正自由市场经济体制的产物，生产资料私人占有制是福利国家的经济基础，福利国家的阶级本质是资产阶级，其根本目的是维护和巩固资产阶级的政治统治。

<table>
<tr><td>第
四
节</td><td># 西方福利国家建设对新时代实现
共同富裕的启示</td></tr>
</table>

　　福利国家是西方社会解决棘手问题的应对策略，缓解了资本主义周期性矛盾，暂时修复了劳资关系，成为资本主义制度不可或缺的"缓冲器"和"减压机"。但是，福利国家不能从根本上解决资本主义生产资料私有制与社会化大生产这一基本矛盾的内在冲突，也无法消除由资本主义生产方式所决定的国民收入初次分配中的两极分化。资本主义制度固有的阶级冲突，以及资本与劳动的不同诉求、斗争、博弈，始终贯穿在作为一项制度的福利国家之中，福利国家的自我调节和不断变革都无法从根本上解决社会公平问题。西方福利国家制度危机的破解，与资本主义所有制、公民权利、投票政治、经济发展、社会价值观等各个领域的问题相互交织。新时代推进共同富裕，中国要避免西方福利制度的根本性缺陷，必须发挥好社会主义制度的独有优势，坚持党的全面领导，充分发挥政府在推进共同富裕中的主导作用，在坚持社会主义基本经济制度中推进共同富裕，鼓励人民群众勤劳创新致富，尽力而为、量力而行，把保障和改善民生建立在经济发展和财力可持续的基础之上。

一、坚持党的全面领导，扎实推动共同富裕

　　西方福利国家建设在本质上是为稳定资本主义制度服务的，保护生产者不过是保护资本主义生产的手段，变革福利制度主要是为垄断资本主义提供其所需的合法性和社会安定。福利国家制度旨在防止社会低收入者因社会分配不公

而产生对资产阶级长远利益的破坏，福利国家危机则是资本主义内在矛盾的彰显。西方推动福利国家建设更多地源于政治策略，而推进共同富裕是中国特色社会主义的本质要求。

中国共产党是真正以实现全体人民共同富裕为己任的无产阶级政党。习近平总书记指出："让广大人民群众共享改革发展成果，是社会主义的本质要求，是社会主义制度优越性的集中体现，是我们党坚持全心全意为人民服务根本宗旨的重要体现。"①习近平总书记强调，实现共同富裕，不仅是经济问题，而且是关系党的执政基础的重大政治问题。我们决不能允许贫富差距越来越大、穷者愈穷富者愈富，决不能在富的人和穷的人之间出现一道不可逾越的鸿沟。②必须坚持党的集中统一领导，发挥党总揽全局、协调各方的领导核心作用。推动共同富裕，面临诸多关系需要协调、诸多矛盾需要解决、诸多挑战需要应对，是一项总体性的系统工程，需要统筹谋划和合理布局。

首先，根据共同富裕战略目标和战略阶段来逐步推进。共同富裕建立在社会生产力水平高度发展的基础上，实现共同富裕需要一个漫长的历史过程，正如习近平总书记强调："要深入研究不同阶段的目标，分阶段促进共同富裕"③。共同富裕是一个动态的长期发展过程，需要不懈努力才能最终达成。在这个过程中，需要科学谋划、稳步推进、久久为功。党中央对实现共同富裕规划了清晰的时间表和路线图，共同富裕是一个持续近30年的渐进过程，实现共同富裕分为三个战略步骤。"十四五"期间的目标就是要缩小居民收入差距和消费差距；2035年全体人民共同富裕取得更为明显的实质性进展，实现基本公共服务均等化；本世纪中叶，基本实现全体人民共同富裕。只有坚持党的集中统一领导，凝聚社会各方面力量，党确立的共同富裕发展目标才能实现。

其次，坚持党的集中统一领导，做好共同富裕的制度顶层设计，顺应新时代全体人民的共同期盼和新的诉求。全面建成小康社会的目标实现之后，人民

---

① 《习近平谈治国理政》第2卷，外文出版社2017年版，第200页。
② 《习近平在省部级主要领导干部学习贯彻党的十九届五中全会精神专题研讨班开班式上发表重要讲话》，新华网2021年1月11日。
③ 习近平：《扎实推动共同富裕》，《求是》2021年第20期。

对于生活水平、生活质量、生活品质提出了新的诉求，人们在享受宽裕的物质生活的同时，也期待享受蓝天白云与新鲜空气、社会和谐与平和心态，还需要有良好预期的社会保障、团结安定以及积极向上的精神文化环境。人们生活品质的提升不仅源自经济的高质量发展，而且有赖于坚持以人民为中心的价值理念进行制度建构，有赖于保障社会生活的目标理念、制度架构、政策设计等一系列变革。

最后，坚持党对经济工作的全面领导，始终把增进人民福祉、促进人的全面发展作为经济发展的出发点和落脚点。习近平总书记指出："全体人民共同富裕是一个总体概念，是对全社会而言的，不要分成城市一块、农村一块，或者东部、中部、西部地区各一块，各提各的指标，要从全局上来看。"[1]推动共同富裕，既要有理念层面的设计，又要有制度层面的安排，还要有具体行动层面的举措，需要各种措施多管齐下，各种手段齐头并进。要兼顾发展的平衡性、协调性、包容性，解决地区差距、城乡差距、收入差距等问题，推动社会全面进步和人的全面发展，促进社会公平正义，让发展成果更多更公平惠及全体人民，不断增强人民群众获得感、幸福感、安全感，让人民群众真真切切感受到共同富裕不仅仅是一个口号，而是看得见、摸得着、真实可感的事实。

二、充分发挥政府在推进共同富裕中的主导作用

西方社会在推进福利国家建设的过程中，面对各种危机和批评，不断推行制度变革和调整，事实证明，采取减少政府责任和削减社会福利的做法并不能解决问题。实际上，在当今经济全球化正在不断削弱地方或社区自给性水平以及社会日益分化的条件下，政府在福利承担上的责任和作用是不可或缺的，而且在某些领域还需要扩展和强化。

共同富裕是一个动态的长期发展过程，需要一系列政策措施来促进形成和加以实现。在这个过程中，要协同和统筹好政府功能和市场机制，实现市场有效、政府有为，为实现共同富裕奠定坚实基础。

---

① 习近平：《扎实推动共同富裕》，《求是》2021年第20期。

首先，明确政府在共同富裕建设中的主导地位。政府作为积极的角色，要主动引导共同富裕的推动进程。只有政府承担起提供社会福利的责任，才能最终建立起一种能够使人民的生活随着经济的发展而更有保障的利益共享机制。西方福利制度陷入困境的原因之一正是因为政府责任的退出导致贫富分化并造成社会不平等。政府干预在实现社会平等与公正过程中具有权威性，政府能够调节市场使之产出更多的经济利益，能够通过财政税收手段，把这些经济利益进行再分配，以促进社会公平。

其次，完善政策设计，理顺政府分权与多元主体参与的关系。共同富裕政策的改革与创新是一项整体性、系统性的工程，顶层设计是最为有效的手段和途径之一。构建多元主体有效参与、合作共治的共同富裕建设体系，最为根本的是处理好政府分权的问题，也即处理好政府与市场、政府与社会等主体之间的权责关系问题。这就需要从政策制度产生的起点、从顶层设计的整体层面作出规划、调整和转变。政府是共同富裕的主导者和统筹者，强调政府分权并非是要政府放弃履行应有的、基本的公共服务职能，而是在现有基础上，变革或优化政府对于共同富裕的干预理念、干预结构、干预重心和干预机制等。在一些具体性的事务上，灵活变通、有所收权、有所放权，不应事无巨细过度干预。从多元主体参与的角度看，顶层设计还应着重关注主体参与的客观可能性问题，在共同富裕政策规划中，畅通和搭建多元主体有效参与的渠道、平台，建立和完善多元主体合作治贫的各项机制。

最后，在充分发挥市场在资源配置中的决定性作用的同时，更好发挥政府作用，处理好有效市场与有为政府的关系。实现共同富裕的关键是有效统筹效率与公平，让市场和政府同时发挥作用。我国实行的是社会主义市场经济体制，要坚持发挥社会主义制度的优越性、发挥党和政府的积极作用。市场在资源配置中起决定性作用，并不是起全部作用。因此，必须深刻理解和把握有效市场和有为政府之间的关系，既利用好市场经济来发展生产力，也驾驭好市场经济以服务于共同富裕的发展方向。

一方面，要充分发挥市场在资源配置中的决定性作用，通过优化资源配置提高效率以促进经济增长，奠定共同富裕的物质基础，尤其要通过初次分配推动财富流动，构建实现共同富裕的市场机制。第一，要完善市场机制，深入实施科教兴国战略、人才强国战略、创新驱动发展战略，促进生产力的发展，提高满足人民高品质生活的供给能力和效率，推动高质量发展。第二，要深化市场改革，消除垄断，激励创新，健全生产要素由市场评价贡献、按贡献决定报酬的机制，切实提高劳动报酬在初次分配中的比重，构建有利于完善初次分配的要素市场化机制，为实现共同富裕创造基础条件。第三，要深化政府改革，构建各类主体平等对待和公平竞争的市场环境，保证各种所有制经济依法平等使用生产要素，保障各类市场主体公平参与市场竞争，维护社会诚信与市场秩序，使各类市场主体同等受到法律保护，实现各类市场主体平等准入、公正监管、诚信守法。

另一方面，要更好发挥政府作用，形成符合国情和经济发展阶段性特征的生产资料所有制形式、人们在生产中的地位和相互关系以及产品分配的形式，防止和克服两极分化，构建实现共同富裕的政策保障体系。再分配重在基本公共服务均等化，校正市场的"马太效应"，为社会稳定和经济可持续发展奠定坚实基础。以城乡居民基本公共服务均等化为重点进行再分配，充分发挥税收的收入调节作用，并以基本公共服务均等化保障不同群体的权利公平、机会公平，重点解决农民工融入城镇的问题。探索第三次分配推动共同富裕的作用机制，激励市场主体、社会组织和个人有效地参与民间捐赠、慈善事业、志愿行动，既充分体现"先富帮后富"，又有利于弘扬社会主义核心价值观。

三、在坚持和完善社会主义基本经济制度中促进共同富裕

从基本社会制度看，在私有制下，财富的私人所有和资源的市场配置占主导地位，西方国家政府直接控制的资源相对有限。相比之下，社会主义公有制的主体地位保证了社会的统一性，国家和政府掌握着绝大部分国民财富和社会资源且用之于民，能够消除劳动和资本的对立，同时克服阶层之间的社会差异，充分保证社会全体成员的福利和自由全面的发展。社会主义制度是实现共同富裕的根本保证。切实解决共同富裕问题，必须充分发挥社会主义制度的优越性。

我国基本经济制度坚持公有制为主体、多种所有制共同发展，这是推动共

同富裕的所有制基础。生产资料所有制是生产关系的核心，决定着社会的性质和发展方向。西方福利国家始终未能实现共同富裕，贫富悬殊情况一直未能得到根本解决，关键原因就是基本经济制度问题。与资本主义私有制条件下少数人的富足不同，社会主义追求的是全体人民的共同富裕。实现共同富裕，其根本在于通过构建合理的生产关系，进一步解放和发展生产力，为全体人民共同富裕创造必要的物质条件。习近平总书记在《扎实推动共同富裕》中指出：要立足社会主义初级阶段，坚持"两个毫不动摇"。要坚持公有制为主体、多种所有制经济共同发展，大力发挥公有制经济在促进共同富裕中的重要作用，同时要促进非公有制经济健康发展、非公有制经济人士健康成长。

扎实推动共同富裕，必须大力发挥公有制经济在促进共同富裕中的重要作用。要毫不动摇地巩固和发展公有制经济，推行公有制多种实现形式，改革各类国有资产管理体制，推动国有资本做强做优做大。着眼原始创新能力，围绕国家战略目标和要求，加大基础研究和关键核心技术的攻关，以源头突破引领技术和产业变革，使国有企业成为原创技术策源地，确保产业链安全。坚持共建共享，将发展成果惠及全体人民，助力脱贫攻坚和乡村振兴，使人民走向共同富裕取得实质性进展。

发展壮大新型农村集体经济，夯实社会主义公有制经济基础。一是进一步深化农村集体产权制度改革，加快探索农村集体资产权益流转模式，完善农村集体资产股份权能，明晰产权主体、产权范围，促进资产权益的合理流转。二是加快推进农村集体经济组织法人化改造，赋予农村集体经济组织特别法人资格，提升农村集体经济组织市场主体能力，为新型农村集体经济组织成为市场主体奠定法律基础。三是科学厘清集体经济组织与基层政府、农村党组织和村民自治组织的关系，推动集体经济组织集体资产运营功能的实现，并纳入政府政策支持框架体系和监管体系，强化发展保障和规范监管。四是创新探索农村混合所有制经济，结合农村集体产权制度改革，明确可以进行混合所有制改革的农村集体资产范围，选择有条件的地区开展试点，逐步破除体制机制障碍，完善配套支持政策，健全经营风险防范机制和监管机制。

毫不动摇地鼓励、支持、引导非公有制经济健康发展，允许一部分人先富起来，鼓励先富带后富、帮后富，培育推动共同富裕不可缺少的经济力量。构建"亲""清"新型政商关系，保证各种所有制经济依法平等使用生产要素，公平参与市场竞争，同等受到法律保护。要推动制度改革和创新朝着科学化、程序化、合理化方向发展，促进政治制度、法律制度、市场经济制度和各项管理制度更加公正合理，形成良好的政商制度生态。要通过制度创新，加速政府行政体制改革和政府职能转变，有效遏制权力暗箱操作、政商利益输送等腐败现象，消除权力设租和寻租空间，打破政商之间结成的不正当的利益共同体。各级纪检监察部门要加大制度执行监察力度，严肃查处行贿受贿、权力与利益交易等腐败行为，严厉惩处违反法规制度的不法商人和贪腐官员，使制度的高压线在净化不正当的政商关系上产生强大的威慑力。

积极发展混合所有制经济，推进公有制经济与非公有制经济相互促进、相互融合。国有资本、集体资本、非公有资本等交叉持股、相互融合的混合所有制经济，是社会主义基本经济制度的重要实现形式，也是多种所有制经济共同发展的重要载体。发展混合所有制经济有利于公有制经济和非公有制经济之间实现优势互补、资源共享、体制相融、共同发展，有利于国有资本放大功能、保值增值、提高竞争力，形成新的制度形式和竞争优势。

四、坚持尽力而为、量力而行地推进共同富裕

西方福利国家在其发展和变革过程中，始终无法解决国家的福利承诺与有限的福利能力之间的矛盾，各国福利制度都难逃"危机—改革—再危机—再改革"的困境，在福利膨胀与福利收缩之间徘徊。在福利国家发展的繁荣阶段，国家的实际能力总是使福利的真正变现不得不大打折扣，过度的福利依赖导致政府给付能力的崩溃；在福利国家面临危机不得不改革的阶段，削减给付水平、缩短给付时间、严格限制给付条件等政策又会引发国民的不满而爆发社会抗议和抵制。有鉴于此，在推动共同富裕的过程中，有必要在动态中保持适度性和可控性，在福利支出与国内生产总值、人均国内生产总值以及国家财政能力之间，寻求一个合理的平衡点。

共同富裕是一个总体概念，是对全社会而言的，既不是所有人都同时富裕，也不是所有地区同时达到一个富裕水准，不同人群不仅实现富裕的程度有

高有低，时间上也会有先有后，不同地区富裕程度还会存在一定差异，不可能齐头并进。急于求成，盲目提高标准，不仅会增加共同富裕的难度，加重财政负担，影响高质量发展，而且还会落入"福利主义"养懒汉的陷阱。促进共同富裕，既不能急于求成，也不能畏难不前，而要对实现共同富裕的长期性、艰巨性、复杂性有充分估计，扎扎实实向前推进。

尽力而为地推进共同富裕。要坚持在经济发展中保障和改善民生，用心用情用力办好民生实事，以更大的力度、更实的举措提高全体人民群众获得感、幸福感、安全感和认同感。要主动问需于民，了解群众诉求，努力满足群众的需求和期盼，特别是在人民群众最关心最直接最现实的利益问题上要重点关注和有效解决，不断朝着全体人民共同富裕的目标前进。要建立科学合理的公共政策体系，把"蛋糕"分好，形成人人享有的合理分配格局，以更大的力度、更实的举措让人民群众有更多获得感。

社会保障制度要与经济发展水平相适应，实现公平与效率的动态平衡。公平与效率是紧密联系的，社会保障制度改革要注重努力实现公平与效率的动态平衡，公平从分配方面影响社会福利，效率从生产方面影响社会福利。一个国家的社会保障情况必须与该国经济发展状况相适应，社会保障支出的增长速度应该与经济增长速度保持一致，好的社会保障制度的标准是既能为人们提供最基本生活条件的保证，又不影响经济活力。一方面，要确保社会保障政策实施的均衡性，普通公民特别是弱势者能成为社会福利受益的群体；另一方面，社会保障应该成为企业持续发展的推动力量，成为政府维持社会稳定的保障力量，不应成为政府与企业的负担。现阶段，我国发展水平离发达国家还有很大差距，社会保障建立在经济发展和财力可持续的基础之上，不能好高骛远、吊高胃口，作兑现不了的承诺。即使将来发展更好、财力更雄厚了，也不能提过高的目标、搞过头的保障，坚决防止落入"福利主义"养懒汉的陷阱。

加强基础性、普惠性、兜底性民生保障建设。量力而行，要立足当前、着眼长远，统筹考虑需要和可能，制定符合实际、符合客观规律、符合科学精神的政策，通过实实在在的发展、实实在在的民生举措，切实保障和提升人民群众的获得感、幸福感、安全感。统筹发展普惠性民生、基础性民生和兜底性民生，普惠性民生要兼顾惠及全体人民和关注特殊群体，使老百姓共同享有改革和发展的成果；基础性民生要保障人民最基本的生活需要及生存和发展权利，提供标准化的基本公共服务；兜底性民生主要通过最低工资制度、社会救助和残疾人福利等政策来保障困难群众的基本生产生活需求。普惠性、基础性、兜底性民生建设要随着经济社会发展与民生诉求的提升而发展，不仅要提供更高质量、更多样化的民生服务，而且要考虑人民群众更高的精神文化需求，推动公共政策体系向更高水平迈进，持续促进人的全面发展。

五、共同富裕要靠人民群众勤劳智慧来实现

西方福利国家制度设计的目标在于，国家提供的社会福利使劳动者免于贫困，使其能够不完全依赖于市场和出售劳动力而生存。这是一种体制性保护，极易导致劳动者失去必须工作的理由和动机，从而使社会缺乏勤奋、进取和敬业精神。

共同富裕是全体人民的共同富裕，是人民群众物质生活和精神生活都富裕。每个人都是共同富裕的主体，既是受益者又是贡献者。促进共同富裕，根本上靠内因，就是全体人民的共同奋斗。要想实现共同富裕这个长远目标，就需要全体人民共同奋斗，凝聚共识、勤于实践、合力共为、贡献智慧，共同营造"人人参与""人人有份""人人共享"的发展格局。

首先，要在全社会大力弘扬勤劳致富精神，形成"劳动最光荣，奋斗最幸福"的价值导向。弘扬社会主义核心价值观，引导形成崇尚劳动、尊重劳动、热爱劳动、保护劳动的良好社会氛围，鼓励劳动者通过辛勤劳动、诚实劳动、创造性劳动来创造共同富裕的愿景，充分发挥人民群众的创业精神、创新意志和创优品格，形成人人参与、人人努力、人人担当的共建共享共富的局面，扎实推动共同富裕。

其次，以合理的收入分配激励创业创新。收入分配要首先从有利于发展生产力的视角形成激励"做大蛋糕""创新发展"的机制功能，只有这样，才能实现以发达的社会生产力促进生产关系走向进步和升级。人民群众的收入只能是在经济增长的基础上实现同步增长，劳动者的报酬只能是在劳动生产率提高的基础上实现同步提高，否则，再美好的分配愿景也将成为无源之水、无本之

木。努力构建人人享有的合理分配格局，加快构建以权利公平、机会公平、规则公平为主要内容的社会公平保障体系，给更多人创造致富机会，形成人人参与的发展环境。

最后，要激发人民群众的积极性、主动性、创造性，形成全社会勤劳致富、奋斗致富的内生动力。实现共同富裕绝不是不要个人奋斗，而是对个人奋斗提出了更高的要求，也会为个人奋斗提供更好的条件和环境。一方面，要加大普惠性人力资本投入，为人民提高受教育程度。增强发展能力创造更加普惠公平的条件，提升全社会人力资本和专业技能，提高就业创业能力，增强致富本领，让每一个人都拥有同等的机会。另一方面，又要防止社会阶层固化，畅通向上流动通道，给更多人创造致富机会，不断激发全社会勤劳致富、奋斗致富的内生动力，形成人人参与的发展环境，避免发生"内卷""躺平"等不良社会现象。

后　记

　　经过长达一年多的策划、组织、讨论、撰写和修改，《论共同富裕》一书终于近日定稿付梓。对于课题组来说，该著作能够在全国上下深入学习宣传贯彻党的二十大精神之际面世，既有适逢其会的兴奋，也有一丝面临"大考"的惶恐。共同富裕是社会主义的本质要求，也是我们党的一贯追求。特别是自党的十九届五中全会对扎实推动共同富裕作出重大战略部署之后，该话题迅速成为社科研究和社会热议的焦点。本书基于既有研究成果，围绕共同富裕的相关问题及社会热议话题进行综合性梳理研究，旨在对深入推进以共同富裕为重要特征的中国式现代化有所助益。

　　本书是2021年度广东省社科规划特别委托项目"率先推进共同富裕取得明显的实质性进展"（编号GD21TW05-01）、2022年广东省社科院重点课题结项成果。由院党组书记郭跃文研究员担任课题组长，副院长丁晋清研究员担任副组长。课题组成员以广东省社科院当代马克思主义研究所（广东省习近平新时代中国特色社会主义研究中心）科研人员为主体，本着开门搞研究的理念，吸收了暨南大学和广东省委党校的知名专家共同研究。2022年是研究所承担任务特别繁重的一年，但课题组成员克服困难，迎难而上，潜心研究撰写书稿，从讨论思路到交付出版，整整历时一年。

　　本书是集体智慧的结晶。在课题研究过程中，郭跃文书记统筹谋划，提出总体要求，确定全书框架，审读书稿并提出修改意见。丁晋清副院长带领课题组成员认真讨论并确定了全书研究思路、主要观点，并对全书进行统稿修改。当代马克思主义研究所所长张造群承担了课题研究协调工作，组织课题组成员不断优化框架结构，完善研究思路，优化论证逻辑。虽然艰辛备尝，却极大锻炼了课题组成员的精品意识，强化了跨学科团队作战和集体攻关能力。各章节的撰写分工如下：第一章，张造群、林浩超；第二章，丁晋清、张冰；第三章，魏传光（暨南大学马克思主义学院）；第四章，郭跃文、宋宗宏；第五章，危旭芳（中共广东省委党校）；第六章，罗婵；第七章，胡霞（中共广东省委党校）；第八章，曾欢。宋宗宏参与了第五、七章的修改完善工作。广东省社会科学院科研处为课题立项、组织协调和联系出版做了大量工作，当代马克思主义研究所何满雄、徐玲玲、徐雅卿参与课题研讨和文献查询等相关工作。

衷心感谢广东人民出版社对本书编辑和出版工作的鼎力支持和专业指导。

由于水平有限，如有疏漏谬误，敬请读者批评指正。

本书编写组

2022年12月